长江国际黄金旅游带
生态与文化遗产廊道构建研究

张玉蓉　郑　涛　樊信友 著

西南财经大学出版社
Southwestern University of Finance & Economics Press

中国·成都

图书在版编目(CIP)数据

长江国际黄金旅游带生态与文化遗产廊道构建研究/张玉蓉,
郑涛,樊信友著.—成都:西南财经大学出版社,2022.12
ISBN 978-7-5504-4606-9

Ⅰ.①长… Ⅱ.①张…②郑…③樊… Ⅲ.①长江流域—旅游
业发展—研究②长江流域—文化遗产—保护—研究
Ⅳ.①F592.7②K203

中国版本图书馆 CIP 数据核字(2022)第 243661 号

长江国际黄金旅游带生态与文化遗产廊道构建研究
CHANGJIANG GUOJI HUANGJIN LÜYOUDAI SHENGTAI YU WENHUA YICHAN LANGDAO GOUJIAN YANJIU

张玉蓉 郑涛 樊信友 著

责任编辑:李特军
责任校对:陈何真璐
封面设计:何东琳设计工作室
责任印制:朱曼丽

出版发行	西南财经大学出版社(四川省成都市光华村街55号)
网　　址	http://cbs.swufe.edu.cn
电子邮件	bookcj@swufe.edu.cn
邮政编码	610074
电　　话	028-87353785
照　　排	四川胜翔数码印务设计有限公司
印　　刷	郫县犀浦印刷厂
成品尺寸	170mm×240mm
印　　张	13
字　　数	246 千字
版　　次	2022 年 12 月第 1 版
印　　次	2022 年 12 月第 1 次印刷
书　　号	ISBN 978-7-5504-4606-9
定　　价	78.00 元

前　言

　　2014 年 9 月，《国务院关于依托黄金水道推动长江经济带发展的指导意见》的出台，标志着长江经济带发展正式上升为国家战略。2020 年 10 月，党的十九届五中全会通过的《中共中央关于制定国民经济和社会发展第十四个五年规划和二○三五年远景目标的建议》明确提出："推进京津冀协同发展、长江经济带发展、粤港澳大湾区建设、长三角一体化发展，打造创新平台和新增长极。"长江经济带迎来新的历史发展机遇。

　　长江国际黄金旅游带依托长江经济带而存在，涵盖 11 个省（直辖市），总面积约 205 万平方千米，是人类自然和文化遗产集中分布地，也是重要的国际旅游目的地。长江国际黄金旅游带生态与文化遗产廊道是集文化、旅游、生态、经济、交通于一体的复合型廊道，也是连接"一带一路"建设区域和长江经济带的重要通道，具有良好的生态价值、历史文化价值、游憩价值、社会价值和教育价值。"一带一路"倡议、长江经济带发展、西部大开发、交通强国、成渝地区双城经济圈建设等国家战略叠加为廊道构建提供了优越的宏观政策环境，同时也提出了打造国际生态文化旅游精品廊道和世界知名旅游目的地的高质量发展要求。

　　近年来，国内外学者对于大尺度、跨区域遗产廊道的关注度不断提升。丝绸之路、中国大运河等作为代表性的线性文化遗产廊道，已成功入选世界文化遗产名录。美国运河类国家遗产廊道的保护和可持续利用，为中国大尺度流域生态与文化景观的保护提供了良好借鉴。目前，国内外学者关于遗产廊道和长江旅游的研究虽已取得较为丰富的理论和实践成效，但立足长江经济带建设的新情境，从生态与文化遗产廊道构建视角对长江国际黄金旅游带进行的系统研究则较为鲜见。本书立足长江经济带绿色发展要求，结合习近平总书记重要讲话精神，深入贯彻党的十九大和党的十九届五中全会精神，从长江生态文明建设视角出发，坚持"共抓大保护，不搞大开发"，将长江国际黄金旅游带生态与文化旅游廊道作为一个重大专题进行系统研究。

长江国际黄金旅游带生态与文化遗产廊道构建涉及的因素众多，是一个十分复杂的系统问题。本书采用理论分析和实证分析相结合、定量分析和定性分析相结合的研究方法，从学理层面对廊道构建的空间布局、总体思路、要素系统、品牌建设、机制保障等进行系统深入的理论探讨，从实践层面提出廊道构建的总体思路和实施路径。具体而言，本书在阐述研究背景、目的、内容、方法的基础上，从以下四个方面对廊道构建进行了系统的理论分析与实证研究。

　　首先，本书研究了长江国际黄金旅游带生态与文化遗产廊道的基础理论、国内外现状、主要问题及价值功能；阐明了遗产廊道理论、区域空间结构理论、旅游功能系统理论等基础理论，系统梳理了国内外的相关研究文献；分析了美国伊利运河，加拿大里多运河，中国大运河、丝绸之路等国内外典型遗产廊道的启示及借鉴。

　　其次，本书研究了长江国际黄金旅游带生态与文化遗产廊道的空间布局。以点-轴开发理论为依托，突破传统的旅游廊道定性研究方法，运用引力模型和社会网络分析等定量研究方法，从旅游廊道构建视角对长江国际黄金旅游带旅游廊道的空间特征及布局进行了系统分析。研究表明：一是长江国际黄金旅游带旅游廊道在空间网络上由三个旅游聚集区和两个旅游组团构成；二是长江国际黄金旅游带旅游廊道在空间布局上由三个核心省（直辖市）、三级旅游廊道系统和三个旅游功能区构成；三是长江国际黄金旅游带可通过核心省（直辖市）培育、旅游廊道分级、旅游功能区打造等实现廊道旅游协同发展。

　　再次，本书研究了长江国际黄金旅游带生态与文化遗产廊道构建的总体思路，明确了廊道发展目标、基本原则和推进路径。研究表明，廊道发展总体目标是打造国际生态文化旅游精品廊道和世界知名旅游目的地，使其成为立体展示中国山水人文精华和国家形象的国际黄金旅游带、全面推进中国旅游业改革发展的示范引领带、助力支撑长江经济带发展建设的旅游经济集聚带。廊道构建应当遵循四个基本原则：一是坚持生态优先，绿色发展；二是坚持文化赋能，内涵发展；三是坚持通道支撑，融合发展；四是坚持创新驱动，协调发展。廊道构建应当注重从基础层面、外延层面、规划层面、交通层面和管理层面统筹推进。

　　最后，本书研究了长江国际黄金旅游带生态与文化遗产廊道构建的实施路径，对廊道要素系统、品牌体系、生态保护及保障机制进行了系统分析，并对长江三峡旅游廊道进行了案例研究。研究指出，廊道构建要注重自然生态系统和文化遗产系统两大要素系统建设；明确廊道旅游品牌塑造与营销的目标，系统构建廊道旅游品牌体系，加强廊道旅游品牌整合营销；加强廊道重点旅游资源保护，建立廊道跨区域生态环境保护机制和廊道绿色旅游发展机制；注重从协调机制、协同机制、开发机制、政策保障机制、合作机制等方面构建廊道旅游发展保障机制。此外，本书通过长江三峡旅游廊道的案例研究，指出廊道构建对形成布局合理、功能完善、特色鲜明的旅游目的地形象有良好的推动作用。

综上所述，本书对长江国际黄金旅游带生态与文化遗产廊道构建进行了理论分析和实践探索，但廊道研究整体上还处于初期探索阶段。由于廊道沿线旅游资源数量众多，类型复杂，且涉及生态、社会、经济、文化等方面内容，加上调研范围之大和时间精力有限等原因，本书的研究还存在诸多不足，如廊道遗产保存情况及沿线旅游资源开发利用现状的收集资料有所欠缺、对廊道内部分要素的判断有待进一步考究、廊道系统研究深度不够等，上述不足在后续研究中将会予以改进和完善。

张玉蓉

2022 年 11 月

目　录

1　绪　论 / 1

　1.1　研究背景及意义 / 1

　　1.1.1　研究背景与问题的提出 / 1

　　1.1.2　研究意义 / 3

　　1.1.3　核心概念界定 / 4

　1.2　研究目的与研究内容 / 5

　　1.2.1　研究目的 / 5

　　1.2.2　研究内容 / 6

　1.3　研究思路、研究方法与逻辑框架 / 7

　　1.3.1　研究思路 / 7

　　1.3.2　研究方法 / 8

　　1.3.3　逻辑框架 / 9

　1.4　研究特色与主要创新点 / 10

　　1.4.1　研究特色 / 10

　　1.4.2　主要创新点 / 10

　1.5　本章小结 / 11

2　相关基础理论与文献综述 / 12

　2.1　相关基础理论 / 12

2.1.1　遗产廊道理论 / 12

2.1.2　区域空间结构理论 / 12

2.1.3　旅游功能系统理论 / 13

2.2　国内外文献综述 / 14

2.2.1　遗产廊道研究综述 / 14

2.2.2　旅游廊道研究综述 / 17

2.2.3　空间网络研究综述 / 18

2.2.4　长江旅游研究综述 / 20

2.3　国内外研究述评 / 21

2.4　本章小结 / 22

3　国内外遗产廊道典型案例的启示与借鉴 / 23

3.1　国内外遗产廊道发展概述 / 23

3.2　国外遗产廊道典型案例的启示与借鉴 / 23

3.2.1　美国伊利运河国家遗产廊道 / 23

3.2.2　美国黑石河峡谷遗产廊道 / 26

3.2.3　加拿大里多运河遗产廊道 / 28

3.2.4　法国米迪运河遗产廊道 / 29

3.3　国内遗产廊道典型案例的启示与借鉴 / 30

3.3.1　大运河遗产廊道 / 30

3.3.2　丝绸之路遗产廊道 / 32

3.3.3　茶马古道遗产廊道 / 34

3.4　本章小结 / 36

4　长江国际黄金旅游带发展的基础条件及面临的主要问题 / 37

4.1　长江国际黄金旅游带发展的基础条件 / 37

4.1.1　区域基础：区域条件优越，为廊道构建提供了坚实根基 / 37

4.1.2　产业基础：旅游成效凸显，为廊道构建提供了有力支撑／38

4.1.3　政策基础：国家战略叠加，为廊道构建提供了政策保障／39

4.2　长江国际黄金旅游带发展面临的主要问题／40

4.2.1　旅游发展不均衡，廊道旅游空间布局亟须优化／40

4.2.2　旅游新要素培育不足，廊道旅游产业体系亟须完善／40

4.2.3　统一的旅游品牌尚未形成，廊道核心旅游品牌亟须塑造／40

4.2.4　旅游开发碎片化，廊道旅游协作机制亟须健全／41

4.2.5　旅游资源整体保护压力大，廊道生态环境保护亟须加强／41

4.3　本章小结／42

5　长江国际黄金旅游带生态与文化遗产廊道的构建根基及价值阐释／43

5.1　长江国际黄金旅游带生态与文化遗产廊道涉及范围／43

5.2　长江国际黄金旅游带生态与文化遗产廊道的资源基础／43

5.2.1　自然生态资源／44

5.2.2　文化遗产资源／47

5.3　长江国际黄金旅游带生态与文化遗产廊道的价值阐释／48

5.3.1　生态价值／48

5.3.2　文化价值／49

5.3.3　游憩价值／49

5.3.4　经济价值／50

5.3.5　教育价值／51

5.4　本章小结／51

6　长江国际黄金旅游带生态与文化遗产廊道空间布局的实证研究／52

6.1　研究区域概述／52

6.2 数据来源与研究方法 / 52

    6.2.1 数据来源 / 52

    6.2.2 研究方法 / 53

6.3 廊道的空间特征分析 / 54

    6.3.1 旅游资源空间分布特征 / 54

    6.3.2 廊道空间网络特征 / 55

6.4 廊道的空间布局分析 / 58

    6.4.1 旅游核心省（直辖市）/ 58

    6.4.2 旅游廊道分级 / 59

    6.4.3 廊道旅游功能区 / 60

6.5 结论与讨论 / 61

    6.5.1 结论 / 61

    6.5.2 讨论 / 62

6.6 本章小结 / 62

7 长江国际黄金旅游带生态与文化遗产廊道构建的
总体思路 / 63

7.1 长江国际黄金旅游带生态与文化遗产廊道的发展构思 / 63

    7.1.1 生态优先，文化赋能：加强廊道顶层设计 / 63

    7.1.2 综合研判，把握关键：厘清廊道构建基底 / 64

    7.1.3 点-轴结合，区域联动：优化廊道空间格局 / 65

    7.1.4 共建共享，品牌撬动：创新廊道构建机制 / 66

7.2 长江国际黄金旅游带生态与文化遗产廊道的发展目标
和基本原则 / 67

    7.2.1 发展目标 / 67

    7.2.2 基本原则 / 68

7.3 构建长江国际黄金旅游带生态与文化遗产廊道的推进路径 / 69

　　7.3.1　基础层面——遗产廊道的保护区划 / 69

　　7.3.2　外延层面——周边环境的整治规划 / 74

　　7.3.3　规划层面——廊道旅游的线路规划 / 76

　　7.3.4　交通层面——构建廊道旅游"大交通"/ 80

　　7.3.5　管理层面——构建一体化管理体系 / 83

　7.4　本章小结 / 84

8　长江国际黄金旅游带生态与文化遗产廊道的
　　要素系统 / 85

　8.1　自然生态系统 / 85

　　8.1.1　加强廊道生态基底和生态保障 / 85

　　8.1.2　依托廊道打造长江流域国家公园群 / 86

　　8.1.3　"一体化"打造廊道景观 / 86

　8.2　文化遗产系统 / 86

　　8.2.1　物质文化遗产 / 86

　　8.2.2　非物质文化遗产 / 87

　8.3　廊道支持系统 / 87

　　8.3.1　交通通达系统 / 87

　　8.3.2　廊道解说系统 / 88

　　8.3.3　廊道公共服务系统 / 99

　8.4　本章小结 / 100

9　长江国际黄金旅游带生态与文化遗产廊道的
　　品牌建设 / 101

　9.1　廊道旅游品牌塑造与营销目标 / 101

　　9.1.1　围绕"长江旅游"核心品牌,构建廊道旅游品牌体系 / 101

9.1.2 建立廊道国际旅游品牌联合推广机制，加强旅游品牌
整合营销 / 102

9.2 廊道旅游品牌体系构建 / 102

9.2.1 廊道旅游核心品牌 / 103

9.2.2 廊道跨区域旅游目的地品牌 / 103

9.2.3 廊道主题旅游线路品牌 / 104

9.2.4 廊道特色旅游城市品牌 / 106

9.2.5 廊道旅游企业品牌 / 109

9.2.6 廊道旅游商品品牌 / 109

9.2.7 廊道旅游节庆品牌 / 109

9.3 廊道旅游品牌整合营销 / 111

9.3.1 廊道旅游品牌国家营销工程 / 111

9.3.2 廊道旅游媒介推广工程 / 113

9.3.3 廊道旅游国际合作营销工程 / 114

9.4 本章小结 / 119

**10 长江国际黄金旅游带生态与文化遗产廊道的
旅游资源与生态环境保护** / 120

10.1 加强廊道重点旅游资源保护 / 120

10.1.1 自然遗产旅游资源保护 / 120

10.1.2 文化遗产旅游资源保护 / 121

10.2 建立廊道跨区域生态环境保护机制 / 122

10.2.1 保护流域与旅游目的地水环境 / 122

10.2.2 重点旅游城市大气污染物综合控制 / 122

10.2.3 强化流域与旅游目的地生态保护和监管 / 122

10.3 构建廊道绿色旅游发展机制 / 123

10.3.1 加强廊道旅游环境影响控制 / 123

10.3.2　推进廊道旅游业绿色转型 / 123

10.3.3　积极倡导廊道旅游业绿色消费 / 124

10.4　本章小结 / 125

11　长江国际黄金旅游带生态与文化遗产廊道构建的
保障机制 / 126

11.1　建立廊道旅游发展协调机制 / 126

11.1.1　将长江旅游纳入国务院旅游工作部际联席会议议程 / 126

11.1.2　建立多层次区域廊道旅游合作协调机制 / 126

11.2　健全廊道旅游发展协同机制 / 127

11.2.1　创新廊道旅游合作发展投融资机制 / 127

11.2.2　共建共享廊道旅游公共服务机制 / 128

11.2.3　完善廊道旅游市场推广机制 / 129

11.2.4　完善廊道旅游信息共享机制 / 131

11.2.5　建立长江上下游旅游生态补偿机制 / 133

11.3　创新廊道重点区域旅游开发机制 / 135

11.3.1　大力推进廊道旅游合作区建设 / 135

11.3.2　积极扩大廊道国家公园试点 / 136

11.3.3　鼓励设立廊道文化生态旅游特区 / 137

11.3.4　探索设立廊道旅游自贸区 / 138

11.4　完善廊道旅游发展政策保障机制 / 139

11.4.1　加快推行廊道河长制、林长制等体制机制创新 / 139

11.4.2　完善廊道特殊区域的扶持制度 / 141

11.4.3　制定大型旅游企业扶持政策 / 142

11.4.4　探索积极的旅游用地政策 / 142

11.4.5　健全廊道旅游的法律保障 / 143

11.4.6　加强廊道旅游的人才保障 / 143

11.5 完善廊道旅游对外开放合作机制 / 144

　　11.5.1 加强国内周边地区合作 / 144

　　11.5.2 推进"一带一路"国际旅游合作 / 144

11.6 本章小结 / 145

12 长江三峡旅游廊道的案例研究 / 146

12.1 长江三峡旅游廊道的研究背景及意义 / 146

　　12.1.1 长江三峡旅游廊道的研究背景 / 146

　　12.1.2 长江三峡旅游廊道的研究意义 / 146

12.2 长江三峡旅游廊道的资源赋存和价值功能 / 147

　　12.2.1 长江三峡旅游廊道的资源赋存 / 147

　　12.2.2 长江三峡旅游廊道的价值功能 / 150

12.3 长江三峡旅游廊道构建的现实问题和影响因素 / 152

　　12.3.1 长江三峡旅游廊道构建的现实问题 / 152

　　12.3.2 长江三峡旅游廊道构建的影响因素 / 153

12.4 长江三峡旅游廊道空间格局的实证分析 / 154

　　12.4.1 研究方法 / 154

　　12.4.2 数据来源 / 155

　　12.4.3 廊道的资源分布 / 155

　　12.4.4 廊道的空间格局 / 156

　　12.4.5 研究结论 / 160

12.5 长江三峡旅游廊道构建的路径 / 161

　　12.5.1 确定廊道范围 / 161

　　12.5.2 提炼文化主题 / 162

　　12.5.3 厘清构成要素 / 163

　　12.5.4 构建空间格局 / 165

　　12.5.5 加强整体保护 / 166

12.6　长江三峡旅游廊道构建的机制保障 / 167

　　12.6.1　动力机制 / 167

　　12.6.2　协同机制 / 168

　　12.6.3　保障机制 / 169

12.7　本章小结 / 170

13　研究结论、研究不足与展望 / 171

13.1　研究结论 / 171

13.2　研究不足与展望 / 173

　　13.2.1　研究不足 / 173

　　13.2.2　研究展望 / 173

参考文献 / 174

1 绪 论

1.1 研究背景及意义

1.1.1 研究背景与问题的提出

1.1.1.1 研究背景

（1）国家战略叠加对长江国际黄金旅游带高质量发展提出新要求。

长江国际黄金旅游带依托长江经济带而存在，是"一带一路"倡议、长江经济带发展、西部大开发、交通强国、成渝地区双城经济圈建设等国家战略的集聚区，国家战略叠加为旅游产业发展和廊道构建提供了优越的宏观政策环境。2014 年 9 月，《国务院关于依托黄金水道推动长江经济带发展的指导意见》的出台，标志着长江经济带发展正式上升为国家战略。2017 年 10 月召开的党的十九大明确提出，要推动长江经济带发展。2020 年 1 月 3 日，习近平总书记在中央财经委员会第六次会议中明确提出，要推进成渝地区双城经济圈建设，为长江国际黄金旅游带发展带来新的契机。2020 年 10 月召开的党的十九届五中全会通过的《中共中央关于制定国民经济和社会发展第十四个五年规划和二〇三五年远景目标的建议》明确指出，"推进京津冀协同发展、长江经济带发展、粤港澳大湾区建设、长三角一体化发展，打造创新平台和新增长极。"

国家战略叠加为长江国际黄金旅游带提供了新的发展机遇，同时也对其高质量发展提出新要求。长江国际黄金旅游带涉及长江沿线 11 个省（直辖市），总面积约 205 万平方千米。2017 年出台的《长江国际黄金旅游带发展规划纲要》提出，要"充分发挥旅游业的综合带动和先行先导作用，将长江旅游带建设成为具有全球竞争力和国际知名度的黄金旅游带"。长江国际黄金旅游带生态与文化遗产廊道的构建，应当以习近平新时代中国特色社会主义思想为指导，深入贯彻落实党的十九大和党的十九届二中、三中、四中、五中全会与习近平总书记关于推动长江经济带发展的重要讲话精神，以保护廊道生态和文旅资源为前提，坚持"一盘棋"，统筹推动廊道旅游发展。

因此，本书将长江国际黄金旅游带生态与文化遗产廊道作为一个有机整体，对其进行深入系统的研究，顺应了长江经济带建设和长江国际黄金旅游带高质量发展提出的新要求。

（2）长江经济带绿色发展对长江国际黄金旅游带生态保护提出新要求。

习近平总书记高度重视长江环境保护和生态文明建设。党的十八大以来，习近平总书记曾多次实地考察长江流域生态保护和发展情况，并指出："黄河、长江都是中华民族的母亲河。保护母亲河是事关中华民族伟大复兴和永续发展的千秋大计。"2017 年 10 月 18 日，在党的十九大报告中，习近平总书记又强调："以共抓大保护、不搞大开发为导向推动长江经济带发展。"

2020 年 12 月 26 日，第十三届全国人民代表大会常务委员会第二十四次会议通过的《中华人民共和国长江保护法》第三条明确规定："长江流域经济社会发展，应当坚持生态优先、绿色发展，共抓大保护、不搞大开发；长江保护应当坚持统筹协调、科学规划、创新驱动、系统治理。"长江流域是一个整体，长江生态问题的解决要坚持整体与部分相结合的思想，发挥长江沿线各省（直辖市）的合力，推动经济与生态协同发展，树立可持续发展的目标。长江国际黄金旅游带涉及 11 个省（直辖市），沿线区域不仅是经济共同体也是生态共同体。沿线区域要加强区域联动，促进联防联控，实施生态补偿，着力构建长江生态屏障，大力改善生态脆弱区域环境，促进人与自然和谐共处。因此，对长江国际黄金旅游带生态与文化遗产廊道进行研究是长江经济带绿色发展的必然要求。

（3）全域旅游对长江国际黄金旅游带"一体化"发展提出新要求。

2018 年，国务院办公厅印发了《国务院办公厅关于促进全域旅游发展的指导意见》，就加快推动旅游业转型升级、提质增效，全面优化旅游发展环境，走全域旅游发展的新路子做出部署。

在全域旅游背景下，长江国际黄金旅游带需要对自身发展进行全面审视。长江国际黄金旅游带是典型的廊道型旅游目的地。近年来，国内外学者对长江国际黄金旅游带的关注度不断提升。长江旅游廊道作为线性空间，应当注重系统思维，推进廊道"一体化"发展，推动旅游节点、线路、域面的综合协调发展，注重廊道资源的保护与开发，注重景观、道路和城镇节点的相互关联以及产业融合。鉴于此，本书对长江国际黄金旅游带生态与文化遗产廊道进行深入系统的研究是在全域旅游背景下做出的理性选择。

（4）产业融合对长江国际黄金旅游带转型升级提出新要求。

目前，随着文旅融合和交旅融合趋势的不断凸显，长江黄金旅游带发展面临前所未有的转型升级挑战。长江旅游形式较为单一，不能很好地适应旅游消费的个性化需求；长江旅游关联带动作用不强，旅游资源开发呈散点状，旅游产业与其他产业的互动整合不够，对长江沿线的带动作用未能充分发挥；长江黄金旅游带的大旅游品牌不给力，旅游品牌体系及整合营销亟待加强。鉴于此，长江旅游发展应当进一步通过廊道构建加强产业融合，推动产业优化升级。

本书从空间网络视角出发，对长江沿线自然和人文旅游资源进行系统梳理，推动产业融合发展，提出长江国际黄金旅游带生态与文化遗产廊道空间优化的思路与具体对策，有助于缓解长江旅游发展面临的现实问题，有助于长江旅游资源的整体保护与开发，从而实现区域旅游联动发展，塑造廊道旅游品牌，助推长江旅游高质量发展。

1.1.1.2 问题的提出

长江经济带是以长江"黄金水道"为中心的集自然、社会、人文、经济于一体的综合性经济聚集带。2014 年，国务院提出将长江经济带建设提升为我国区域发展的国家战略。党的十八届五中全会提出"综合、协调、绿色、共享、创新"五大发展理念，为长江经济带建设和发展指明了新的方向。习近平总书记高度重视长江经济带发展，明确指出"推动长江经济带发展必须从中华民族长远利益考虑……探索出一条生态优先、绿色发展新路子"。

长江国际黄金旅游带地处北纬 30°附近，位于中国国土空间中位线附近，拥有承东启西、接南济北、通达江海，兼具沿海、沿边开放口岸的地缘优势。长江流域跨越中国东、中、西三大地理阶梯，拥有全球同纬度地区最为丰富的地貌景观类型和自然文化资源。长江国际黄金旅游带在空间范围上依托长江经济带而存在，是长江经济带建设的重要组成部分。

目前，关于长江旅游的研究虽已取得较为丰富的理论和实践成效，但立足长江经济带建设的新情境，从生态与文化遗产廊道构建视角对长江国际黄金旅游带进行的系统研究较为鲜见，成为长江旅游发展亟须解决的重要课题。基于此，本书从生态与文化遗产廊道构建视角出发，对长江国际黄金旅游带发展进行系统研究，选题具有较为明确的问题导向，有助于推进学理层面的理论研究，并为实践层面的应用提供一定的指导。

1.1.2 研究意义

1.1.2.1 学术意义

目前，国内外学者关于对于遗产廊道的学术研究主要集中在其概念、特征、构建原则等基础理论方面。本书立足于长江经济带这一国家层面战略，结合习近平总书记重要讲话精神，深入贯彻党的十九大和党的十九届五中全会精神，从学理层面对长江国际黄金旅游带生态与文化遗产廊道构建的空间布局、总体思路、要素系统、品牌建设、机制保障等进行系统深入的理论探讨，具有重要的学术价值。

1.1.2.2 实践意义

长江国际黄金旅游带涉及上海、江苏、浙江、安徽、湖北、江西、湖南、重庆、四川、云南、贵州 11 个省（直辖市），长江国际黄金旅游带生态与文化遗产廊道的构建有助于带动长江沿线这 11 个省（直辖市）的旅游业发展，并产生巨大的辐射效应。本书提出了廊道构建的具体路径和对策建议，对于长江国际黄金旅游带可持续发展具有重要的应用价值。

1.1.3 核心概念界定

1.1.3.1 长江经济带

长江经济带主要涵盖《国务院关于依托黄金水道推动长江经济带发展的指导意见》涉及的上海、江苏、浙江、安徽、江西、湖北、湖南、重庆、四川、云南、贵州 11 个省（直辖市），人口和区域生产总值均超过全国的 40%，是我国综合实力最强、战略支撑作用最大的区域之一。

1.1.3.2 长江国际黄金旅游带

长江国际黄金旅游带以长江经济带为主要依托，涉及上海、江苏、浙江、安徽、江西、湖北、湖南、重庆、四川、云南、贵州 11 个省（直辖市），面积约 205 万平方千米，占全国总面积的 21.35%，是人类自然和文化遗产主要集中分布地，也是中国旅游业改革发展的先行示范区、旅游业对外开放的前沿区。

1.1.3.3 遗产廊道

本书所涉及的廊道遗产概念以美国绿道和欧洲文化线路理论为基础，与我国文化遗产具体状况和遗产保护开发现实情况相结合，是大型遗产区域性整体性保护与开发的新理念和新方法。具体而言，本书所指的遗产廊道是以长江黄金水道为依托的大尺度、长距离、跨区域的多元化线性空间，拥有丰富的自然生态遗产和历史文化遗产，具有良好的文化价值、生态价值、游憩价值、社会价值和教育价值。

1.1.3.4 旅游廊道

国内外学者对旅游廊道概念的界定涉及绿道、步道、风景道、公园路、遗产廊道、生态廊道、文化廊道、旅游走廊、文化线路、历史路等多个概念。

本书所涉及的旅游廊道主要参考邱海莲等学者对廊道概念的界定，是以人类迁移和物质流动的交通线路为基础，围绕某一旅游主题或线索建立的，能满足旅游体验需求并包含各种旅游产业要素的线形空间，也是综合自然与文化景观并作为旅游开发本底的线性景观带。具体而言，本书所指的旅游廊道主要是以长江国际黄金旅游带为依托的线性旅游空间。旅游廊道作为一种特殊的线性旅游吸引物，集生态、文化、旅游、景观、交通等多重功能于一体，是推动长江全域旅游发展的一种新型的旅游载体。

1.1.3.5 生态与文化遗产廊道

本书所涉及的生态与文化遗产廊道是一个集生态环境保护、历史人文环境保护、旅游可持续发展等于一体的复合型廊道概念。它主要指以遗产廊道构建为目标，同时注重线性空间沿线自然遗产和文化遗产保护，在此基础上进行科学、合理、有序的旅游开发，从而推动廊道的可持续保护和利用。

1.2 研究目的与研究内容

1.2.1 研究目的

本书从遗产廊道理论、区域空间结构理论、旅游功能系统理论出发，对长江国际黄金旅游带生态与文化遗产廊道的构建基底、价值功能进行分析，对空间布局进行实证研究，在此基础上对总体思路、要素系统、品牌建设、生态环境保护和保障机制进行深入分析，旨在为长江国际黄金旅游带的品牌形象塑造和可持续发展提供理论支持和决策参考。

本书的主要研究目标如下：

（1）阐释长江国际黄金旅游带生态与文化遗产廊道的构建基底及价值功能；

（2）提出长江国际黄金旅游带生态与文化遗产廊道构建的总体思路；

（3）优化长江国际黄金旅游带生态与文化遗产廊道的空间布局；

（4）明确长江国际黄金旅游带生态与文化遗产廊道的要素系统；

（5）注重长江国际黄金旅游带生态与文化遗产廊道的品牌建设；

（6）加强长江国际黄金旅游带生态与文化遗产廊道的生态环境保护；

（7）构建长江国际黄金旅游带生态与文化遗产廊道的保障机制；

（8）对长江三峡旅游带生态与文化遗产廊道进行案例研究。

1.2.2 研究内容

本书主要针对长江国际黄金旅游带生态与文化遗产廊道进行深入研究。本书在阐明遗产廊道相关基础理论以及系统梳理国内外相关文献的基础上，对长江国际黄金旅游带生态与文化遗产廊道的构建基础、空间布局、总体思路、要素系统、品牌塑造、生态保护及保障机制等进行理论及实证研究。本书共计13章，具体研究内容如下：

第1章，绪论。本章主要介绍本书研究背景和意义，明确研究目的及内容，提出研究思路、方法及逻辑框架，最后阐述本书的研究特色与创新之处。

第2章，相关基础理论与文献综述。本章对遗产廊道理论、区域空间结构理论、旅游功能系统理论等基础理论进行分析，并对遗产廊道、旅游廊道、空间网络等的相关文献进行综述。通过对已有国内外相关基础理论及文献的系统梳理，进一步明确课题研究的问题。

第3章，国内外遗产廊道典型案例的启示与借鉴。本章对美国伊利运河，加拿大里多运河，中国大运河、丝绸之路等国内外遗产廊道进行案例研究，揭示其启示作用与借鉴价值。

第4章，长江国际黄金旅游带发展的基础条件及面临的主要问题。本章从区域基础、产业基础、政策基础三个方面阐释了长江国际黄金旅游带的基础条件，进而从五个方面揭示其发展面临的主要问题。

第5章，长江国际黄金旅游带生态与文化遗产廊道的构建根基及价值阐释。本章明晰了廊道涉及的范围，从自然生态资源和文化遗产资源两个方面分析了廊道的构成要素，从文化价值、生态价值、游憩价值、社会价值、教育价值五个方面对廊道价值进行了阐释。

第6章，长江国际黄金旅游带生态与文化遗产廊道空间布局的实证研究。本章依据点-轴开发理论的研究方法，以长江国际黄金旅游带11个省（直辖市）为研究对象，利用引力模型和社会网络分析方法对廊道空间布局进行实证研究，提出廊道的发展节点、发展轴线和空间网络。

第7章，长江国际黄金旅游带生态与文化遗产廊道构建的总体思路。本章明确了廊道的发展构思、总体目标与基础原则，并从基础层面、外延层面、规划层面、交通层面和管理层面提出了廊道构建的推进路径。

第8章，长江国际黄金旅游带生态与文化遗产廊道的要素系统。本章从生态保障、国家公园群打造和廊道景观打造三个方面分析了自然生态系统，从物质文化遗产、非物质文化遗产两个方面分析了文化遗产系统，从交通通达系统、廊道解说系统、公共服务系统三个方面分析了廊道支持系统。

第9章，长江国际黄金旅游带生态与文化遗产廊道的品牌建设。本章确立了廊道旅游品牌塑造与营销的目标，系统构建了廊道旅游品牌体系，提出廊道旅游品牌整合营销的策略。

第10章，长江国际黄金旅游带生态与文化遗产廊道的旅游资源与生态环境保护。本章从自然遗产和文化遗产资源保护方面提出加强廊道重点旅游资源保护，从保护流域与旅游目的地水环境质量、重点旅游城市大气污染物综合控制、生态保护和监督三个方面提出建立廊道跨区域生态环境保护机制，从加强旅游环境影响控制、推进旅游业绿色转型、积极倡导旅游业绿色消费三个方面提出构建廊道绿色旅游发展机制。

第11章，长江国际黄金旅游带生态与文化遗产廊道构建的保障机制。本章提出从建立廊道旅游发展协调机制、健全廊道旅游发展协同机制、创新廊道重点区域旅游开发机制、完善廊道旅游发展保障政策、完善廊道旅游对外开放合作机制五个方面构建廊道发展的保障机制。

第12章，长江三峡旅游廊道的案例研究。本章阐明了长江三峡旅游发展概况，运用中心职能指数分析长江三峡各县（市、区）在整个旅游网络中的功能地位，运用引力模型构建长江三峡各县（市、区）间的旅游联系矩阵，分析了长江三峡旅游廊道空间网络。

第13章，研究结论、研究不足与展望。本章对课题研究成果进行理论提炼和总结，得出课题研究结论，提出研究不足并对后续研究进行了展望。

1.3 研究思路、研究方法与逻辑框架

1.3.1 研究思路

长江国际黄金旅游带生态与文化遗产廊道构建涉及的因素众多，是一个十分复杂的系统问题。本书采用理论分析和实证分析相结合、定量分析和定性分析相结合的研究方法，对长江国际黄金旅游带生态与文化遗产廊道构建进行系统研究。本书拟按如下研究思路展开：首先，仔细研读文献，了解遗产廊道、区域空间结构、旅游地中心等相关基础理论，分析国内外典型遗产廊道的启示与借鉴；其次，厘清长江国际黄金旅游带发展现状和廊道构建的主要问题，阐

释廊道构建基底及价值功能；再次，对廊道空间布局进行实证研究，提出廊道构建的总体思路；最后，对廊道的构成系统、品牌建设、生态环境保护、保障机制等进行了系统研究，提出具体对策建议，并以长江三峡旅游廊道为例对其进行深入的案例研究。

1.3.2 研究方法

1.3.2.1 文献研究法

本书在研究过程中，充分利用中国知网、维普网、万方数据库、SPringer-Link 等核心期刊库，广泛查阅国内外遗产廊道保护与开发利用经验及线性廊道研究动态等相关资料，认真研读国内外学者有关遗产廊道的代表著作和构建线性旅游廊道的方法理论。本书通过对国内外相关文献资料的检索、研阅与挖掘，为研究提供理论支撑。本书结合长江国际黄金旅游带生态与文化遗产廊道发展的实际情况，逐步建立研究的总体框架。

1.3.2.2 实地调研法

在本书研究的近 4 年时间里，作者运用实地调研的方法对长江国际黄金旅游带生态与文化遗产廊道发展做了进一步的了解。考察了廊道沿线上海、武汉、重庆等核心节点城市及周边自然生态和历史人文景区景点，重点考察了长江三峡旅游廊道。通过实地踏勘、实地访谈等方式收集相关资料，了解廊道旅游发展现状及周边旅游景区的运作情况，并对旅游资源点进行梳理，总结分析其发展存在的主要现实问题，为课题进一步深入研究的展开打下坚实基础。

1.3.2.3 多学科交叉融合的方法

长江国际黄金旅游带生态与文化遗产廊道的构建是一个复杂的系统工程，涉及旅游规划学、地理学、生态学、经济学、管理学、文化学、建筑学、民族学等学科。本书的研究注重多学科交叉融合，为廊道构建奠定了良好的理论基础。

1.3.2.4 定性与定量相结合的研究方法

本书对长江国际黄金旅游带生态与文化遗产廊道构建的相关理论基础、核心概念等进行了定性分析，对廊道空间布局进行了定量研究，通过定性与定量相结合的方法为进一步探讨廊道总体发展思路和具体对策奠定了基础。

1.3.2.5 案例借鉴对比分析法

本书对比分析国内外有关遗产廊道保护与开发的经典案例，借鉴他人的经验，结合研究对象实际，总结出适用于长江国际黄金旅游带生态与文化遗产廊道构建的思路和对策，保证研究课题的顺利进行。

1.3.3 逻辑框架

本书的逻辑框架见图 1-1。

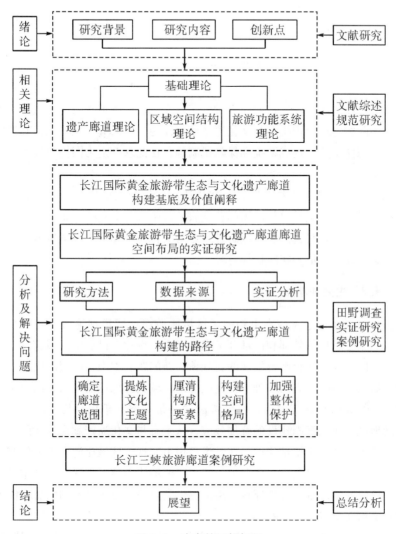

图 1-1　本书的逻辑框架

1.4　研究特色与主要创新点

1.4.1　研究特色

本书的研究力图体现如下两个特色：

（1）目前，国内外关于遗产廊道、旅游廊道等的概念以及发展规划、发展对策等方面的研究较多，但尚未对生态与文化遗产廊道予以高度重视。本书将长江国际黄金旅游带生态与文化遗产廊道作为专门研究对象，剖析廊道的构建基底、总体思路、构成系统和保障机制等，在此基础上力图构建较为系统的研究体系。

（2）目前，国内外关于生态与文化遗产廊道的实证研究较为鲜见。本书运用计量经济分析工具对长江国际黄金旅游带生态与文化遗产廊道的空间布局进行实证研究，并对长江三峡旅游带生态与文化遗产廊道进行案例分析。研究具有一定的理论价值和实践指导意义。

1.4.2　主要创新点

（1）在学术思想上，本书拓展了区域旅游遗产廊道理论研究新思维。新时期区域旅游发展的外部和内部环境发生了重大变化，已有的区域旅游发展理论已经不能有效地解释旅游发展的新现象、新问题。本书在研读国内外遗产廊道和区域旅游文献研究的基础上，突破传统区域旅游理论的局限，结合中国宏观政策的新导向和现实国情，充分考虑"一带一路"倡议、长江经济带建设与成渝地区双城经济圈建设的叠加效应，从生态与文化遗产廊道构建的新视角审视长江国际黄金旅游带建设，在学术思想上实现了区域旅游向流域旅游的转变，突出了生态、绿色、文化保护等遗产廊道构建内核，拓展了区域旅游遗产廊道理论研究新思维，为指导科学决策提供新思路。因此，本书的研究能够弥补现有文献在学术思想上的不足。

（2）在学术观点上，本书提出生态与文化遗产廊道构建是长江国际黄金旅游带在新时期可持续发展的理性选择。长江经济带发展必须从中华民族长远利益考虑，走生态优先、绿色发展之路。长江国际黄金旅游带是长江经济带建设的重要组成部分，其建设不应单纯注重经济效益，还应当注重生态保护、文化遗产保护与传承、国际旅游形象的传播等，充分发挥其对经济、社会发展和环境保护的综合效益，在此基础上探讨长江国际黄金旅游带生态与文化遗产廊道的构建机制、路径及对策。这一学术观点具有紧扣长江黄金旅游带发展的前沿性和理论上的开拓性。因此，本书的研究能够弥补现有文献在学术观点上的不足。

（3）在研究方法上，本书注重质性研究方法与量化研究方法的互补融合。国内已有成果大多以简单的描述性研究方法为主，现象描述性的研究居多，问题与对策类型的文献所占比重较大，而深度质性研究不足。本书注重质性研究方法与量化研究方法的互补融合，注重运用经验借鉴法、案例研究法、深度访谈法、归纳分析法等多种质性研究方法探索理论假设；同时，运用数理模型、实证分析方法进行定量研究。因此，本书的研究能够弥补现有文献在研究方法上的不足。

1.5　本章小结

本章主要阐释了长江国际黄金旅游带生态与文化遗产廊道的研究背景和意义，明晰了研究目的及内容，提出了研究思路、研究方法与逻辑框架，凝练了研究特色与主要创新点，为本书的研究的顺利开展厘清了思路、奠定了基础。

2 相关基础理论与文献综述

本章内容主要分为两个部分：一是对遗产廊道理论、区域空间结构理论、旅游功能系统理论等相关基础理论进行研读和梳理；二是对遗产廊道、旅游廊道、空间网络、长江旅游等相关文献进行回顾和总结，并对国内外相关研究进行了述评。

2.1 相关基础理论

2.1.1 遗产廊道理论

遗产廊道源于美国 20 世纪 80 年代的大型线性文化景观保护探索，它集文化遗产保护、生态基础设施建设以及经济价值提升于一体，是针对大尺度线性文化景观提出的一种区域化遗产保护理念与战略举措。遗产廊道是遗产保护区域化与绿道思想结合的产物，它与绿道、文化线路等其他文化遗产保护或区域规划方法有着密切联系，同时又有其独特之处。自 1984 年美国建立首条国家遗产廊道——伊利运河国家遗产廊道以来，遗产廊道已经过 30 余年的理论研究和实践探索。2001 年，我国学者王志芳等人首次将遗产廊道概念引入国内。目前，遗产廊道研究越来越受到国内外学者和国际遗产保护界的关注。

遗产廊道理论对于长江国际黄金旅游带生态与文化遗产廊道的构建具有重要的指导意义，是本书的重要基础理论。

2.1.2 区域空间结构理论

区域空间结构理论主要指一定区域范围内社会经济各组成部分及其组合类型的空间相互作用和空间位置关系，以及反映这种关系的空间集聚规模和集聚程度的学说。区域空间结构理论是在古典区位理论基础上发展起来的、总体的、动态的区位理论，是区域经济学的重要理论基础，认为一个区域或国家在其不同的发展阶段有不同特点的空间结构，完善、协调与区域自然基础相适应的空间结构对区域社会经济的发展具有重要意义。

区域空间结构理论研究的主要内容包括：社会经济各发展阶段的空间结构特征，合理集聚与最佳规模，不同尺度地域的平衡发展问题，位置级差地租与以城市为中心的土地利用空间结构，城镇居民体系的空间形态，社会经济客体在空间的互动研究，区域空间结构的组织形式等。代表性的理论模式包括增长极理论、点-轴开发理论、核心-边缘模型、梯度转移理论等。

长江国际黄金旅游带生态与文化遗产廊道是大尺度、跨区域的线性廊道，区域空间结构理论的运用有利于对廊道理论建构和实践应用进行科学指导。

2.1.3 旅游功能系统理论

1972年，美国学者 Gunn 首次提出了旅游功能系统模型（functioning tourism system，FTS）。FTS 模型主要由旅游供给和旅游需求构成。Gunn 的旅游功能系统模型如图2-1所示。

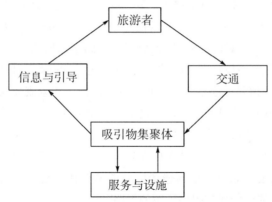

图2-1 旅游功能系统模型

资料来源：GUNN，C A，TURGUT VAR. Tourism Planning Basics Concepts Cases ［J］. Journal of Sustainable Tourism，2002（1）：56-61.

旅游功能系统理论研究是从整体性的视角分析和探讨旅游业的发展。长江国际黄金旅游带生态与文化遗产廊道的构建应当运用系统思维，从整体性和系统性方面对廊道构建进行深入思考。鉴于此，旅游功能系统理论是廊道构建的重要基础理论。

2.2　国内外文献综述

2.2.1　遗产廊道研究综述

遗产廊道是 20 世纪 80 年代源自美国的一种在较大范围内保护历史文化的新措施，它对遗产的保护采取的是区域而非局部的概念。国内外学者关于遗产廊道的研究主要集中在遗产廊道的产生和发展、概念及特征、遗产廊道旅游发展模式以及遗产廊道构建的典型案例分析。

2.2.1.1　国外遗产廊道研究综述

国外学者关于遗产廊道的研究起步较早，研究领域主要集中在遗产廊道的产生和概念、遗产廊道的规划与发展以及案例研究等。

（1）遗产廊道的产生和概念。

遗产廊道的产生主要源于绿道。20 世纪 50 年代，怀特率先提出绿道概念，指出绿道主要指中到大尺度的线性开放空间。Fabos（1995）提出，绿道主要指包含连接城乡以及巨型循环系统等要点的生命网络。Ahern（2002）将绿道界定为能提高环境质量和提供户外休闲空间的绿色自然通道。Charles（1993）认为，绿道是能连接开敞空间、自然保护区和景观要素的绿色景观廊道，它能够提升环境质量和开展户外娱乐。上述学者对绿道的研究，有一些已经颇具遗产廊道的雏形，为遗产廊道的研究奠定了坚实的基础。

随着绿道的兴起，遗产区域保护成为人们关注的焦点，遗产廊道的概念应运而生。遗产廊道是绿色廊道与遗产区域的综合体、是一种新的遗产保护形式，为相关线性遗产的保护提供了新的思路①。

（2）遗产廊道的规划与发展。

Mean（2003）研究了遗产廊道的区域规划。Godin（2001）从对遗产廊道的教育需求进行了调查。Westa（2007）提出了廊道教育计划。Johnson（2010）研究了遗产区域的经济效益。Daniel（2017）对美国国家遗产区域管理效率进行了定量研究。Marschall（2012）对德班依南达遗产路线进行了研究，指出社区参与对旅游和文化遗产地管理十分重要。Ginting（2016）研究了印尼棉兰市历史走廊的自我效能与旅游发展的相互关系。

----

① 王志芳，孙鹏. 遗产廊道：一种较新的遗产保护方法 [J]. 中国园林，2001（5）：86-89.

（3）遗产廊道的案例研究。

国外学者对美国伊利运河、加拿大里多运河等遗产廊道进行了案例研究。1984 年，美国建立了第一条国家遗产廊道——伊利诺斯与密歇根运河，这条遗产廊道在遗产保护和旅游经济发展上取得了巨大的成功。Deborah（2009）深入分析了美国伊利运河遗产廊道。Donohoe（2012）对加拿大里多运河进行了案例研究。

2.2.1.2 国内遗产廊道研究综述

国内学者对遗产廊道的研究始于 2001 年，研究主要集中在文化遗产保护、遗产廊道旅游开发、遗产廊道构建等方面。

（1）文化遗产保护。

赵兵兵和陈伯超（2011）提出，从廊道整体层面上制定遗产与生态保护、遗产宣传利用、控制性开发导则等，从各遗产点上制定遗产单体与遗产群落的保护设计、景观环境保护设计、游道设计导则等，将辽宁清朝文化遗产廊道分为线性区域—城市—遗产群—遗产节点—建、构筑物五个层次来提出保护建议①。席岳婷（2012）提出，青海段唐蕃古道的保护应从宏观、中观、微观层面进行保护：宏观层面的关键词是文化、灵魂、寻踪，作为文化线路衍生拓展唐蕃古道；中观层面的关键词是大美青海的"核"要素、资源整"合"、慢行"和"谐理念，作为遗产廊道与风景道相辅相成的唐蕃古道；微观层面的关键词是特色、记忆、共鸣，作为遗产节点彰显景观特色与秩序的唐蕃古道②。

（2）遗产廊道旅游开发。

学者们对遗产廊道结合旅游的研究主要体现在遗产廊道的旅游开发、旅游竞合模式、品牌塑造与区域营销等。李创新（2009）提出，遗产廊道型旅游资源开发模式要以空间结构为基础，以政府协作、产业合作为两翼，以利益共享为龙头，从而实现多赢，并以丝绸之路旅游合作开发为案例进行实证研究③。柯彬彬（2017）运用 RMP 分析方法将资源分析和市场分析结合起来研究泉州"海上丝绸之路"旅游发展现状，提炼出泉州"海上丝绸之路"遗产廊道旅游产品有宗教旅游产品、节事活动旅游产品、海内外青少年留学产品、

---

① 赵兵兵，陈伯超. 辽宁满清文化遗产保护模式："遗产廊道"保护模式的应用 [J]. 华中建筑，2011，29（5）：156-158.

② 席岳婷. 基于线性文化遗产概念下唐蕃古道（青海段）保护与开发策略的思考 [J]. 青海社会科学，2012（1）：47-51.

③ 李创新，马耀峰，李振亭，等. 遗产廊道型资源旅游合作开发模式研究：以"丝绸之路"跨国联合申遗为例 [J]. 资源开发与市场，2009，25（9）：841-844.

休闲旅游产品四大类，之后提出廊道旅游要重视资源整合和线路整合①。

李飞（2010）探讨了廊道遗产旅游品牌形成的动力机制，具体研究了以茶马古道为代表的科考推动型廊道、以丝绸之路为代表的区域合作型廊道、以京杭大运河为代表的遗产保护型廊道、以长江三峡为代表的工程推动型廊道，并提出营销建议②。此外，王婧（2015）对京杭大运河遗产廊道沿线古镇旅游发展进行了研究③，王荣红（2017）从旅游者评价视角对遗产廊道进行了研究，拓展了遗产廊道的应用范围和研究视角④。

（3）遗产廊道构建。

第一，以线性资源为纽带进行构建。王丽萍（2012）从"点、线、面"三个结构层次构建了滇藏茶马古道文化遗产廊道示范区⑤。朱强（2009）构建的京杭大运河江南段工业遗产廊道是以时间为线索，将京杭大运河历史分为6个时期，每个时期进行五个主题的解说：一是历史名人，二是重大历史事件，三是运河土地利用变迁，四是产业类型变化，五是兴办主体⑥。王肖宇（2009）认为，京沈清文化遗产廊道应该是一个时间链和空间链，它以"清文化"为主题，记载满族从崛起到定鼎北京，清朝文化的发祥、成长和融合的历史过程的线性的遗产区域。在此基础上，把以清文化为主题的文化遗产廊道又细分为四个次级主线的文化遗产区域：一是明清战争文化遗产，二是清帝东巡文化遗产，三是藏传佛教文化遗产，四是满汉交融文化遗产⑦。

第二，通过资源整合构建遗产廊道。方伟洁（2018）根据永昌古道自身的自然资源和文化特色，提出永昌古道廊道空间建构体系为文化产业走廊、民族团结走廊、自然生态走廊⑧。乔大山（2007）论证了构建"漓江遗产廊道"

---

① 柯彬彬，张锰.文化遗产廊道旅游开发路径研究：以泉州为例［J］.台湾农业探索，2017（6）：72-78.

② 李飞，宋金平，马继刚.廊道遗产旅游品牌塑造与区域营销研究［J］.商业研究，2010（11）：140-144.

③ 王婧.遗产廊道视角下京杭运河沿线古镇的旅游发展探究［D］.西安：西安建筑科技大学，2015.

④ 王荣红，谢泽氡，王成.基于旅游者评价的世界遗产地旅游廊道研究：以云南丽江为例［J］.学术探索，2017（12）：93-96.

⑤ 王丽萍.滇藏茶马古道：文化遗产廊道视野下的考察［M］.北京：中国社会科学出版社. 2012.

⑥ 朱强.京杭大运河江南段工业遗产廊道构建［D］.北京：北京大学，2007.

⑦ 王肖宇.基于层次分析法的京沈清文化遗产廊道构建［D］.西安：西安建筑科技大学，2009.

⑧ 方伟洁.文化线路遗产永昌古道廊道空间的建构［J］.保山学院学报，2018，37（1）：47-51.

的可行性①。乔大山（2009）根据漓江遗产廊道由四个主要节点区域组成的现状情况，提出每个节点区域的解说系统应有不同的主题内容②。

2.2.2 旅游廊道研究综述

2.2.2.1 国外旅游廊道研究综述

近年来，国外学者十分关注旅游廊道的研究，研究领域主要集中在旅游廊道的规划与管理、旅游廊道的保护和旅游廊道的美学评价。

（1）旅游廊道的规划与管理。Linehan（1995）从区域生物多样性出发，构建了绿道规划相关理论方法。Zube（1995）对美国国家公园管理局对旅游廊道规划的管理主体作用发挥进行了研究。

（2）旅游廊道的保护。Dawson（1995）深入分析了绿道保护策略，指出应当保护绿道的自然性。Frederick（2014）对墨西哥旧金山山脉遗址的文化保护策略进行了研究。

（3）旅游廊道的美学评价。Blumentrath（2014）评估从道路视觉质量视角提出了道路美学理论框架。Sullivan（2016）对城乡地区公路走廊的美学界面的评价进行了研究，指出大自然对于走廊道的环境美学十分重要，在公路走廊构建中要做到与周边自然环境的有机融合。

2.2.2.3 国内旅游廊道研究综述

国内学者对旅游廊道的研究虽然起步较晚，但近年来随着学者们对旅游廊道关注度的不断提升，相关研究数量逐年增加。截至 2020 年 4 月，在中国知网（CNKI）上以"旅游廊道"为主题进行高级检索，共检索到 274 篇相关文献。通过研读文献可知，研究主要集中在旅游廊道的概念及特征、遗产廊道的旅游开发、旅游廊道的时空构建等方面。

（1）旅游廊道的概念及特征。邱海莲、由亚男（2015）对旅游廊道的概念进行了界定，指出它是围绕某一旅游主题或线索建立起的，能满足旅游体验需求的，包含各种旅游产业要素的线形空间③。鄢方卫等（2017）研究了国内外旅游廊道的发展历程，指出绿道、风景道、遗产廊道均属于旅游廊道概念的

---

① 乔大山，冯兵，翟慧敏. 桂林遗产保护规划新方法初探：构建漓江遗产廊道 [J]. 旅游学刊，2007（11）：28-31.

② 乔大山. 漓江遗产廊道构建研究 [J]. 山西建筑，2009，35（31）：2-4.

③ 邱海莲，由亚男. 旅游廊道概念界定 [J]. 旅游论坛，2015，8（4）：26-30.

范畴，还探讨了旅游廊道的资源、空间和功能特征①。

（2）遗产廊道的旅游开发。李创新等（2009）对丝绸之路遗产廊道型旅游资源开发模式进行了研究②。王敏等（2014）对遗产廊道旅游竞合空间结构模式进行了建构③。邵秀英等（2017）对河西走廊遗产廊道进行了案例分析，提出构建基于点-轴开发理论的河西走廊空间竞合结构④。王荣红等（2017）从旅游者视角对遗产廊道进行了评价⑤。

（3）旅游廊道的时空构建。侯娇（2013）研究了慢行旅游廊道系统的空间体系，并就海南岛域国家公园慢行旅游廊道系统的空间体系规划给出具体建议⑥。魏斌等（2016）从"旅游+"视角提出了辽西遗产廊道旅游区一体化发展的对策建议⑦。李东等（2017）对中哈边境地区旅游地发展系统进行了构建⑧。王艳霞（2018）研究了榆林明长城旅游廊道的空间框架⑨。把多勋等（2019）对中国丝绸之路国际文化旅游廊道的构建进行了系统研究⑩。

2.2.3 空间网络研究综述

2.2.3.1 国外研究综述

"空间网络"主要指将空间单元自身属性特征与单元间的关系特征有机统筹，从而架构空间个体行为与整体的联系。空间网络分析主要指依据网络拓扑

---

① 郧方卫，杨效忠. 全域旅游背景下旅游廊道的发展特征及影响研究 [J]. 旅游学刊，2017，32（11）：95-104.

② 李创新，马耀峰，李振亭，等. 遗产廊道型资源旅游合作开发模式研究：以"丝绸之路"跨国联合申遗为例 [J]. 资源开发与市场，2009，25（9）：841-844.

③ 王敏，王龙. 遗产廊道旅游竞合模式探析 [J]. 西南民族大学学报（人文社会科学版），2014，35（4）：137-141.

④ 邵秀英，张金瑞，邬超. 河西走廊遗产廊道旅游竞合模式与路径 [J]. 经济研究参考，2017（37）：65-70.

⑤ 王荣红，谢泽氢，王成. 基于旅游者评价的世界遗产地旅游廊道研究：以云南丽江为例 [J]. 学术探索，2017（12）：93-96.

⑥ 侯娇. 海南省岛域范围内慢行旅游廊道系统空间体系的构建基础性研究 [D]. 海口：海南大学，2013.

⑦ 魏斌，王辉. 辽西遗产廊道区域旅游一体化发展战略研究 [J]. 决策咨询，2016（6）：44-47.

⑧ 李东，由亚男，张文中，等. 中哈边境地区旅游廊道空间布局与发展系统 [J]. 干旱区地理，2017，40（2）：424-433.

⑨ 王艳霞. 榆林明长城旅游廊道总体发展思路及空间规划框架研究 [D]. 西安：西安建筑科技大学，2018.

⑩ 把多勋，王瑞，陈芳婷. 基于"一带一路"建设的中国丝绸之路国际文化旅游廊道构建研究 [J]. 世界经济研究，2019（9）：97-104.

关系，通过考察网络元素的空间及属性数据，以数学理论模型为基础，对网络的性能特征进行多方面研究的一种分析计算。近年来，国外学者对空间网络进行了大量的研究，主要研究领域聚焦在城市地位、旅游流、旅游线路空间布局等，同时也对空间网络进行了相关的案例研究。

泰勒（2008）对世界主要城市的网络角色和地位进行了测定。Rosario D'Agata 等（2013）对西西里岛进行了案例研究，通过分析该区域的旅游流状况，揭示了区域空间的网络结构。Sang-Hyun Lee 等（2013）以扬格镇和全兰姆镇43个村庄为例，对旅游线路空间布局进行了深入研究。Kelman Ilan 等（2016）以旅游线路空间网络特征为着力点，对孤立社区的旅游商业联系情况进行了研究。Sanghoon Kang 等（2018）以中国自由独立游客数据为基础，对韩国首尔旅游景点空间网络结构特征进行了研究。

2.2.3.2　国内研究综述

近年来，国内学者关于空间网络的研究主要采用了两种方法：一是利用可得的关系数据来研究空间网络，二是利用修正引力等模型得到的间接关系数据来研究空间网络。

（1）利用可得的关系数据来研究空间网络。杨效忠等（2011）以壶口瀑布风景名胜区为例，基于网络分析法分析了跨界旅游区的空间经济联系[1]。彭红松等（2014）通过对游客流的分析，对泸沽湖跨界旅游空间网络进行了研究，根据空间内节点的网络角色提出了旅游发展策略[2]。

（2）利用修正引力等模型得到的间接关系数据来研究空间网络。由于直接获取关系数据的困难较大，因此学者们通常使用间接关系数据进行空间网络研究。虞虎等（2014）利用引力模型对江淮城市群旅游的空间网络进行了建构[3]。周慧玲等（2015）运用社会网络方法研究湖南旅游经济空间网络[4]。徐佳婧（2016）通过用因子分析和引力模型对长江中游城市群旅游空间结构构

---

① 杨效忠，刘国明，冯立新，等. 基于网络分析法的跨界旅游区空间经济联系：以壶口瀑布风景名胜区为例［J］. 地理研究，2011，30（7）：1319-1330.

② 彭红松，陆林，路幸福，等. 基于旅游客流的跨界旅游区空间网络结构优化：以泸沽湖为例［J］. 地理科学进展，2014，33（3）：422-431.

③ 虞虎，陈田，陆林，等. 江淮城市群旅游经济网络空间结构与空间发展模式［J］. 地理科学进展，2014，33（2）：169-180.

④ 周慧玲，许春晓. 湖南旅游经济空间网络结构特征研究［J］. 财经理论与实践，2015，36（6）：126-131.

建进行了研究①。王俊等（2018）通过实证分析方法对中国省域旅游经济空间关联网络影响因素进行了研究②。李东等（2017）等利用中心职能指数和引力模型，系统构建了中哈边境地区的旅游节点、旅游廊道以及旅游地发展系统③。

2.2.4　长江旅游研究综述

长江旅游发展研究以国内学者研究为主。国内学者的研究主要集中在长江三峡遗产廊道的时空构建、长江国际黄金旅游带区域旅游发展等方面。

2.2.4.1　长江三峡遗产廊道的时空构建

骆永菊（2005）从框架构建及支撑体系角度对长江三峡黄金旅游带进行了具体分析④。李小波（2006）提出了三峡遗产廊道的时空构建，分析了长江三峡各个时期的文化基因与文化积淀⑤。詹培民（2008）基于生产力布局对长江三峡黄金旅游带进行了研究⑥。邓姣（2011）基于空间建构角度，提出河谷共生廊道、山林共生廊道、人文共生廊道三种构建类型，以及以节点城市、轴线、网格组成的遗产廊道构建网络，来阐述三峡遗产廊道的共生构建⑦。周兴茂（2014）等对长江三峡黄金旅游带可持续发展进行了探讨⑧。

2.2.4.2　长江国际黄金旅游带区域旅游发展

席建超等（2015）从区域旅游创新发展视角出发，对长江国际黄金旅游带进行了系统研究⑨。刘俊等（2016）以长江国际黄金旅游带 11 个省（直辖

---

① 徐佳婧. 长江中游城市群旅游空间结构研究 [D]. 武汉：华中师范大学，2016.

② 王俊，夏杰长. 中国省域旅游经济空间网络结构及其影响因素研究：基于 QAP 方法的考察 [J]. 旅游学刊，2018，33（9）：13-25.

③ 李东，由亚男，张文中，等. 中哈边境地区旅游廊道空间布局与发展系统 [J]. 干旱区地理，2017，40（2）：424-433.

④ 骆永菊. 长江三峡国际旅游黄金带框架构建及支撑体系研究 [J]. 江苏商论，2005（2）：120-122.

⑤ 李小波. 三峡文物考古成果的旅游转化途径与三峡遗产廊道的时空构建 [J]. 旅游科学，2006（1）：12-17.

⑥ 詹培民. 长江三峡国际旅游黄金带生产力布局研究 [J]. 西南大学学报（社会科学版），2008（4）：129-132.

⑦ 邓姣. 长江三峡遗产廊道构建研究 [D]. 重庆：重庆理工大学，2011.

⑧ 周兴茂. 长江三峡国际黄金旅游带的构建与可持续发展研究 [J]. 重庆邮电大学学报（社会科学版），2014，26（5）：144-151.

⑨ 席建超，葛全胜. 长江国际黄金旅游带对区域旅游创新发展的启示 [J]. 地理科学进展，2015，34（11）：1449-1457.

市）的旅游发展为例，对其资源空间格局进行了实证研究，研究指出长江国际黄金旅游带的资源聚类特征明显①。

2.3　国内外研究述评

上述成果为本书的研究奠定了良好的基础。一是国内外学者对遗产廊道型资源的概念和特征进行了阐释，对旅游廊道的概念、内涵及建构模式进行了探讨，对遗产廊道旅游竞合模式进行了剖析，为本书的研究奠定了良好的理论基础。二是国内外学者对美国伊利运河国家遗产廊道，美国黑石河峡谷，中国丝绸之路经济带发展、大运河遗产廊道构建等进行了研究，研究成果具有重要的理论和实践意义。三是国内外学者对长江旅游带资源空间格局、长江国际黄金旅游带区域旅游创新发展、长江三峡黄金旅游带生产力布局等进行了研究，研究成果具有重要的参考价值。

但是，目前国内外相关文献研究仍然存在如下不足：一是国内外学者关于长江国际黄金旅游带的研究文献相对较少，关于长江国际黄金旅游带生态与文化遗产廊道的研究则更为鲜见。可见，学者们尚未从生态与文化遗产廊道构建视角，将长江国际黄金旅游带建设作为一个重大专题进行系统研究。二是国内学者关于旅游廊道的研究多停留在概念界定和遗产廊道旅游开发层面，研究深度和广度有待提升。学者们对丝绸之路、大运河等进行了案例研究，但尚未检索到关于长江国际黄金旅游带生态与文化遗产廊道的案例研究。三是国内外学者对遗产廊道、旅游廊道的构建进行了较好的理论分析和实践探索，但关于长江国际黄金旅游带生态与文化遗产廊道构建的相关研究尚未见报道。

从现实实践看，自长江经济带上升为国家层面区域发展战略后，长江国际黄金旅游带的发展随即成为我国旅游业界与学术界研究的热点问题。党的十九届五中全会明确提出，"推进京津冀协同发展、长江经济带发展、粤港澳大湾区建设、长三角一体化发展，打造创新平台和新增长极。"长江经济带迎来新的历史发展机遇。因此，在深入推进长江经济带国家战略的新情境下，长江国际黄金旅游带生态与文化遗产廊道构建已经成为一个必须引起人们高度关注的

---

① 刘俊，李云云. 长江旅游带旅游资源空间格局研究 [J]. 长江流域资源与环境，2016，25（7）：1009-1015.

重要课题。鉴于此，本书拟从生态与文化视角，将长江国际黄金旅游带生态与文化遗产廊道构建作为一个重大专题进行系统研究，对其进行深入的学理阐释和实践探索。

2.4　本章小结

本章在深入阐释遗产廊道理论、区域空间结构理论、旅游功能系统理论等相关基础理论的基础上，系统梳理与评述了遗产廊道、旅游廊道、空间网络、长江旅游等国内外研究文献，夯实了本书研究的理论基础。

3 国内外遗产廊道典型案例的启示与借鉴

国内外遗产廊道典型案例对于长江国际黄金旅游带生态与文化遗产廊道的构建有着重要的启示作用。本章对美国伊利运河、黑石河峡谷、加拿大里多运河、法国米迪运河四个国外遗产廊道进行了案例分析，同时对中国大运河、丝绸之路、茶马古道三个国内遗产廊道进行了案例分析，以期为长江国际黄金旅游带生态与文化遗产廊道提供借鉴。

3.1 国内外遗产廊道发展概述

遗产廊道来源于美国20世纪80年代的大型线性文化景观保护探索，现今国际遗产保护界对此越来越关注。国外有着丰富的遗产廊道，如美国黑石河峡谷和法国米迪运河等。此外，中国也有着大量的线性文化遗产资源，如大运河、古蜀道和茶马古道等，各遗产廊道沿线自然生态和人文历史景观众多，它们记录了各朝代的兴衰，承载了文化发展的历史。

3.2 国外遗产廊道典型案例的启示与借鉴

3.2.1 美国伊利运河国家遗产廊道

3.2.1.1 美国伊利运河国家遗产廊道概况

美国伊利运河全长584千米，于1817年正式开始修建，其兴建和改善工程一直持续了上百年时间。整条运河宽12米、深1.2米，从伊利湖岸的布法罗，经莫霍克谷地，到哈得孙河岸的奥尔巴尼，连接了哈德逊河与五大湖，是连接美国东海岸与西部内陆的快速运输通道，也是美国历史上最重要的人工水道之一。

3.2.1.2 美国伊利运河可持续利用的主要方法

（1）工作体系清晰，目标规划明确。自 2000 年美国伊利运河国家遗产廊道法案通过以来，该运河廊道逐渐形成了较为清晰的工作体系。奚雪松（2013）研究提炼了伊利运河遗产廊道保护与管理规划框架（见图 3-1）。

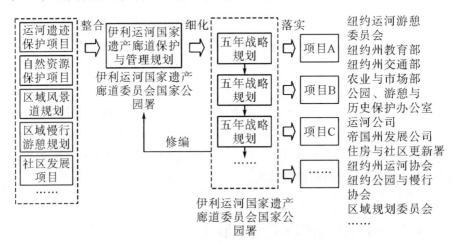

图 3-1　伊利运河遗产廊道保护与管理规划框架

资料来源：奚雪松，陈琳. 美国伊利运河国家遗产廊道的保护与可持续利用方法及其启示［J］. 国际城市规划，2013，28（4）：100-107.

（2）注重历史文化资源和自然资源的保护。

伊利运河国家遗产廊道历史文化资源的保护建立在对遗产廊道现状进行详尽调研及综合评价的基础上。伊利运河国家遗产廊道拥有丰富而独特的文化遗产，其中伊利运河的非物质文化遗产主要有沿河地区的区域民俗特色等，物质文化遗产除了运河本体及附属建筑物外，还有船舶、历史记录资料等，遗产廊道历史文化资源的保护十分注重完整性与真实性。同时，针对不同的保护对象，如遗产单体、沿线聚落、河道等，制定不同的保护导则，确定保护方式。

伊利运河国家遗产廊道自然资源的保护措施主要包括五个方面：一是充分利用动植物群落对运河生态进行修复；二是在自然保护核心区和金融开发区之间设立缓冲区，以此减轻污染和洪涝灾害；三是针对影响遗产廊道地质、水文、沿河聚落等景观格局的关键区域，进一步加强视觉保护；四是加强运河水资源管理，关注外来入侵物种，恢复自然生态系统；五是加强对运河维护工作的管理，最大限度地减少对重要栖息地的影响。

（3）注重完善慢行游憩系统和廊道解说系统。

伊利运河国家遗产廊道丰富的自然生态和人文历史资源为人们提供了高质量的旅游资源，廊道景观以及沿线特色区域文化成为人们游览和探索廊道的旅游吸引物。伊利运河国家遗产廊道慢行游憩系统主要包括伊利运河慢行道、水闸遗址公园、运河港口和服务码头等。

伊利运河国家遗产廊道构建了层次清晰的解说系统，主要包含三个要素：一是解说框架。通过"1个核心主题+4个次级主题"的方式对运河历史文化进行阐释，讲好运河故事。其中，核心主题为"美国的象征"，次级主题包括"进步和力量""连接和沟通""发明和创造""统一和多样"。二是解说媒介。根据受众不同需求，灵活采用视频播报、景区介绍手册、旅游杂志、高质量解说人员、智能软件和媒体广播等媒介。此外，还可以通过廊道纪录片、节庆活动、文化活动等渠道进行广泛传播，以此增强解说效果。三是标识系统。伊利运河国家遗产廊道的标识多为黑色和蓝色，同时对出入口、解说牌和指示牌等进行了统一设计。

（4）注重营销与管理。伊利运河国家遗产廊道十分注重旅游市场的营销与推广，主要做法如下：一是平台架构。由美国国家遗产廊道委员会担任核心管理者，将遗产廊道看作整体，搭建架构统一的发展平台。平台建设涉及廊道视觉形象整体设计、跨行政区的高级管理机构以及廊道官方门户网站等。二是产品开发。针对历史文化旅游者、户外探索开型旅游者等不同偏好的旅游者提供异质化产品，满足旅游者个性化需求。三是活动推广。通过长期承办各类运河相关活动，提升运河的美誉度，传播廊道品牌。四是设施配套。完善遗产廊道吃、住、行、游、购、娱等配套设施，提升旅游者体验。

3.2.1.3 启示与借鉴

依据近年来的工作成果，运河遗产廊道在历史文化资源和自然资源的保护、完善慢行游憩系统与廊道解说系统和营销与管理方面都取得了不错的成绩。其保护和可持续利用经验对长江国际黄金旅游带生态与文化遗产廊道具有重要的借鉴意义。

（1）充分认识长江国际黄金旅游带生态与文化遗产廊道价值，注重遗产廊道的整体保护。长江国际黄金旅游带生态与文化遗产廊道跨越11个省（直辖市）。目前，长江沿线各省（直辖市）还未进行深入合作，共同探索长江国际黄金旅游带生态与文化遗产廊道的生态保护和文化传承的大发展。可以借鉴美国伊利运河开发经验，以中央相关保护部门为核心，联合长江沿线各省（直辖市）相关部门，协调相关县（市、区）地方部门搭建架构统一的发展平台，支持长江国际黄金旅游带生态与文化遗产廊道的大发展。

（2）加强长江国际黄金旅游带生态与文化遗产廊道的保护和可持续利用。凭借打造长江国际黄金旅游带生态与文化遗产廊道的契机带动沿线城市区域经济的发展。通过完善长江国际黄金旅游带生态与文化遗产廊道的沿岸绿化、慢行系统，构建高水平廊道解说系统，对遗产廊道的自然生态和人文历史资源进行可持续利用。

3.2.2 美国黑石河峡谷遗产廊道

3.2.2.1 美国黑石河峡谷遗产廊道概况

美国黑石河峡谷长 74 千米，从马萨诸塞的伍斯特，沿黑石河谷，经过密尔勃雷、河湾农场、阿克里布里奇，进入罗德岛，再经过坎伯兰、黑石河州立公园，到罗德岛最大城市普罗维登斯。黑石河峡谷经过了 24 个城镇和地区，糅合着各类自然和人文景点，并于 1999 年被认定为"黑石河峡谷国家遗产廊道"。对美国而言，这条遗产廊道的历史意义重大，除了是众所周知的美国工业革命诞生地，还是新英格兰人的居住地。

3.2.2.2 美国黑石河峡谷保护与重塑的主要方法

（1）注重整体规划，制定保护方案。依据国内外的文献、声像和电子存档及实地考察记录等资料，梳理统计黑石河峡谷沿线的自然、人文和地域特色等资源，并对其进行分类概括，从而明确所要维护的对象，设立想要保护的成效目标，总结出保护和重塑这条遗产廊道的对策方案。按照设立的成效目标，选择合适的方式，制定黑石河峡谷遗产廊道的保护措施。将成效目标分成短期目标、中期目标和长期目标。其中，短期目标即有选择地对能反映廊道沿线自然、人文和地域特色的重要区域节点进行保护；中期目标即定期检查廊道沿线河段等，对有安全隐患或受损的河段等进行加固和维护；长期目标即复原、重建和宣传有独特特色、有观赏价值和人文情怀的沿线景点[①]。

（2）注重生态治理，建设绿色廊道、黑石河峡谷除了黑石河外，还有大量的支流、湖泊和湿地，这些自然生态环境是形成黑石河流域文化的基础。美国政府在打造黑石河绿色廊道时强调了黑石河峡谷是连续的带状廊道，要用现代科学技术手段提高河流水质，控制廊道沿线河段废水的排放，提高污水处理效果，使之成为供游客娱乐和休憩的地方；不同利益相关者应共同努力保护廊

---

① 王肖宇，陈伯超. 美国国家遗产廊道的保护：以黑石河峡谷为例 [J]. 世界建筑，2007 (7)：124-126.

道沿线河段的花草树木,保持沿岸的绿色生态①。

3.2.2.3　启示与借鉴

作为美国工业革命的诞生地,黑石河峡谷的地区整体规划和可持续发展具有历史意义。为此,美国国家遗产廊道委员会设立并实施了一系列有关黑石河峡谷国家遗产区保护及重塑的管理规划及措施②。其文化融合、内河运输和建设绿色廊道的经验对打造长江国际黄金旅游带生态与文化遗产廊道,具有重要的借鉴意义。

（1）注重文化资源,建设有历史文化价值的线性遗产廊道。融合文化产业和旅游业是长江国际黄金旅游带生态与文化遗产廊道发展的主流趋势,首先应借鉴黑石河峡谷的经验做好长江国际黄金旅游带生态与文化遗产廊道文化和旅游融合的设计。其次,黑石河峡谷沿线有各式各样的旅游工艺品。同样地,在长江国际黄金旅游带生态与文化遗产廊道沿线也有很多具有民族文化特色的手工艺品,可以将这些手工艺品整合、汇集,再分类,在合适的区域构建以手工艺品为主题的文化产业园。最后,黑石河峡谷途经 24 个文化特色不同的市镇,并联动长江沿线各类资源协同发展对打造跨越 11 个省（直辖市）的长江国际黄金旅游带生态与文化遗产廊道有一定的启示。以长江沿线各民族特色为核心构建民俗体验性的主题乐园,是打造长江遗产廊道的一个可行之举③。

（2）发展内河运输,促进城市发展。黑石河峡谷是美国人首先在工业上大力运用水力的航道,沿线制造业迅速发展。有学者估算,我国内河水运尚未得到充分开发。借鉴黑石河峡谷在工业上大力运用水力的经验,有效利用长江内河运输、提高内河航道利用率,将有助于长江沿线城市的快速发展。目前,长江沿线已有相应的项目正在施行,如涪江双江航电枢纽已于 2020 年 12 月开工,以此来加快成渝双城经济圈的建设。

（3）植入遗产廊道沿线特色民俗文化元素,建设生态岸坡。建设集绿化、慢行系统和亲水平台于一体的生态岸坡,建设防洪排涝、水利工程系统,保存实现水利工程功能。美国黑石河峡谷遗产廊道通过控制废水排放和治理等措施保持黑石河的自然生态。长江国际黄金旅游带生态与文化遗产廊道沿线的坡岸也可以以此来规划,首先对沿岸的自然岸坡、护岸、护坡现状基本情况进行调

---

① 王志芳,孙鹏. 遗产廊道:一种较新的遗产保护方法［J］. 中国园林,2001（5）:86-89.

② 高松涛,陈若薇. 保护与重塑:美国工业文明诞生的见证:约翰 H.采菲黑石河峡谷国家遗产廊道［J］. 重庆大学学报,2014,37（Z1）:51-53.

③ 李军. 国外文化遗产廊道保护经验及其对四川藏羌彝走廊建设的启示［J］. 四川戏剧,2014（11）:116-119.

研，统计生态破坏、滑坡、崩岸及有潜在威胁的河岸；其次针对河岸的具体情况，开展维护工作，重点考虑渠化后库区波浪等的侵蚀影响；最后植入遗产廊道沿线区域特色，设计绿化图案，观光慢行系统和有区域文化元素的亲水平台。借鉴黑石河峡谷的经验，采用现代科学技术手段净化水域，切实做好集绿化、慢行系统和亲水平台于一体的生态岸坡，打造长江国际黄金旅游带生态与文化遗产廊道沿线美丽风光。

3.2.3　加拿大里多运河遗产廊道

3.2.3.1　加拿大里多运河遗产廊道概况

加拿大里多运河全长 202 千米，从渥太华的城市中心中间穿过，南接安大略湖金斯顿港，东到大西洋，西至北美五大湖区，见证了美洲大陆北部争夺控制权的历史，是 19 世纪初运河开凿与建设的一个里程碑，且其绝大部分设施保存完好。2007 年，加拿大里多运河被授予世界遗产称号。

3.2.3.2　主要特色

（1）各级人员，各司其职。渥太华市政府在里多运河的保护工作尤其在遗产环境保护方面起着非常重要的作用，里多运河同时受到三级保护。加拿大公园局保护里多运河建筑与工程构造物和里多运河河床的考古遗址；安大略省通过立法规划邻近土地，处理文化遗产与环境保护之间的关系，其中最有效的是在遗产和环境之间设置缓冲区；环境保护部门保护里多运河遗产及其沿线的自然生物和湿地等；里多运河沿线市民也积极保护遗产廊道①。

（2）里多运河有旅游开发且保存相对完好。里多运河是北美保存最好的止水运河，迄今从未停止使用过。里多运河沿线有许多闸口至今还在运转且由工作人员手摇动铸铁绞车，打开闸门，190 年未曾改变。如今里多运河不只是历史遗迹，也供游客们观赏娱乐。里多运河沿线的自然生态和人文历史景观使其成为游客们的宠儿，春、夏、秋三季可乘船游览观光，冬季会举行狂欢节，公园中有冰雕和雪雕艺术品。里多运河冰面，身着各色的滑冰服参加破冰船之旅、冰上曲棍球赛以及冰上驾马等比赛的人流来去穿梭，形成五彩的风景②。

3.2.3.3　启示与借鉴

加拿大对里多运河的保护和管理方式，与企业组织结构中的矩阵制较为相似。其多级多层次的管理经验对打造长江生态与文化遗产廊道，具有重要的借

---

①　田德新. 世界遗产运河文化保护传承利用的立法经验与借鉴［J］. 中国名城，2019（7）：4-12.

②　敖迪，李永乐. 加拿大里多运河文化遗产保护管理体系研究及启示［J］. 齐齐哈尔大学学报（哲学社会科学版），2018（6）：36-39.

鉴意义。

（1）形成政府主导和群众监督的管理模式。首先成立相应的矩阵结构，如由中央政府、省级政府和各县（市、区）政府在文旅部门均挑出一个人选，以他们为成员组成新的文旅部，其他相关部门也这样挑选合适的人选，组成一个打造长江国际黄金旅游带生态与文化遗产廊道的矩阵结构。中央政府制定长江遗产廊道的保护与利用方针政策；长江沿线各省（直辖市）政府遵循中央政策，制定地方规划，管理和对接相关地方工作；长江沿线县（市、区）政府负责派人定期检查加固沿线基础设施，重视江水治理，实施土地规划管理和旅游资源的保护与开发等。其次成立利益相关小组，小组成员不在政府工作人员中选择，可以是相关企业员工或是普通群众，以他们作为联系保障群众参与决策管理的桥梁。

（2）遗产展示与推广。加拿大公园局有义务向公众介绍里多运河，而我国对于景区文物解说的义务和责任没有明确的划分，对于解说的内容也没有明确的要求。在博物馆、纪念馆等地的解说设备配备不完善，解说人员水平参差不齐，解说内容没有依据游客的年龄、性别、职业和性别偏好等做出相应的改变，造成部分游客旅游体验感不佳。对于长江沿线的物质文化遗产或非物质文化遗产，应配备完善的解说系统，除了解说传统的历史外，还可以场景再现的形式，使游客切身体会到遗产的魅力。

3.2.4 法国米迪运河遗产廊道

3.2.4.1 法国米迪运河遗产廊道概况

法国米迪运河也称朗格多克运河或双海运河，是为连通大西洋和地中海，促进贸易的繁荣而建的。米迪运河构思精巧，与周边环境和谐匹配，项目于1667年动工，1694年完成。米迪运河涵盖了沟渠、桥梁等328个人工建筑，蜿蜒流淌360千米，为工业革命开辟了一条航线，是17世纪最宏大的土木工程项目。1996年，法国迷迪运河入选世界文化遗产名录。

3.2.4.2 主要特色

完备的法律规范。米迪运河自开凿以来，就配置了较多法律规范，如1666年的穆郎法令、1956年的十月法令等；自米迪运河申遗成功后又配置了相应的遗产管理规范章程，如《米迪运河遗产管理手册》《建筑和船闸、运河住宅和景观管理手册》和《米迪运河景观建设规章》等。米迪运河还有与工程和管理有关的规章制度①。

法国政府分级分区制定规划，形成政府主导系统化空间规划体系。米迪运河有四级管理，其中中央负责指导宏观层面、确立大的方针政策等，大区和省级部门负责协调各市镇进行整体规划、有效配置各财政支出和建立健全监督审核机制等，各市镇政府则主要负责执行上级政策、有效跟进项目进度等。

3.2.4.3　启示与借鉴

法国政府分级对米迪运河进行规划管理，还制定了完备的法律规范。其完备的法律规范对打造长江国际黄金旅游带生态与文化遗产廊道，具有重要的借鉴意义。

（1）完善长江国际黄金旅游带生态与文化遗产廊道相关法律法规，使之有法可依。目前，关于修复长江生态、保护自然资源的问题已经出台了相应的政策，如《中华人民共和国长江保护法》已于 2020 年通过审议，自 2021 年 3 月 1 日起施行。对于长江文化，2014 年中国首部反映长江流域少数民族文字大全的图书《中华长江文化大系——少数民族文字与嬗替》编纂完成，2016 年提出长江文化带等。除此之外，还有许多有关长江文化介绍的书，如"长江文化论丛"等。

（2）提高景区管理水平。培训景区工作人员、加强基础设施建设、景区展示与推广，对打造长江国际黄金旅游带生态与文化遗产廊道有一定的必要性。培训景区工作人员，提升他们的职业素养，以此提高景区口碑，增强游客旅游体验感；定期检查修复文物古迹，保证遗产遗迹的完整性、原真性；加强景区公共设施建设，保持景区自然生态，推出露营、特色民宿等体验；完善解说系统，设计特色导视系统、景点地图和景观小品等，让国内外游客都可以更深入了解长江遗产廊道的历史概况。

3.3　国内遗产廊道典型案例的启示与借鉴

3.3.1　大运河遗产廊道

3.3.1.1　大运河遗产廊道概况

大运河是京杭大运河、隋唐运河、浙东运河的总称，位于中国东部平原，

---

① 万婷婷，王元. 法国米迪运河遗产保护管理解析：兼论中国大运河申遗与保护管理的几点建议 [J]. 中国名城，2011（7）：53-57.

是世界上开凿最早、规模最大的运河，全长约 3 000 千米。其中，京杭大运河北起北京，流经 20 个市（区），南到杭州，全长 1 794 千米。大运河的开凿凝聚了中国智慧，是中国人民贡献给人类不可替代的财富，沿线有丰富的自然生态和人文历史资源。2014 年，大运河成功入选世界文化遗产名录。

3.3.1.2 大运河遗产廊道的保护策略

（1）大运河申遗工作。2006 年，京杭大运河被列为全国重点文物保护单位。2007 年，实施数字京杭大运河专项。2009 年，大运河保护和申遗省部际会商小组成立并召开第一次会议。2010 年大运河保护和申遗省部际会商小组第二次会议确定了大运河保护和申遗的科学指导与决策依据。2010—2011 年，编制《大运河遗产保护与管理总体规划》。2009—2014 年是大运河申遗关键时期。其中，2009—2010 年为启动阶段，2011—2012 年为保护整治阶段，2013—2014 年为申报阶段。

（2）大运河遗产廊道的保护工作。大运河遗产廊道保护实行虚实结合。据了解，北京市对大运河的遗产保护是施行"虚实并举"，虚是指非物质文化遗产，实是指物质文化遗产。杭州市拱墅区表示，全区致力于规划建设大运河文化带，修复了历史文化街区，修建了京杭大运河博物馆等。未来大运河的保护应注意协调"整体保护"与"合理利用"的关系。沿线公众都有责任和义务参与到大运河遗产廊道的保护中去。

3.3.1.3 启示与借鉴

大运河沿线城市进行的协同合作，特别是以大运河沿线各城市为支点的申遗工作等，对长江国际黄金旅游带生态与文化遗产廊道进行联合、整体保护与利用起到了良好的示范作用。

（1）长江国际黄金旅游带生态与文化遗产廊道的保护与利用协同路径。长江国际黄金旅游带生态与文化遗产廊道涉及 11 个省（直辖市），沿线各省（直辖市）之间有条块分割、信息不对称的问题。对跨越如此多省份的长江国际黄金旅游带生态与文化遗产的保护和管理非常复杂，需要以协同学理论为指导，制定适合的实施路径。具体来看，有以下四个方面：一是协同观念，即在不同城市之间增强协同责任意识，树立保护长江国际黄金旅游带生态与文化遗产廊道就是牢记城市记忆，延续城市历史是保护中华民族"根"与"魂"的责任和义务。二是协同组织。首先成立国家层面的长江国际黄金旅游带生态与文化遗产廊道管理组织机构，并授予其控制协调沿江城市的管理权力；其次，在长江上、中、下游分别设立管理组织机构，在各河道支流实行河长制，树立区域典型，形成良性竞争。三是协同利益。政府制定符合国际黄金旅游带生态与文化遗产廊道沿线各地的民俗特色和各地资源实际情况的法律法规，以长江流域的非物质文化遗产和物质文化遗产为核心，协调各利益相关者的利益关系，确保长江国际黄金旅游带生态与文化遗产廊道可持续性发展。四是协同舆论。政府引导全民参与，培养民众的长江情结①。

（2）创新线性文化遗产的保护、利用方法。长江国际黄金旅游带生态与文化遗产廊道空间跨度大，涉及地域范围广。然而，对于文化遗产本身而言，首先是要找到它与当代社会的共鸣，让遗产活起来，认识到许多文化遗产都可以凭借遗产廊道沿线上的多个城市的相关资源，在利用中实行有效保护。此外，应积极应用现代科学技术手段对文化遗产进行保护和重现。例如，在博物馆开发沉浸式 VR 体验，重现文物历史，让游客体会历史文化遗产深层次的内涵。有了 VR 技术的助力，文化遗产保护就有了一个新的解决方案。使用虚拟成像等手段，复原展示那些有安全隐患或是已经遭到破坏的文化遗产，如江阴的良渚文化遗址等，缩短游客与相关资源之间的距离，使其发挥出研学和艺术熏陶的功能②。VR 技术将帮助人类文明更好地延续下去，也让人们铭记历史，让历史走入现代生活中，给我们以启迪。

3.3.2　丝绸之路遗产廊道

3.3.2.1　丝绸之路遗产廊道概况

丝绸之路源于西汉汉武帝派张骞出使西域，其以首都长安（今西安）为起点，经中国甘肃与新疆、中亚国家、伊朗等地，以罗马为终点，全长6 440千米。这条路被认为是连接亚欧大陆最早最重要的东西方文明交流通道，丝绸则是最具代表性的货物。2014 年，"丝绸之路：长安—天山廊道的路网"成为首例跨国合作、成功申遗的项目，在丝绸之路申遗名单中，中国境内有遗址遗迹 22 处。

3.3.2.2　丝绸之路的保护策略

（1）与现代文明相结合，积极创新。作为文化大省的陕西省，对文化遗产资源开发与利用已有多年的经验，还形成了"曲江模式"。然而，此模式过度商业化开发，导致陕西历史文物沾染上了铜臭，导致城市千年的历史积淀在商业化中逐渐消失。文化遗产是古老的、严肃的、厚重的，文化遗产想要焕发出闪亮的光彩，必须要与现代文明相结合。此外，还应积极创新，与演绎节

---

① 连冬花. 大运河遗产保护与利用协同的路径探析 [J]. 系统科学学报，2016，24（2）：48-53.

② 李麦产，王凌宇. 论线性文化遗产的价值及活化保护与利用：以中国大运河为例 [J]. 中华文化论坛，2016（7）：75-82.

目、动漫、会展、游戏产品、高新技术产业等进一步结合，形成特色的文化遗产品牌产业①。

（2）丝绸之路美术遗产保护。丝绸之路美术遗产保护主要有三种模式：一是"美术遗产+活态互动"模式，结合陕西地缘特色，通过社区博物馆、生态博物馆、主题公园等模式，促进保护发展互利共融；二是"美术遗产+公众娱乐"模式，开展反映丝绸之路美术遗产文化内涵的文化节、艺术展、节庆旅游等；三是"美术遗产+信息技术"模式，普查整理各类美术遗产。针对不同种类及特点的美术遗产开展数字化管理，推动美术遗产资源共享工程，建立全面覆盖的资源体系，为专业领域及广大公众提供一站式服务②。

（3）创新遗产廊道旅游方式，重拾遗失的美好。现代科学技术的迅速发展，对遗产廊道旅游的供给方和需求方都产生了巨大的冲击。首先，旅游供给方可以提供种类各样的旅游产品，如凭借摄影图，经数字化处理，做出了流失于海外的克孜尔石窟壁画仿真作品。除了克孜尔石窟壁画，长江沿线还有许许多多有价值却由于某些原因没有实体的物质文化遗产，它们都可以利用现代科学技术进行复原。即使是复原的产品，它们仍能弥补破损的遗迹或留存的纸质或电子资料带给游客的缺憾，给游客以更深的体验。其次，旅游者可以有多种旅游体验模式。除了常见的观光游览、实景演出和项目互动等③，观看 3D 模拟重庆市区第一座城市大桥的建造过程，不仅可以体验大桥成品的雄伟，更能感受重庆人建成这座大桥的艰险。

3.3.2.3 启示与借鉴

（1）经济的快速发展为文化遗产廊道的建设奠定了物质基础。社会经济发展水平会影响文化软实力的提升，文化软实力的提升会促进经济的繁荣发展。长江文化遗产廊道的建设将促使沿线城市经济快速增长，这为打造长江国际黄金旅游带生态与文化遗产廊道提供了经济支持；同时对长江国际黄金旅游带生态与文化遗产廊道的保护和旅游开发，也会拉动经济发展。

（2）开发整合长江文化遗产资源，大力发展旅游业。长江沿线城市应合理配置旅游资源，进一步加强合作，打造长江品牌旅游线路，做好旅游线路的

---

① 董晓英. 文化软实力视角下陕西省丝绸之路文化遗产保护利用研究 [J]. 湖北农业科学，2020，59（21）：189-191，195.

② 卢昉. "互联网+"视域下的文化史迹"活态化"保护：以陕西丝绸之路美术遗产保护模式为例 [J]. 艺术研究，2020（4）：90-91.

③ 李现彩，徐承炎. 丝绸之路新疆段遗址文化价值审视及保护利用策略研究：以"丝绸之路：长安—天山廊道的路网"新疆段遗址为例 [J]. 塔里木大学学报，2018，30（3）：144-150.

推介，大力发展旅游业，吸引更多的境内外游客，助力传播长江文化。在开发长江文化遗产的同时，还要充分应用"互联网+"技术，做好文化遗产数字资源的整理与保护，利用新技术减少对文化遗产的破坏。

（3）挖掘核心价值，提升长江母亲河的形象。长江沿线有许多古文化遗存，其中古建筑有苏州庭院、玉泉寺铁塔、太和宫金殿和平阳府君阙等；古墓葬主要有李时珍墓、李自成墓和荆州楚墓群等；古石刻、碑刻、造像主要有大理南诏德化碑、乐山大佛、褒斜道石门及其摩崖石刻等；古窑址有宜昌均山窑址、长沙铜官窑遗址等。在文旅融合的大背景下，长江国际黄金旅游带生态与文化遗产廊道的独特内涵需要进一步发掘，提升长江母亲河的形象，对内凝聚民心、对外形成国际吸引力。

3.3.3　茶马古道遗产廊道

3.3.3.1　茶马古道遗产廊道概况

茶马古道在唐宋时期兴起，于明清强盛，是古代西南、西北边疆地区茶马互补的贸易通道，主要以马帮为交通工具。以川、藏、滇为主线，辅以支线、附线形成庞大的交通网络。随着茶叶等贸易的扩大，茶马古道延伸通往域外，延伸入尼泊尔、印度等境内，形成了一条经贸之路和各国文化交流的走廊。2013年，茶马古道被列为全国重点文物保护单位。

3.3.3.2　茶马古道的保护策略

（1）统筹规划和协调廊道沿线村落和遗址。茶马古道是马帮在高山深谷间南来北往逐渐形成的，沿途除了经过城市街道外，更多的是乡村小道，然而茶马古道却日渐衰落。以云南省凤阳邑为例，村里自然资源丰富，花卉资源有杜鹃花和自然梨花园等；树木资源有华山松、云南松和福安园林景观等；药物资源有龙打草和草乌等。此外，还有许多旅游景点，如圣母箐、法真寺、清溪生态园和茶马古道遗址等。即便有如此多的旅游资源，然而凤阳邑的旅游产品竞争力不足，若与茶马古道沿线其他有遗址遗迹留存的村落合作，整合周边村落的旅游资源，修缮相关景点，规划乡村文化旅游路线，吸引游客，宣传推广茶马古道，如联合南诏太和城遗址，可以提升凤阳邑作为旅游景区的知名度①。

（2）建设微型博物馆。博物馆是陈列展示文物的场所，对于跨度较大的

---

① 高林子，刘洪轩，李孟贤，等. 对滇藏茶马古道沿线村落型遗址的保护与可持续发展研究：以凤阳邑为例 [J]. 中国地名，2019（12）：54，56.

遗产廊道，要体验遗产廊道的全部自然生态和人文历史是耗时耗力的。建立微型博物馆，将廊道沿线的人文景观按比例微缩陈列在博物馆，坚持原貌，不轻易调整布局，保留遗产原真性；凭借合适的表现手法将区域特色展现在微型博物馆中。如中国第一家展示茶马古道历史文化的博物馆——茶马古道博物馆，由8个部分组成，介绍了茶马古道的概况，宣传和推广了普洱茶文化，系统地梳理了茶马古道的线路和重大历史事件，让游客花更少的时间体验更丰富的历史文化和区域特色。

3.3.3.3　启示与借鉴

茶马古道历史悠久，文化韵味浓厚，其沿途的自然生态和人文历史的资源吸引了许多旅游爱好者。其文化保护和旅游开发的经验对打造长江国际黄金旅游带生态与文化遗产廊道，具有重要的借鉴意义。

（1）加强保护，防止资源与文化的流失。长江沿线地区应抓住发展长江国际旅游带的良好机遇，建立长江国际黄金旅游带生态与文化遗产廊道管理和开发的协调机制。长江沿线的省（直辖市）可以联合起来，梳理本地有关特色文化遗产资源，建立长江遗产资源的资源库。此外，遗产廊道的保护方式不局限于传统意义的古迹静态的保护，有些遗产适合动态保护，在利用中实行保护，即利用合适的手段对长江沿线特色民族非物质文化遗产进行活化设计，通过实景演出、桥壁涂鸦和VR体验等形式，使之成为容易理解、印象深刻的旅游产品[①]。

（2）成立遗产廊道保护与旅游发展专项组。遗产廊道资源丰富，而其保护和旅游开发的程度难以把控，各景点只顾自己景点的宣传与发展，有过度商业化的倾向。在一定程度下，国家的宏观管控是有必要的。首先国家设立一个"长江国际黄金旅游带生态与文化遗产廊道保护与旅游业发展专项组"，其次在长江上下游区域分别设立"区域专项组"，每年召开相关会议，对管控区域的工作做出年终总结和未来展望，并与国家专项组密切配合。国家专项组制订保护长江沿线特色遗产的计划；推进联合申报世界遗产的相关工作；指挥上下游区域专项组做好文物的加固、修复与管理工作等。区域专项组除了完成国家专项组下发的任务外，还应深入挖掘展示所管辖区域的民俗特色，创新旅游宣传方案；联合相关专家制定遗产廊道的保护和旅游开发策略等。

（3）鼓励群众参与遗产廊道保护。群众参与保护廊道遗产对于打造遗产

---

① 方仁，邓小海. 茶马古道的保护与茶文化旅游开发探究［J］. 旅游纵览（下半月），2018（6）：183-184.

廊道有重要作用，不同利益团体的行为都应有助于长江国际黄金旅游带生态与文化遗产廊道的可持续发展。如政府要为长江国际黄金旅游带生态与文化遗产廊道的保护制定合理规范；投资方要在注重自然生态环境和文化遗产的基础上进行适度开发；当地居民是本土文化的传承者，在传承当地民俗时，不仅是传承，还要保持文化遗产的原真性；普通游客应做到爱护环境、不乱扔垃圾、不破坏公物和尊重当地的风俗人情等①。

3.4　本章小结

本章对美国伊利运河、美国黑石河峡谷、加拿大里多运河、法国米迪运河、中国大运河、丝绸之路、茶马古道等国内外遗产廊道进行了深入的案例研究，揭示了其对长江国际黄金旅游带生态与文化遗产廊道构建的启示及借鉴价值。

---

① 李飞，马继刚. 我国廊道遗产保护与旅游开发研究：以滇、藏、川茶马古道为例 [J]. 西南民族大学学报（人文社科版），2016，37（2）：136-140.

4 长江国际黄金旅游带发展的基础条件及面临的主要问题

4.1 长江国际黄金旅游带发展的基础条件

4.1.1 区域基础：区域条件优越，为廊道构建提供了坚实根基

4.1.1.1 自然地理基础

长江国际黄金旅游带是中国第一、世界第三大河流长江流经的区域，地形西高东低，内部地貌类型多样。长江国际黄金旅游带汇聚了 700 余条大小支流，形成了一个巨大的河流与湖泊网系。长江中下游地区支流众多，拥有洞庭湖、鄱阳湖、太湖、洪泽湖、巢湖五大淡水湖，湖泊面积占全国淡水湖面积的 60% 以上，素有"水乡"之称。此外，长江国际黄金旅游带也是我国具有国际意义的生物多样性富集地区，资源十分丰富。

4.1.1.2 历史人文基础

长江流域是中华民族文化的发祥地之一。长江文明是长江流域各区域文明的总称，始于公元前 5 000 年，距今已经有 7 000 多年，并与黄河文明并列为中国文明的两大源泉。长江国际黄金旅游带涵盖多元的历史文化和民族习俗，历史人文气息浓厚，是中华传统文化成片区保存最集聚的区域，包括巴蜀、滇、黔、湖湘、荆楚、赣、吴越、江淮 8 种地域文化类型。长江文明区域之广，文化遗址数量之多、密度之大，世界少有。同时，长江国际黄金旅游带聚居民族多元，包含 52 个少数民族，人口在 10 万人以上的有 13 个民族。

4.1.1.3 社会经济基础

长江国际黄金旅游带具有独特的综合优势和巨大发展潜力，已成为我国综合实力最强、战略支撑作用最大、全球影响广泛的内河经济带。长江干支流通

航里程约 7.1 万千米，占全国的一半以上，是我国主要内河航道，素有"黄金水道"的誉称，是货运量位居全球内河第一的黄金水道。随着西电东送、西气东输、青藏铁路和南水北调等与长江流域息息相关的四大战略性工程的实施，以及以上海自贸区为龙头，以南京、武汉、重庆为中心的开放型一体化经济的迅速发展，长江国际黄金旅游带的社会经济地位将更加重要。

4.1.1.4　生态资源基础

长江国际黄金旅游带生态价值地位突出，是维系我国国家生态安全的重要屏障。长江国际黄金旅游带拥有独特的生态系统，孕育了千姿百态的稀有动植物，生物多样性居我国七大流域之首位。长江国际黄金旅游带是我国最重要的水资源富集区，横跨我国东、中、西部三大地区，流域总面积 180 万平方千米，占全国的 18.8%，干流全长 6 300 余千米，支流众多。长江国际黄金旅游带森林资源丰富，林木蓄积量占全国的 1/4，生态资源基础好。

4.1.2　产业基础：旅游成效凸显，为廊道构建提供了有力支撑

4.1.2.1　旅游产业规模持续扩大，产业地位不断提升

近年来，长江国际黄金旅游带各省（直辖市）旅游业发展迅速，产业规模持续扩大，旅游经济总量不断壮大。旅游产业在长江国际黄金旅游带经济发展中的作用逐渐凸显、在国民经济中的地位不断提升。

4.1.2.2　旅游产品开发逐渐深化，新兴业态涌现

依托优越的自然人文环境与丰富的旅游资源，长江国际黄金旅游带旅游开发不断深化，成功打造了一系列精品旅游景区和旅游产品组合。长江国际黄金旅游带旅游资源的开发深度加深、广度不断延伸。传统的景区升级转型速度加快，尤其是以国家 A 级景区为代表的旅游产品开发取得显著成效。目前，长江国际黄金旅游带 A 级景区类型多样，涵盖了观光、休闲、度假及专项旅游等多种旅游产品类型。景区等级高，数量规模大。同时，随着旅游市场日趋成熟和旅游需求的日益复杂化与多元化，长江国际黄金旅游带旅游产品供给业态也呈现出与之相应的多元化格局，乡村度假、都市休闲、商务会展、自驾车与房车、旅游文化产品和旅游房地产等新兴产品业态不断涌现。

4.1.2.3　旅游目的地体系初步构建，区域发展格局基本形成

经过多年的建设和发展，长江国际黄金旅游带传统旅游目的地逐渐成熟。以 5A 级景区、世界遗产为代表的一批传统著名景区逐渐发展为旅游产品和市场较为成熟的旅游目的地，成为长江国际黄金旅游带核心的旅游载体。同时，跨区域旅游目的地集聚进程加快，形成了一批国内外著名跨区域旅游目的地，

基本形成了"大山、大水、大城市"的流域旅游发展格局。依托长江游轮、沪昆高铁、318国道自驾游线等核心线路，长江国际黄金旅游带全流域旅游目的地的打造框架逐渐清晰。

4.1.2.4　旅游基础设施日渐完善，服务体系基本构建

长江国际黄金旅游带旅游交通设施、旅游通信设施、重点城市游客集散中心、游客服务中心、旅游安全设施以及资源环境保护设施等旅游基础设施建设的步伐加快，初步建立起与现代旅游发展需求相适应的旅游基础设施体系。同时，长江国际黄金旅游带沿线11个省（直辖市）积极对接旅游市场需求，以人性化服务为方向，通过政府引导和市场推动，不断完善内部旅游服务体系，初步形成较为完整的旅游服务体系。

4.1.3　政策基础：国家战略叠加，为廊道构建提供了政策保障

长江国际黄金旅游带是"一带一路"倡议、长江经济带建设、交通强国建设、成渝地区双城经济圈建设等国家战略的集聚区，国家战略叠加为旅游产业发展和廊道构建提供了优越的宏观政策环境。

2014年9月，《国务院关于依托黄金水道推动长江经济带发展的指导意见》提出，要把长江沿线培育成为国际黄金旅游带。

2020年1月3日，习近平总书记在中央财经委员会第六次会议中明确提出，要推进成渝地区双城经济圈建设，在西部形成高质量发展的重要增长极。这是中央首次提出"成渝地区双城经济圈"，为成渝地区发展带来重大战略机遇。加强成渝地区双城经济圈的文化旅游合作，围绕"成渝发展主轴"，以成都、重庆为核心，打造文化旅游发展核，建设文化旅游经济带，培育巴蜀文化旅游精品项目，统筹推进文化和旅游融合发展、高质量发展势在必行，为廊道构建提供了新的政策机遇。

长江国际黄金旅游带沿线11个省（直辖市）也相继出台了一系列促进旅游业发展的政策性文件和优惠政策，诸多政策措施在国内起到了很好的示范引领作用，使政府推动旅游业发展的力度明显加大，为廊道构建提供了切实的政策保障。

4.2 长江国际黄金旅游带发展面临的主要问题

4.2.1 旅游发展不均衡，廊道旅游空间布局亟须优化

长江国际黄金旅游带覆盖我国东、中、西11个省（直辖市），横跨我国三大地理阶梯，受旅游资源禀赋、整体社会经济发展环境和基础等因素的影响，廊道内部旅游发展差异较大，流域旅游发展不均衡。

廊道下游地区整体基础设施建设水平已走在全国前列，但廊道中游和上游地区明显落后，基础设施体现出的旅游功能不够，基础设施为旅游服务的力度不足。特别是旅游景区与交通干线之间的旅游连接线和景区内部道路体系建设还难以满足发展需要，廊道旅游空间布局亟须优化。

4.2.2 旅游新要素培育不足，廊道旅游产业体系亟须完善

近年来，长江国际黄金旅游带沿线11个省（直辖市）旅游产业地位不断提升，国内旅游及入境旅游者人数逐年增长。总体来看，廊道旅游产业的优势产业地位尚未形成，与其所具备的旅游资源潜力和旅游区位条件不相称，旅游产业转型升级仍有很大提升空间，旅游新要素培育不足。一是廊道区域性公共服务设施缺乏整体性和系统性的规划建设，还存在布局不合理、档次低和不适应的问题。尤其是廊道沿线游客服务中心、旅游公共标识系统、自驾游服务系统等方面，与旅游产业发展需要相比严重滞后。二是廊道旅游产品和业态仍以传统大众旅游产品为主，旅游新六要素"商、养、学、闲、情、奇"发展不充分。面对新形势下旅游市场发展的新需求，目前廊道商务旅游、养老养生、休闲旅游、度假休闲等符合旅游产业新要素发展的新产品和新业态开发不足，尤其是长江中上游的中西部省份，产品开发较为初级，不能很好地满足日益增长的旅游市场新需求，廊道旅游产业体系亟须完善。

4.2.3 统一的旅游品牌尚未形成，廊道核心旅游品牌亟须塑造

目前，长江国际黄金旅游带沿线11个省（直辖市）旅游市场营销和客源市场开拓大多各自为战，缺乏对廊道统一品牌的一体化营销和跨流域目的地品牌的整合营销。

廊道内部各省（直辖市）旅游品牌逐步成形，各区段也初步进行了区域品牌整合和推广，但同饮一江水的廊道各省（直辖市）旅游品牌零碎而分散，

缺乏对长江旅游品牌的系统化打造。从流域和国家层面对长江旅游核心品牌的打造与推广不够，国外客源市场开拓不够，应对国际旅游客源市场形势和需求变化的能力有待提高，尚未形成完整而有效的一体化廊道旅游国家营销体系，同时也尚未形成有国际竞争力的统一的廊道旅游品牌。

4.2.4 旅游开发碎片化，廊道旅游协作机制亟须健全

长江国际黄金旅游带以长江水道为依托，旅游资源和功能区以自然地理特征分布，在地域上具有延续性和独立性。但目前廊道旅游资源开发大多以行政区划为单元，分割为若干板块，相互之间有机联系不足，长江上、中、下游整合联动和区域协调欠缺，旅游资源开发碎片化现象严重，重复低水平开发建设和同质化竞争并存，影响了廊道旅游产业整体效益的提升。

受行政体制和管理制度的限制，廊道跨区域的旅游协调发展机制尚未建立。长江国际黄金旅游带已有旅游合作局限于城市和次区域部分省份之间，整个长江经济带没有形成全区域的合作机制，廊道旅游协作机制亟须完善。

4.2.5 旅游资源整体保护压力大，廊道生态环境保护亟须加强

推进长江大保护是关系国家发展全局的重大战略，既是一场攻坚战，又是一场持久战。近年来，长江国际黄金旅游带沿线 11 个省（直辖市）协同发力，共抓大保护不断取得新进展，但廊道旅游资源整体保护压力仍然较大，廊道生态环境保护亟须加强。

（1）廊道沿线生态环境形势依然较为严峻。长江水质总体良好，但其干流局部水域、部分支流河段和湖泊污染严重，沿江污染型产业分布密集，导致污染物排放基数大。长江经济带废水排放量占全国的40%以上。要全面推动长江国际黄金旅游带生态与文化遗产廊道高质量发展，必须牢牢抓住长江生态环境保护修复这一重要任务，加快建成长江上中游与下游相协调、人与自然相和谐的绿色生态廊道。

（2）廊道沿线生态环境协同保护机制尚未健全。目前，沿江地区在产业发展、生态治理与环境监督方面缺乏统一的规划与标准，导致长江流域治理分段化、碎片化问题突出。市场化、多元化的横向补偿机制建设进展较为缓慢，利益分配协调机制不健全。

（3）廊道流域综合治理能力有待提升。各地区在推进长江大保护过程中，对于技术、经济、法律手段运用不足。企业环境治理主体责任落实不到位，参与污染治理的内生动力不足。公众对生态环境保障公众的知情权、参与权、表

达权和监督权缺乏有效保障。亟须加快构建多元化治理体系，健全生态环境治理责任体系。

（4）廊道数字化生态治理水平有待提高。当前，廊道各区段在建设天地一体化生态环境监测网络，对长江山水林田湖草等要素进行实时监测，实现全流域数字化、网络化、智能化治理方面还存在短板，应当加强数字化生态治理，推广云计算、大数据、物联网、人工智能在生态治理领域的运用，加快长江经济带生态环境治理数字化转型。廊道沿线各地区要加强数据互联互通、信息共享，构建跨部门、跨层级、跨地区的数字化生态环境协同治理体系。

4.3　本章小结

本章从区域基础、产业基础和政策基础三个方面剖析了长江国际黄金旅游带的基础条件，从区域旅游发展不平衡、旅游开发碎片化、旅游新要素培育不足、统一旅游品牌尚未形成和旅游资源整体保护压力大五个方面揭示了长江国际黄金旅游带发展面临的主要问题。

5 长江国际黄金旅游带生态与文化遗产廊道的构建根基及价值阐释

5.1 长江国际黄金旅游带生态与文化遗产廊道涉及范围

长江国际黄金旅游带生态与文化遗产廊道是人类自然和文化遗产的主要集中分布地，分布着大量国家森林公园，自然保护区以及巴蜀文化区、荆楚文化区、吴越文化等特色地域文化区，既是我国重要的国际旅游目的地，也是我国主要旅游客源发生地。廊道地域跨度大、涉及众多县（市、区），系统地保护廊道沿线分布的数量众多的历史文化遗产和自然资源，严格保护这条世界级的线性遗产廊道，具有生态、文化、经济、社会等方面的价值。

5.2 长江国际黄金旅游带生态与文化遗产廊道的资源基础

长江国际黄金旅游带生态与文化遗产廊道的资源基础主要包括长江流域廊道本身、自然遗产资源、廊道沿线的大量水系湖泊以及廊道沿线密集分布的物质文化遗产和非物质文化遗产。长江国际黄金旅游带生态与文化遗产廊道构成要素表见表5-1。

表 5-1　长江国际黄金旅游带生态与文化遗产廊道资源构成要素

类型	小类	内容
自然生态资源	河道资源	廊道沿线河道、河岸、河堤、护堤林等
	自然遗产资源	廊道沿线列入自然遗产或双遗产名录的遗产资源
	相关资源	廊道连接的水系、湖泊、林地、沿线游憩带、自然保护区、森林公园等
文化遗产资源	物质文化遗产	廊道沿线水利工程遗址、交通遗存、文化遗址、历史文化街区等
	非物质文化遗产	廊道沿线传统节庆、传统手工技艺、传统风俗、民间传说、民间戏剧、文学等

5.2.1　自然生态资源

5.2.1.1　河道资源

河道资源主要包括廊道沿线河道、河岸、河堤、护堤林等。在廊道构建过程中，严格践行"共抓大保护，不搞大开发"，加强长江生态文明建设，进一步加大长江国际黄金旅游带各区段河道资源的保护力度，营造良好的自然生态环境。

5.2.1.2　自然遗产资源

自然遗产资源主要包括廊道沿线列入自然遗产或双遗产名录的遗产资源。如表 5-2 所示，长江国际黄金旅游带沿线 11 个省（直辖市）拥有 19 项世界自然遗产、2 项世界文化与自然双重遗产，自然遗产资源十分丰富。

表 5-2　长江国际黄金旅游带生态与文化遗产廊道自然遗产资源

省（直辖市）	世界自然遗产	世界文化与自然双重遗产
上海	—	—
江苏	黄（渤）海候鸟栖息地（第一期）	—
浙江	中国丹霞-浙江江郎山	—
安徽	—	黄山
江西	三清山国家公园 中国丹霞-江西龙虎山	—
湖北	神农架	—

表5-2（续）

省（直辖市）	世界自然遗产	世界文化与自然双重遗产
湖南	武陵源风景名胜区 中国丹霞-湖南崀山	—
重庆	中国南方喀斯特-重庆武隆 中国南方喀斯特-重庆金佛山	
四川	黄龙风景名胜区 九寨沟风景名胜区 四川大熊猫栖息地	峨眉山-乐山大佛
云南	云南三江并流保护区 中国南方喀斯特-云南石林 澄江化石遗址	—
贵州	梵净山 中国南方喀斯特-贵州荔波 中国南方喀斯特-贵州施秉 中国丹霞-贵州赤水	—

5.2.1.3 相关资源

相关资源主要包括廊道连接的水系、湖泊、林地、沿线游憩带、自然保护区、森林公园等。

长江国际黄金旅游带生态与文化遗产廊道以长江为主轴，连接着汉江、嘉陵江、乌江、赣江等干支流与湖泊，形成密集的水系。

廊道沿线分布着大量自然保护区、森林公园等自然资源。表5-3是长江国际黄金旅游带沿线 11 个省（直辖市）国家公园名录（截至 2019 年 2 月 12 日）。

表5-3　长江国际黄金旅游带沿线 11 个省（直辖市）国家公园名录

序号	省（直辖市）	国家公园名录
1	上海（4 个）	上海海湾国家森林公园 上海共青国家森林公园 上海佘山国家森林公园 上海东平国家森林公园
2	江苏（21 个）	江苏虞山国家森林公园 江苏云台山国家森林公园 南京老山国家森林公园 ……

表5-3（续）

序号	省（直辖市）	国家公园名录
3	浙江（42个）	浙江千岛湖国家森林公园 浙江雁荡山国家森林公园 浙江钱江源国家森林公园 ……
4	安徽（34个）	安徽马仁山国家森林公园 合肥滨湖国家森林公园 安徽横山国家森林公园 ……
5	江西（47个）	江西鄱阳湖口国家森林公园 江西九岭山国家森林公园 江西九连山国家森林公园 ……
6	湖北（38个）	湖北大别山地质公园 湖北五脑山国家森林公园 湖北沧水国家森林公园 ……
7	湖南（62个）	湖南莽山国家森林公园 湖南阳明山国家森林公园 湖南舜皇山国家森林公园 ……
8	重庆（25个）	重庆红池坝国家森林公园 重庆歌乐山国家森林公园 重庆武陵山国家森林公园 ……
9	四川（38个）	龙池国家森林公园 四川金川国家森林公园 四川沙鲁里山国家森林公园 ……
10	云南（32个）	云南珠江源国家森林公园 云南磨盘山国家森林公园 云南东山国家森林公园 ……
11	贵州（25个）	贵州金沙冷水河国家森林公园 贵州仰阿莎国家森林公园 贵州黄果树瀑布源国家森林公园 ……

5.2.2 文化遗产资源

5.2.2.1 物质文化遗产

物质文化遗产又称"有形文化遗产"。根据《保护世界文化和自然遗产公约》，物质文化遗产主要包括历史文物、历史建筑、人类文化遗址等。

长江国际黄金旅游带生态与文化遗产廊道沿线物质文化遗产丰富，拥有闸、坝等古代水利工程遗址，古驿道、古栈道等交通遗存，还拥有名人故居以及历史文化名城等。廊道世界文化遗产和国家级历史文化名城如表5-4和表5-5所示。

表5-4 长江国际黄金旅游带沿线11个省（直辖市）世界文化遗产名录

省（直辖市）	世界文化遗产（包括文化景观）
上海	—
江苏	1. 苏州古典园林 2. 明清皇家陵寝 3. 大运河［跨浙江、江苏、河南、北京等8省（市）］
浙江	1. 西湖文化景观 2. 大运河［跨浙江、江苏、河南、北京等8省（市）］ 3. 良渚古城遗址
安徽	皖南古村落-西递、宏村
江西	庐山国家公园
湖北	1. 武当山古建筑群 2. 明清皇家陵寝 3. 土司遗址
湖南	土司遗址
重庆	大足石刻
四川	青城山-都江堰
云南	1. 丽江古城 2. 红河哈尼梯田文化景观
贵州	土司遗址

表5-5 长江国际黄金旅游带沿线11个省（直辖市）国家级历史文化名城名录

序号	省（直辖市）	国家级历史文化名城
1	上海（1个）	上海

表5-5（续）

序号	省（直辖市）	国家级历史文化名城
2	江苏（11个）	南京、苏州、扬州、镇江、常熟、徐州、淮安区、无锡市、南通市、宜兴市、泰州市
3	浙江（8个）	杭州、绍兴、宁波、衢州、临海、金华市、嘉兴市、湖州市
4	安徽（5个）	歙县、寿县、亳州、安庆市、绩溪县
5	江西（3个）	景德镇、南昌、赣州
6	湖北（5个）	荆州、武汉、襄阳、随州、钟祥
7	湖南（3个）	长沙、岳阳、凤凰县
8	重庆（1个）	重庆
9	四川（8个）	成都、阆中、宜宾、自贡、乐山、都江堰、泸州、会理县
10	云南（6个）	昆明、大理、丽江、建水、巍山、会泽县
11	贵州（2个）	遵义、镇远

5.2.2.2 非物质文化遗产

廊道非物质文化遗产资源主要包括廊道沿线传统节庆、传统手工技艺、传统风俗、民间传说、民间戏剧、文学等。

长江国际黄金旅游带生态与文化遗产廊道沿线拥有丰富的非物质文化遗产，主要包括刺绣、剪纸、漆艺、雕刻等。例如：享誉世界的长江流域织锦、刺绣技艺，涵盖长江流域的四川、重庆、江西、安徽、江苏以及湖北等地，占全国非物质文化遗产名录一半的漆艺；涉及金银铜、竹木、砖石、玉砚雕刻、传统印刷技术、木版年画等的雕刻技艺；综合长江流域上游、中游、下游三大片区，全面展现长江流域剪纸特色的纸绘技艺等。

5.3 长江国际黄金旅游带生态与文化遗产廊道的价值阐释

5.3.1 生态价值

长江经济带带给长江沿岸四亿人民灌溉之利、舟楫之便和鱼米之裕。党的十八大以来，以习近平同志为核心的党中央总揽全局、科学谋划，部署实施长

江经济带发展战略,新发展理念焕发新的生机和活力。长江国际黄金旅游带生态与文化遗产廊道的生态价值主要体现在如下两个方面:

(1)廊道是国家生态安全的重要屏障。"共抓大保护、不搞大开发"的理念深入人心,长江经济带"走生态优先、绿色发展之路"成为共识。长江国际黄金旅游带作为长江经济带的重要组成部分,是维系我国国家生态安全的重要屏障,廊道的生态价值十分突出。

(2)廊道生态系统独特。长江国际黄金旅游带生态系统独特,是我国最重要的水资源富集区,既拥有100余处国家级自然保护区又拥有大量独特的珍稀动植物资源,生物多样性居我国七大流域之首。长江国际黄金旅游带生态与文化遗产廊道是典型的廊道型旅游目的地,由河道水系、湖泊、湿地、林地、城镇、农田等构成整体的景观生态系统。充分认识廊道生态价值有助于廊道生态环境保护,对长江经济带建设和长江国际黄金旅游带的可持续发展意义重大。

5.3.2 文化价值

长江流域是中华民族的发祥地之一,历史文化资源丰富。长江国际黄金旅游带生态与文化遗产廊道人文底蕴丰厚,包括巴蜀文化、荆楚文化、吴越文化等主体文化,以及滇文化、黔文化、赣文化、闽文化、淮南文化、岭南文化等亚文化,文化价值突出。廊道的文化价值主要体现在如下五个方面:

(1)它是由文化要素和自然要素共同构成的混合遗产廊道,具有丰富的人文历史背景;

(2)它是由物质文化遗产和非物质文化遗产共同构成的独特文化空间,是廊道文化遗产的保护和传承的重要载体;

(3)它是"点—线—面"共同构成的立体化文化遗产廊道,体现了廊道文化单体、文化线路、文化区域的有机联动;

(4)它是静态与动态有机融合的"活态"文化遗产廊道,既是静态历史文化遗产展示的廊道,又是文化遗产活态保护与传承的廊道;

(5)它是由不同历史时期遗产共同组成的中国文化遗产廊道,充分反映了长江沿线民众生产与生活的历史文化变迁。

5.3.3 游憩价值

长江国际黄金旅游带生态与文化遗产廊道拥有丰富的自然景观和文化资源,游憩价值十分突出。廊道的游憩价值主要体现在如下四个方面:

（1）高质量的廊道游憩体验。廊道沿线自然文化资源丰富，为游客提供了高质量的游憩环境，自行车道、游步道系统等设计可以使游客更加近距离地接触自然生态，更好地开展游憩活动。

（2）多元化的廊道旅游产品形态。依托廊道主轴长江及其重要支流，以游轮旅游为重点，同时不断丰富生态旅游、历史文化旅游、康养旅游度假、体育旅游等多元化旅游产品形态。

（3）"水—公—铁—空"立体互联的廊道特色游线。依托长江黄金水道，大力推进长江黄金水道游轮旅游、G318"中国景观大道"自驾车旅游、"北纬30°秘境快线"高铁旅游等廊道特色旅游线路开发。

（4）系统化的廊道游憩规划。作为以生态保护、文化遗产保护传承和旅游开发为目的的廊道型旅游目的地，从整体上进行廊道游憩规划，不仅能提升游客休憩体验，还有助于提高长江沿线居民生活水平，进而提升整个区域的综合实力。

5.3.4　经济价值

长江国际黄金旅游带生态与文化遗产廊道是拥有世界级自然生态资源的历史人文资源的高级别廊道，具有突出的经济价值。廊道的经济价值主要体现在如下四个方面：

（1）生态引领廊道旅游发展的经济价值。"绿水青山就是金山银山"，廊道良好的生态环境有助于推进旅游供给侧改革，为旅游者提供更多更好的生态旅游产品，形成高质量生态旅游产业链，从而拉动廊道经济发展。

（2）文化赋能廊道旅游发展的经济价值。通过文化赋能推动廊道高质量发展，能极大地提升长江沿线地区旅游业的经济价值。通过对长江沿线文化遗产进行有效的活化利用，能有效促进当地经济发展，并为长江沿线文化遗产保护提供相应的资金支持，使文化遗产保护活动可持续地进行。

（3）长江黄金水道作为重要运输通道所产生的经济价值。长江通江达海，是连接"一带一路"和长江经济带的重要枢纽，长江黄金水道承担着重要的运输任务，其运输功能的充分发挥对于长江沿线区段及整个长江流域经济发展起着重要的支撑作用。

（4）廊道整体经济价值。单体旅游资源经济价值比较有限，而跨区域构建旅游廊道能创造更多显性经济价值和隐性经济价值。因此，廊道创造的经济价值总和远超单个旅游点的经济价值。作为跨区域的廊道型旅游目的地，长江国际黄金旅游带生态与文化遗产廊道通过促进区域合作和资源整合对经济增长产生直接或间接影响，整体经济价值较高。

5.3.5 教育价值

长江国际黄金旅游带生态与文化遗产廊道集丰富的自然元素和文化元素于一体，具有极为重要的教育价值。廊道的教育价值主要体现在如下三个方面：

（1）长江生态文明的教育和传播。廊道是长江自然生态保护和生态文明传播的重要载体。廊道的构建有助于全方位、多角度、立体化地展示长江流域的山水风光与历史人文风貌，从而加强对长江生态文明的教育。

（2）长江历史文化的保护和传承。文化内涵的挖掘和展示是廊道构建的核心。借鉴大运河、丝绸之路、茶马古道等线性遗产廊道的经验，长江国际黄金旅游带生态与文化遗产廊道历史文化的保护和传承主要通过构建多元化的廊道解说系统来实现，主要包括廊道沿线解说系统、遗产展示陈列馆、长江大河文明馆等。通过解说系统讲好长江故事，使旅游者和当地居民深入了解遗产的历史文化价值和美学价值等，进而自觉地成为廊道历史文化的保护者、创新者和传承者。

（3）独特的国民教育价值。廊道依托长江而存在，长江既是中华民族的母亲河也是中华民族文化身份的象征。廊道的建设在某种意义上也是更好地塑造长江的整体形象，具有非常独特的国民教育价值。

5.4 本章小结

本章明晰了廊道涉及的范围，从自然生态资源和文化遗产资源两个方面分析了廊道的构成要素，从文化价值、生态价值、游憩价值、经济价值和教育价值五个方面对廊道价值进行了阐释。

6　长江国际黄金旅游带生态与文化遗产廊道空间布局的实证研究

6.1　研究区域概述

　　长江国际黄金旅游带生态与文化遗产廊道构建对于深入推动"一带一路"和长江经济带建设，整合利用长江国际黄金旅游带旅游资源，提升长江旅游品牌的美誉度至关重要。基于此，本书依据点-轴开发理论的研究方法，以长江国际黄金旅游带沿线 11 个省（直辖市）为研究对象，利用引力模型和社会网络分析方法对廊道的空间布局进行实证研究，将游客活动轨迹和旅游空间规划有机融合，对于分析廊道空间布局以及打造廊道旅游品牌具有重要的现实意义。

　　长江国际黄金旅游带是高品位人类自然和文化遗产的主要集中分布地，分布着青藏、云贵、巴蜀、荆湘、赣皖、吴越文化等特色地域文化区，既是我国重要的国际旅游目的地，也是我国主要旅游客源发生地。2018 年，长江国际黄金旅游带旅游接待量共计 77.17 亿人次，旅游总收入 91 244.88 亿元。截至2018 年年底，长江国际黄金旅游带有 27 处世界遗产、1 637 处国家级文物保护单位，58 处国家历史文化名城、118 处 5A 级景区。

6.2　数据来源与研究方法

6.2.1　数据来源

　　研究数据信息来源如表 6-1 所示。旅游总人次和旅游总收入等旅游经济数据来源于长江国际黄金旅游带沿线 11 个省（直辖市）2018 年统计年鉴、国民经济与社会发展公报、人民政府网站等；沿线各省（直辖市）间道路的最短距离来源于百度地图的直线距离。

表 6-1　研究数据来源

数据类型	具体来源	主要用途
旅游经济数据	长江国际黄金旅游带沿线 11 个省（直辖市）2018 年统计年鉴、国民经济与社会发展公报、人民政府网站	获取长江国际黄金旅游带沿线 11 个省（直辖市）2018 年旅游总人次、旅游总收入及旅游资源情况；通过引力模型对数据进行处理，刻画沿线各省（直辖市）间的联系
道路距离	长江国际黄金旅游带沿线 11 个省（直辖市）间道路的最短距离	通过百度地图获取长江国际黄金旅游带沿线 11 个省（直辖市）道路的最短距离；通过引力模型刻画旅游空间网络

6.2.2　研究方法

本书以点-轴开发理论为基础，通过引力模型和社会网络分析对长江国际黄金旅游带的旅游空间关联度进行分析，确定沿线各省（直辖市）旅游联系的空间结构。运用引力模型构建沿线各省（直辖市）间的旅游联系矩阵，运用社会网络分析方法对数据进行可视化分析，通过中心性分析确定长江国际黄金旅游带核心节点城市，并根据沿线各省（直辖市）的联系量确定长江国际黄金旅游带旅游廊道系统。

6.2.2.1　引力模型

本书运用学术界常用的引力模型构建长江国际黄金旅游带沿线 11 个省（直辖市）间的旅游联系矩阵。引力模型思想源于牛顿的万有引力定律。其核心是两地之间的空间联系与质量指标呈正相关、与距离呈反相关，以此确定两地的旅游经济联系量。质量指标可以是空间范围内的经济、社会、文化、资源等，距离涵盖空间距离和时间距离。本书根据侯兵[1]、虞虎[2]、侯立春[3]等学

---

[1]　侯兵，黄震方，范楚晗. 区域一体化进程中城市旅游经济联系的演变与思考：以南京都市圈为例［J］. 人文地理，2013，28（5）：94-100.

[2]　虞虎，陈田，陆林，等. 江淮城市群旅游经济网络空间结构与空间发展模式［J］. 地理科学进展，2014，33（2）：169-180.

[3]　侯立春，林振山，琚胜利，等. 环鄱阳湖旅游圈旅游经济联系与区域发展策略［J］. 长江流域资源与环境，2017，26（4）：508-518.

者使用的引力模型来刻画长江国际黄金旅游带沿线各省（直辖市）间的旅游空间网络，见式（6-1）。

$$F_{ij} = \frac{\sqrt{P_i V_i} \cdot \sqrt{P_j V_j}}{d_{ij}^2} \qquad (6-1)$$

式（6-1）中，F_{ij} 为 i、j 省（直辖市）的旅游经济联系强度；P_i、P_j 为 i、j 省（直辖市）的旅游总人次数；V_i、V_j 为 i、j 省（直辖市）的旅游总收入；d_{ij} 为 i、j 省（直辖市）间道路的最短距离。

6.2.2.2 社会网络分析

旅游经济空间网络的分析主要采用社会网络分析方法。社会网络是作为节点的社会行动者及其关系的集合[1]，主要从"关系"角度来研究社会行动者和社会结构。其研究基础是关系数据，而不是一般统计学意义上需满足的"变量的独立性"。对于旅游区域空间布局及内部个体联系特征的分析从关系视角出发显然更为合理。

中心性是衡量区域网络结构中心化程度的重要指标，主要由度数中心度、中间中心度、接近中心度构成。度数中心度主要反映网络中个体成员与其他成员直接交往关系的能力；接近中心度及中间中心度主要反映网络中一个成员控制其他成员之间交往的能力，依赖于成员与网络中所有成员的关系，而不仅仅是相邻成员的直接关系。

本书主要利用社会网络分析揭示长江国际黄金旅游带沿线各省（直辖市）两两联系的强度以及沿线各省（直辖市）的中心性程度，揭示长江国际黄金旅游带旅游经济的空间网络结构，为旅游廊道的空间布局提供指导。

6.3 廊道的空间特征分析

6.3.1 旅游资源空间分布特征

长江国际黄金旅游带沿线 11 个省（直辖市）在资源总量、资源类别以及资源分布等方面存在较大差异。

从资源总量分析：浙江、江苏、湖南、四川的资源总量较高；上海和重庆因受行政范围限制，其资源总量较低。

---

[1] 刘军. 整体网分析 [M]. 上海：格致出版社，2014.

从资源类别分析：浙江、江苏和四川的中国优秀旅游城市类别均超过 20
个，远高于其他沿线省（直辖市）；江苏有 23 个 5A 级旅游景区，占长江国际
黄金旅游带 11 个省（直辖市）总量的 19.50%；江苏有 13 个国家级历史文化
名城，位居第一；湖南拥有 63 个国家级森林公园，数量最多，而上海仅有 4
个；浙江、江苏、安徽、四川的国家级文物保护单位居于前列，均超过 200
个；四川拥有 30 个国家级自然保护区，位列榜首。

从资源分布分析：浙江有国家级风景名胜区 23 个，国家级文物保护单位
231 个，数量最多，其自然资源和文化资源均居于前列；四川是旅游资源大
省，拥有世界遗产 5 个、国家级自然保护区 30 个、国家级文物保护单位 230
个；江苏人文资源较自然资源更为突出，拥有 28 座中国优秀旅游城市、23 个
5A 级景区、13 座历史文化名城；湖南自然资源优势突出，拥有 63 个国家级森
林公园、21 个国家级风景名胜区。

6.3.2 廊道空间网络特征

6.3.2.1 网络中心性分析

长江国际黄金旅游带沿线各省（直辖市）中心度见表 6-2。江西、江苏的
度数中心度、接近中心度及中间中心度均处于高值，表明江西和江苏一方面与
沿线其他省（直辖市）的直接联系关系是最强的，另一方面对整体网络中其
他省（直辖市）之间的联系的控制能力也是最强的，因此可以作为长江国际
黄金旅游带旅游网络的核心成员。安徽的度数中心度虽然较高，但中间中心度
却较低，表明沿线其他省（直辖市）绕过了安徽进行直接联系，因此安徽对
整个网络的控制能力比浙江和湖北稍弱。此外，上海、湖南、四川和云南的中
间中心度较低，处于网络的边缘。

表 6-2　长江国际黄金旅游带沿线各省（直辖市）中心度

地区	度数中心度	接近中心度	中间中心度
上海	20.000	18.182	0.000
江苏	50.000	19.608	6.667
浙江	40.000	19.231	2.963
安徽	40.000	19.231	0.741
江西	50.000	19.608	6.667
湖北	40.000	19.231	2.963

表6-2(续)

地区	度数中心度	接近中心度	中间中心度
湖南	20.000	18.182	0.000
重庆	20.000	12.346	4.444
四川	10.000	12.048	0.000
云南	10.000	12.048	0.000
贵州	20.000	12.346	4.444

6.3.2.2 长江国际黄金旅游带旅游空间网络结构

根据 2018 年长江国际黄金旅游带沿线 11 个省（直辖市）的旅游总收入、旅游总人数和最短交通距离的相关数据，通过引力模型计算两两省（直辖市）间的旅游引力值，并通过 UCINET 软件对数据进行 matrix 标准化得到长江国际黄金旅游带沿线各省（直辖市）联系量矩阵（见表6-3）。

从表6-3可以看出，安徽—江苏联系度最高，达到6.628，其次是浙江—江苏、浙江—上海，其联系度分别为2.652、2.625，这一层次4个省（直辖市）的旅游联系度处于网络中的高水平。"上海—浙江—江苏—安徽"4个省（直辖市）是一个非闭合的旅游路线，形成了第一个旅游聚集区。"湖南—江西—湖北—湖南"4个省是一个闭环的旅游聚集结构，形成了第二个旅游聚集区。"云南—贵州—四川—重庆"4个省（直辖市）位于长江上游，与其他省（直辖市）的联系较少，形成了第三个旅游聚集区。

将长江国际黄金旅游带沿线各省（直辖市）联系量矩阵进行可视化得到长江国际黄金旅游带沿线各省（直辖市）旅游空间网络图（见图6-1）。从图6-1可以看出，长江国际黄金旅游带存在两个旅游组团：一个是上海、浙江、江苏、安徽、江西、湖北和湖南7个省（直辖市）组成的旅游组团，联系较为紧密。江苏和江西处于核心地位，控制着这一组团内各省（直辖市）的联系。而上海和湖南则处于这一旅游组团的边缘位置。另一个是云南、贵州、四川和重庆4个省（直辖市）组成的旅游组团，其中贵州、重庆处于这个旅游组团中相对核心的位置。

表 6-3 长江国际黄金旅游带沿线各省（直辖市）联系量矩阵

省（直辖市）	上海	江苏	浙江	安徽	江西	湖北	湖南	重庆	四川	云南	贵州
上海	1.000										
江苏	1.066	1.000									
浙江	2.625	2.652	1.000								
安徽	0.350	6.628	0.957	1.000							
江西	0.146	0.514	0.508	0.662	1.000						
湖北	0.098	0.581	0.242	0.722	0.906	1.000					
湖南	0.068	0.239	0.193	0.251	1.172	1.134	1.000				
重庆	0.017	0.065	0.039	0.056	0.059	0.108	0.115	1.000			
四川	0.022	0.076	0.047	0.063	0.063	0.101	0.109	1.133	1.000		
云南	0.014	0.045	0.033	0.036	0.050	0.052	0.084	0.134	0.214	1.000	
贵州	0.029	0.096	0.066	0.080	0.132	0.139	0.272	0.797	0.433	0.656	1.000

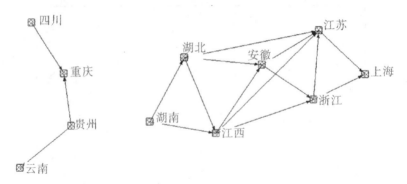

图 6-1　长江国际黄金旅游带沿线各省（直辖市）旅游空间网络

6.4　廊道的空间布局分析

6.4.1　旅游核心省（直辖市）

本书通过旅游核心省（直辖市）培育、旅游廊道系统分级和旅游功能区打造，构建长江国际黄金旅游带旅游廊道空间格局。

6.4.1.1　中心省（直辖市）评价分级

通过对长江国际黄金旅游带沿线 11 个省（直辖市）的旅游空间网络进行中心性分析，结果显示，可以将长江国际黄金旅游带沿线 11 个省（直辖市）分为四级（见表 6-4）。

表 6-4　长江国际黄金旅游带旅游中心 11 个省（直辖市）分级

分级	省（直辖市）
一级	江苏、江西
二级	浙江、湖北、安徽
三级	湖南、上海、贵州、重庆
四级	云南、四川

从表 6-4 可以看出，长江国际黄金旅游带 11 个省（直辖市）中，被评定为一级中心省的有 2 个，被评为二级中心省的有 3 个，被评为三级中心省（直辖市）的有 4 个，被评为四级中心省的有 2 个。通过以上分析可以看出，长江国际黄金旅游带沿线 11 个省（直辖市）的旅游网络结构分为三个旅游聚集

区，即上海—浙江—江苏—安徽、湖南—江西—湖北、云南—贵州—重庆—四川。综合考虑这 11 个省（直辖市）中心性评定分级及旅游网络结构分析结果，结合三个聚集区的实际，可以选择长江上游的重庆、长江中游的武汉、长江下游的上海作为长江国际黄金旅游带生态与文化旅游廊道的核心省（直辖市）。通过对核心省（直辖市）的培育，带动各个旅游聚集区发展。

6.4.1.2 核心省（直辖市）培育

（1）上海：长江国际黄金旅游带下游城市群的重要节点。上海作为"龙头"，要进一步加强国际航运中心打造，加强与浙江、安徽等的有机联动，打造高端休闲度假旅游区。重点针对高端旅游者的文化休闲旅游需求，推进供给侧改革，加强文化与旅游的深度融合，积极发展文化创意旅游产业，打造高品位的文化休闲度假旅游目的地。

（2）武汉：长江国际黄金旅游带中游城市群的中心，是联结长江上游城市群和长江下游城市群的"桥梁"。武汉应加强长江中游航运中心打造，提高产品质量和服务水平，加强与长江上游、下游区域的联动发展，发挥其在长江中游城市群的带动示范效应。

（3）重庆：长江国际黄金旅游带上游城市群的特色旅游目的地。重庆是西部大开发的重要战略支点以及"一带一路"建设区域和长江经济带的连接点，也是成渝地区双城经济圈建设的极核之一，拥有独特的山水建筑和地域文化。重庆应进一步加强长江中游航运中心打造，加强与周边省（直辖市）的协同发展，加快以重庆为中心的区域旅游网络建设，推动跨区域合作和旅游一体化发展。

6.4.2 旅游廊道分级

在区域旅游发展的研究文献中，基于点-轴开发理论的研究方法一般根据区域内的交通线路来确定发展轴线，而对于区域内各节点之间的联系量和相互吸引力却关注较少。对于旅游发展的空间布局来说，沿线各省（直辖市）旅游发展现状及潜力对于旅游廊道空间布局具有重要的影响。本书通过长江国际黄金旅游带沿线各省（直辖市）之间的旅游联系量来确定旅游吸引力，进行旅游联系量评定分级（见表6-5），并结合旅游核心省（直辖市）及旅游功能区进行旅游廊道空间布局。

表 6-5 长江国际黄金旅游带的各省（直辖市）旅游联系量评定分级

分级	联系关系	联系量范围
一级	安徽—江苏、浙江—上海、浙江—江苏	大于 2
二级	江苏—上海、湖南—江西、湖南—湖北、四川—重庆	1~2 之间
三级	其余全部	小于 1

依托长江这一线性通道，长江国际黄金旅游带旅游廊道被划分为三级。

（1）一级旅游廊道：长江黄金水道。将途经 11 个省（直辖市）的长江黄金水道作为长江国际黄金旅游带旅游空间布局的一级旅游廊道。

（2）二级旅游廊道：安徽—江苏—浙江—上海、湖南—湖北—江西、四川—重庆—贵州—云南。主要依据沿线省（直辖市）的旅游联系量评定分级结果、核心省（直辖市）及旅游聚集区，确定上述 3 个二级旅游廊道。

（3）三级旅游廊道：二级旅游廊道中两两省（直辖市）的旅游线路及高速交通路线。

6.4.3 廊道旅游功能区

6.4.3.1 长江国际黄金旅游带休闲度假区

长江国际黄金旅游带休闲度假区由上海市、江苏省、浙江省和安徽省组成。作为重要的国际旅游目的地和旅游示范区，该旅游功能区在城市旅游发展、旅游国际化和区域旅游一体化等领域引领长江国际黄金旅游带乃至全国旅游业的发展。因此，应进一步加强旅游功能区内部合作，推进休闲度假旅游标准建设，打造长三角休闲度假旅游示范区。

6.4.3.2 长江国际黄金旅游带文化体验区

长江国际黄金旅游带文化体验区由湖北省、湖南省和江西省组成。该旅游功能区具有深厚的历史文化底蕴，有历史文化名城 13 座、全国重点文物保护单位 459 处，有武陵山生态文化旅游区和罗霄山红色文化旅游区等，文化旅游资源品位高。该旅游功能区应注重有机整合历史文化、红色文化、建筑文化等多种资源，打造长江国际黄金旅游带旅游廊道特色文化品牌。

6.4.3.3 长江国际黄金旅游带生态休闲区

长江国际黄金旅游带生态休闲区由四川省、重庆市、贵州省和云南省组成。该旅游功能区的旅游资源禀赋高，拥有九寨沟、黄龙、四川大熊猫栖息地等世界遗产，自然生态资源优势非常突出。因此，该旅游功能区的规划应结合生态保护和养生休闲主题，主推田园休闲游、森林康养游、自然养生游等，打造独具特色的生态休闲旅游目的地。

6.5　结论与讨论

6.5.1　结论

长江国际黄金旅游带是跨区域旅游品牌建设的重要示范区，将旅游廊道和空间网络相关研究结合，探索长江国际黄金旅游带旅游廊道的空间布局，对于长江国际黄金旅游带旅游市场拓展和旅游品牌打造具有十分重要的现实意义。本书打破传统的旅游廊道定性研究方法，综合运用引力模型和社会网络分析等方法，探讨长江国际黄金旅游带旅游廊道的空间特征及布局。主要研究结论如下：

（1）通过引力模型和社会网络分析可知，长江国际黄金旅游带旅游廊道在空间网络上由三个旅游聚集区和两个旅游组团构成。三个旅游聚集区分别是：上海—浙江—江苏—安徽、湖南—江西—湖北—湖南、云南—贵州—四川—重庆。两个旅游组团分别是：第一个旅游组团是安徽、江苏、浙江、江西、湖北、上海和湖南，第二个旅游组团是云南、贵州、重庆和四川。在第一个旅游组团中，各省（直辖市）联系较为紧密，江西和江苏处于核心地位，湖南和上海处于这一旅游系统边缘区，而湖北和浙江处于这一系统中的"通道"的位置，连接着核心区和边缘区。在第二个旅游组团中，贵州、重庆处于这个旅游组团中相对核心的位置，而云南和四川处于边缘位置。

（2）长江国际黄金旅游带旅游廊道在空间布局上由三个核心省（直辖市）、三级旅游廊道系统和三个旅游功能区构成。结合长江国际黄金旅游带沿线 11 个省（直辖市）中心性评定分级结果及整体旅游网络结构分析，确定江苏、江西、重庆为长江国际黄金旅游带的旅游核心省（直辖市），带动各个旅游聚集区发展。依托长江这一线性通道，将途经 11 个省（直辖市）的长江黄金水道作为长江国际黄金旅游带旅游空间布局的一级廊道，安徽—江苏—浙江—上海、湖南—湖北—江西—湖南、四川—重庆—贵州—云南三个旅游聚集区作为二级廊道，二级廊道中两两省（直辖市）的旅游线路及高速交通路线作为三级廊道。在此基础上，划分了长江国际黄金旅游带休闲度假区、文化体验区和生态休闲区三大旅游功能区。

6.5.2 讨论

本书以点-轴开发理论为基础，打破传统的旅游廊道定性研究方法，运用引力模型和社会网络分析方法对长江国际黄金旅游带生态与文化旅游廊道的空间布局进行了定量研究。根据点-轴开发理论确定三大旅游功能区，每个功能区都有核心省（直辖市）和二级廊道进行支撑，三大功能区均处于长江黄金水道这个一级廊道的统领之下。

长江国际黄金旅游带旅游廊道的建设，首先应注重核心省（直辖市）的培育，以核心省（直辖市）发展带动长江上游、中游和下游三大旅游功能区的协同发展；其次应注重深化旅游业供给侧改革，整合区域旅游资源，加强长江国际黄金旅游带沿线 11 个省（直辖市）旅游协调分工，避免重复建设，探索更多跨区域合作线路，实现旅游联动发展；最后应塑造旅游廊道整体形象，分段确定旅游功能区特色主题，提供高品质的异质化旅游产品，提升旅游品牌，推动长江国际黄金旅游带可持续发展。

6.6 本章小结

本章以点-轴开发理论为依托，突破传统的旅游廊道定性研究方法，运用引力模型和社会网络分析等定量研究方法，从旅游廊道构建视角对长江国际黄金旅游带旅游廊道的空间特征及布局进行了系统分析，对长江国际黄金旅游带旅游资源保护与开发、旅游市场拓展、旅游品牌提升等，具有一定的理论与实践意义。

7 长江国际黄金旅游带生态与文化遗产廊道构建的总体思路

7.1 长江国际黄金旅游带生态与文化遗产廊道的发展构思

长江是中华民族的母亲河，长江经济带是"一带一路"建设的主要交汇地带。习近平总书记高度重视长江经济带发展，提出要"共抓大保护、不搞大开发"。长江国际黄金旅游带是集文化、旅游、生态、经济、交通于一体的复合型廊道，也是连接"一带一路"和长江经济带的重要通道。长江国际黄金旅游带生态与文化遗产廊道的构建需要从加强顶层设计、厘清构建基底、优化空间布局和推动机制创新四个方面着手，打造国际生态文化旅游精品廊道，使其成为立体展示中国山水人文精华和国家形象的世界知名旅游目的地。

7.1.1 生态优先，文化赋能：加强廊道顶层设计

长江国际黄金旅游带沿线 11 个省（直辖市），是大尺度、跨区域的线性廊道，需加强顶层设计，明确廊道构建的指导思想、总体目标和基本原则。

7.1.1.1 明确廊道构建的指导思想

长江国际黄金旅游带生态与文化遗产廊道的构建应当以习近平新时代中国特色社会主义思想为指导，深入贯彻落实党的十九大和党的十九届二中、三中、四中、五中全会和习近平总书记关于推动长江经济带绿色发展的重要讲话精神，按照《国务院关于依托黄金水道推动长江经济带发展的指导意见》《长江国际黄金旅游带发展规划纲要》《交通强国建设纲要》等要求，以保护廊道生态和文旅资源为前提，坚持"一盘棋"，统筹推动廊道旅游发展。

7.1.1.2 明确廊道构建的总体目标

长江国际黄金旅游带生态与文化遗产廊道以长江文化为纽带，多元文化交融、人文景观荟萃、旅游资源富集，廊道构建可以促进历史文化遗产保护、发展社会经济、保护生态环境、塑造廊道整体形象、推进旅游廊道一体化建设等。在总体目标上，打造国际生态文化旅游精品廊道和世界知名旅游目的地，使其成为立体展示中国山水人文精华和国家形象的国际黄金旅游带、全面推动中国旅游业改革发展的示范引领带、助力支撑长江经济带发展建设的旅游经济集聚带①。

7.1.1.3 明确廊道构建的基本原则

遵循"统一谋划、一体部署、相互协作、共同实施、优势互补、共建共享"的理念，从整体性、生态性、文化性、创新性、可持续性等方面确立长江国际黄金旅游带生态与文化遗产廊道构建的基本原则。

7.1.2 综合研判，把握关键：厘清廊道构建基底

进一步厘清长江国际黄金旅游带生态与文化遗产廊道构建的基础条件、影响因素和关键问题，有助于为廊道空间格局优化和机制创新奠定良好基础。

7.1.2.1 明确廊道构建的基础条件

长江文化博大精深，主要由巴蜀文化、荆楚文化和吴越文化等组成，是多层次、多维度的文化复合体。应当对长江文化发展脉络及体系进行系统梳理，对长江国际黄金旅游带生态与文化遗产廊道的自然资源和文化资源进行普查分类，对廊道构建的经济基础、文化基础、交通基础等进行综合分析。在此基础上，确定廊道范围，提炼廊道文化主题，厘清廊道构成要素，评判廊道整体价值，为精确施策提供参考。

7.1.2.2 剖析廊道构建的影响因素

在"一带一路"倡议与长江经济带建设的叠加效应下，对接成渝地区双城经济圈建设这一国家战略，从全域旅游发展和供给侧改革视角，重点分析供给、需求、环境和政策四大因素对长江国际黄金旅游带生态与文化遗产廊道构建的综合影响，为研判关键问题提供支撑。

7.1.2.3 揭示廊道构建的关键问题

注重问题导向，从区域旅游合作亟须深化、旅游产业体系亟须完善、廊道

---

① 张玉蓉，樊信友.长江国际黄金旅游带生态与文化遗产廊道的构建探析［J］.人民论坛，2020（33）：75-77.

空间布局亟须优化、旅游廊道品牌亟须塑造、整体保护开发亟须加强等方面，深入分析长江国际黄金旅游带生态与文化遗产廊道构建亟须解决的关键问题。进一步发挥政府引导作用、高校智库作用、行业引领作用和公众参与作用，培育"长江旅游"品牌，加强长江上、中、下游协同，实现廊道旅游一体化发展目标。

7.1.3 点-轴结合，区域联动：优化廊道空间格局

长江国际黄金旅游带生态与文化遗产廊道资源富集、资源组合度优良，在空间格局上呈现出独具特质的大尺度集聚特征。可以长江流域沿线国家级和区域性城市群为支撑，以长江流域综合性交通网络为依托，全面推进以"大山、大水、大文化、大乡村、大城市（群）"为核心的旅游目的地体系建设，构建廊道"节点—轴线—域面"有机联动的空间格局，形成流域一体、江海联动、江河联动、水陆联动、跨国联动的整体推进大格局。

7.1.3.1 注重节点的极核驱动作用

上海、武汉和重庆是长江国际黄金旅游带生态与文化遗产廊道的"三核"，旅游发展指数水平较高，对长江上、中、下游旅游发展有重要示范引领作用。上海作为"龙头"、长江下游的核心城市，应充分发挥其对长江流域和全国的旅游辐射带动作用。武汉是华中重镇、长江中游的核心城市，要充分发挥其对长江中游和中部地区的旅游带动作用。重庆是长江上游的核心城市，也是"一带一路"和长江经济带在内陆地区的重要连接点，还是成渝地区双城经济圈的两个极核之一，要充分发挥其对长江上游和西部地区的旅游带动作用。

7.1.3.2 注重轴线的主干牵引作用

轴线主要突出"1轴东西牵引"和"6线南北延伸"。"1轴"是长江国际黄金旅游带核心发展轴线，是实现廊道整体开发和集聚发展、培育"长江旅游"国际品牌的前提和基础，直接关系到长江上游、中游和下游旅游业发展水平与区域旅游发展格局的形成，亟须优先启动并加快发展。"1轴东西牵引"即依托长江黄金水道、高速铁路、高速公路以及区域中心城市航空口岸，串联廊道沿线城市、乡村与旅游景区，构建"无缝连接、协同推进"水、陆、空一体化的旅游东西发展轴线。"6线南北延伸"即利用长江国际黄金旅游带海陆双向开放，联动区位资源，依托纵贯南北主干交通和重点城市，构建6条特色突出的跨区域、跨境旅游南北发展轴线。"6线"是依托长江国际黄金旅游带带动全国并联动世界的重要旅游经济发展轴线、是推进廊道旅游高质量发展的重要基础。

7.1.3.3 注重域面的网络辐射作用

域面主要突出"3群支撑"和"9区联动"。"3群"即长三角城市群、长江中游城市群和成渝城市群。"3群"是长江国际黄金旅游带的主要城市群、是长江国际黄金旅游带重要的国际（国内）旅游目的地和旅游客源市场发生地，对于廊道构建起着重要支撑作用。"9区"即长三角城市群旅游区、古徽州文化生态旅游区、大别山红色生态旅游区、三峡山水画廊旅游合作区、武陵山生态文化旅游区、罗霄山红色文化旅游区、乌蒙山民族文化旅游区、香格里拉生态旅游区、大湄公河次区域旅游区等。"9区"是长江国际黄金旅游带"山水人文精华"的主要集中区，也是流域旅游产业的核心集聚区、旅游业改革发展重点突破区和旅游业对外开放合作窗口区，对于廊道构建起着重要联动作用。

7.1.4 共建共享，品牌撬动：创新廊道构建机制

长江国际黄金旅游带生态与文化遗产廊道是一个复合型廊道，可以从构建廊道旅游协同机制、共建共享廊道旅游公共服务机制、完善廊道旅游品牌建设机制等方面推动机制创新。

7.1.4.1 构建廊道旅游协同机制

加强组织协调，建立长江旅游"部际会商"制度；建立廊道跨区域环境保护机制，强化流域与旅游目的地生态保护和监管；建立廊道绿色旅游发展机制，积极倡导旅游业绿色消费；建立廊道跨区域利益协调机制和财税补偿机制，健全利益分配机制。

7.1.4.2 共建共享廊道旅游公共服务机制

推进廊道信息共享，搭建廊道智慧旅游公共服务信息平台，以廊道旅游全过程智慧服务为重点，共同建立廊道旅游信息库，实现旅游市场共建共享；加强廊道交通旅游深度融合，借助交通旅游大数据平台对廊道内的旅游景区进行实时监控，为游客出行提供科学参考；推进廊道旅游公共服务设施及标准化建设，建立特色化标准化旅游标识系统、廊道解说系统；建立长江国际黄金旅游带统一的通关制度，全面提高廊道旅游便利化水平。

7.1.4.3 完善廊道旅游品牌建设机制

加强旅游资源整合，构建主题突出、特色鲜明的长江黄金旅游带旅游形象标识系统，形成统一的廊道国际旅游品牌。建立廊道国际旅游品牌联合推广机制，加强旅游品牌整合营销，塑造整体旅游形象。

7.2　长江国际黄金旅游带生态与文化遗产廊道的发展目标和基本原则

7.2.1　发展目标

长江国际黄金旅游带生态与文化遗产廊道以长江文化为纽带，多元文化交融、人文景观荟萃、旅游资源富集，廊道构建可以促进历史文化遗产保护、发展社会经济、保护生态环境、塑造廊道整体形象、推进旅游廊道一体化建设等。在总体目标指引下，廊道的具体发展目标如下：

7.2.1.1　廊道旅游基础设施实现全面互联互通

（1）坚持"陆路向西、水路向东"战略，构建向西拓展、向东延伸的中部国际直达陆海联运大通道。西向打造直达德国杜伊斯堡、俄罗斯莫斯科等国外枢纽城市的国际铁路干线通道，东向打造至日本、韩国的江海直航通道。

（2）建设廊道沿线一级、二级和三级旅游集散地。上海作为长江"龙头"及国家中心城市，可着重打造一级旅游集散地，成为外国游客长江旅游的口岸城市和交通枢纽；武汉、重庆、长沙、昆明等省会城市可打造二级旅游集散地；县级旅游城镇可打造三级旅游集散地。

（3）构建廊道"一体化"综合交通体系。形成"快、慢"结合、"水、陆、空"联动，层次鲜明、网络化的旅游综合交通网络和集散体系；逐步建立设施齐全、功能完善的自驾车旅游服务体系；重点景区接待能力显著提高，质量安全保障体系进一步健全；满足流域一体化进程，综合智慧旅游系统全面建立。

7.2.1.2　国际旅游目的地体系基本建立

以涵盖廊道全域重点旅游线路为基础，在世界遗产国际旅游目的地、民俗文化国际旅游目的地和国际化旅游城市建设方面取得重大突破，构建吸引力强、特色各异、功能互补、优化组合的廊道国际旅游目的地产品体系。

（1）打造世界遗产国际旅游目的地。世界遗产国际旅游目的地是国际旅游目的地的重要组成部分。长江国际旅游带生态与文化遗产廊道横跨11个省（直辖市），连接峨眉山-乐山大佛、中国大运河等多个世界自然遗产和文化遗产。以世界遗产为主体，以长江河道及周边交通线路为通道，打造一条水系和陆地有机结合的生态与文化遗产廊道，有助于充分展示中国国家形象，体现中国发展活力。

（2）打造民俗文化国际旅游目的地。"民族的就是世界的"。廊道沿线各省（直辖市）均有自己独特的民俗文化，如土家族的特色嫁娶文化、摩梭族的走婚、瑶族的盘王节等。通过打造廊道民俗文化国际旅游目的地，整体性、系统性地对廊道沿线民俗旅游资源进行保护性开发和"活态"传承，有助于推进廊道旅游一体化。同时，民俗文化国际旅游目的地的打造有助于为国内外游客营造廊道民俗文化的沉浸式体验环境，推进廊道旅游的供给侧改革。

（3）建设国际化旅游城市。加快推进廊道沿线国际化旅游城市建设。积极发展"中国景观大道"自驾车旅游，加强与长江黄金水道、高速（高铁）旅游快道的对接联通；全面提升城市旅游品质，进一步提高上海、杭州、武汉、重庆、成都等廊道沿线核心城市的国际化水平。

7.2.1.3 国际化旅游品牌全面形成

（1）打造廊道旅游核心品牌，提高廊道旅游国际竞争力。长江国际黄金旅游带生态与文化遗产廊道资源丰富，位置优越，基础设施好，交通便捷，水、陆、空游线丰富。廊道旅游品牌构建应注重突出主题，打造"长江旅游"核心品牌，从自然生态、历史文化等方向挖掘自身价值，找准廊道旅游竞争优势，提高廊道旅游国际竞争力。

（2）注重品牌体系构建，打造特色廊道旅游子品牌。构建长江旅游品牌体系，打造精品旅游景区品牌、主题旅游线路品牌、重要旅游节庆品牌、特色旅游商品品牌以及大型旅游企业集团品牌等子品牌，形成以"长江旅游"为核心的国际旅游品牌，提升长江黄金旅游带整体品牌的美誉度。

（3）加大政策扶持力度，加强国际化品牌整合营销。进一步加大国家层面及廊道沿线各省（直辖市）对廊道旅游发展的支持力度，出台相应的支持政策，从人、财、物等方面予以大力扶持。坚持以"长江旅游"品牌为核心、以知名子品牌为抓手，通过传统媒体和新媒体的有机融合，加强廊道旅游国际化品牌整合营销。

7.2.2 基本原则

7.2.2.1 坚持生态优先、绿色发展原则

把长江流域旅游资源保护和生态保护与建设作为廊道构建的前提，加强廊道生态环境和资源保护，发展生态旅游，倡导低碳出行和绿色消费。构建有机、低碳、循环的旅游产业体系，把廊道旅游业发展与长江流域生态文明建设紧密结合，实现人与自然的和谐相处。

7.2.2.2 坚持文化赋能、内涵发展原则

加强廊道物质文化遗产保护，推动非物质文化遗产"活态化"传承，走

高品质内涵式发展道路。突出长江流域"北纬30°"沿线的壮美自然风光、厚重历史文化、多彩民俗风情，将其打造为立体展示中国山水人文精华，全景画卷式了解中国现实的黄金旅游廊道。

7.2.2.3 坚持通道支撑、融合发展原则

以长江流域互联互通基础设施为基础，加强廊道旅游交通建设，实现江、河、湖、海、陆、空的对接联动和立体交通的无缝衔接。推进廊道区域全面互联互通，推进旅游业与新型城镇化、信息化、农业现代化有机融合，以观念创新带动实践拓展，最大限度地集聚旅游产业要素，推动廊道上、中、下游旅游产业要素的合理流动，融通国际国内市场，建立统一开放、竞争有序的现代市场体系。

7.2.2.4 坚持创新驱动、协调发展原则

创新廊道旅游发展模式，建立廊道旅游合作发展机制，围绕"长江黄金水道"主轴，以上海、武汉、重庆为核心，打造廊道旅游发展核，培育廊道旅游精品项目。创新廊道旅游发展体制机制，带动旅游产业结构调整、引领廊道旅游产业升级。

7.3 构建长江国际黄金旅游带生态与文化遗产廊道的推进路径

7.3.1 基础层面——遗产廊道的保护区划

7.3.1.1 明确遗产廊道的保护范围

明确长江国际黄金旅游带生态与文化遗产廊道的保护边界是明确廊道构建基底的核心问题。俞孔坚（2008）对京杭大运河国家遗产与生态廊道进行了系统研究①。借鉴京杭大运河保护范围的划定方法，长江国际黄金旅游带生态与文化遗产廊道涉及的保护范围总体上可划分为三个层次：核心保护范围、重点保护范围和外围协调区域（见图7-1）。

---

① 俞孔坚. 京杭大运河国家遗产与生态廊道 [M]. 北京：北京大学出版社，2012.

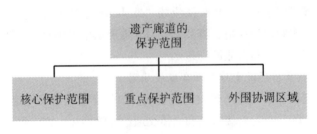

图 7-1　遗产廊道涉及的保护范围

（1）核心保护范围。

核心保护范围是第一层次的保护范围。长江国际黄金旅游带生态与文化遗产廊道的核心保护范围即指长江黄金水道的运输路线，既包括长江本身的河道、河漫滩、河堤、护堤林、外围一定范围内的完整的长江运输线，又包括长江河道上分布的渡口、码头、桥、坝、闸等遗址遗存以及毗邻长江的乡村聚落、历史文化街区等。

廊道核心保护范围的宽度及边界应根据与长江功能相关的遗产分布情况、河流廊道的合理宽度以及长江自身宽度的变化来综合确定。从生态角度出发的廊道宽度及范围分为两个层次：第一层次是以保护河流本身的宽度来设计的，第二层次是以生物多样性保护为目标的廊道来设计的。

长江国际黄金旅游带作为跨越 11 个省（直辖市）的大尺度、长距离的河流廊道，由于其所经过地区的自然地理、人文地理背景不同，决定了不同段河流廊道的基本类型及其主要生态过程与功能都有很大差别。因此，廊道准确的保护宽度和范围应该根据各分段的具体情况来制定。

（2）重点保护范围。

重点保护范围是第二层次的保护范围。长江国际黄金旅游带生态与文化遗产廊道的主要保护范围不仅包括长江本身以及与长江功能相关的遗产，还包括文物古迹、历史文化街区、运河古镇、非物质文化遗产等大量反映长江历史文化变迁与区域社会文化特征的遗产点。

廊道重点保护范围的确定应该进行资源梳理。在详细调查长江国际旅游带沿江 11 个省（直辖市）的遗产与重要资源分布状况的基础上，确定每个区域详细的保护边界并将其纳入管理体系。在宏观层面上，根据本项研究工作，探讨长江沿线遗产与长江的大致关系，为长江国家遗产与生态廊道重点保护范围的划定提供科学依据。

（3）外围协调区域。外围协调区域是第三层次的保护范围。长江国际黄金旅游带生态与文化遗产廊道的外围协调区域主要包括长江所经 11 个省（直辖市）的行政边界。

7.3.1.2　明确遗产廊道不同保护范围的规划导则

（1）核心保护范围的规划导则。

导则一：生态保护。

核心保护范围内应严格控制建设，以保护河流生态系统健康和维护长江的完整性为重点，推进长江及其次级河流综合整治；严格保护长江河道，禁止填河等对流域生态功能有负面影响的行为；增加水质监测点设置与监测，定期公布河流断面监测情况。

重点保护河漫滩与河堤，禁止取土，禁止厂矿、居民的无序建设，保护河漫滩生态系统，维护河堤的完整性和连续性，严格保护护堤林等植被。禁止工业性污染物排放，建立长江沿线污水处理设施和污水收集处理全流程的智能化系统，加大对长江沿岸及干支流企业污染物排放的巡查力度，防止生活性污染物排放。沿水体周边建设缓冲性林带和湿地，防止农业污染。

导则二：遗产保护。

《交通强国建设纲要》明确要求，"培育交通文明。推进优秀交通文化传承创新，加强重要交通遗迹遗存、现代交通重大工程的保护利用和精神挖掘，讲好中国交通故事。"

在核心保护范围，应当对长江河道上的渡口、码头、闸、坝、桥等遗产设施进行切实的保护，将原址留存的物质文化遗产加以完整的保护，并结合实际进行重新整理，恢复长江遗产的真实性与完整性。

导则三：游憩开发。

建立长江国际黄金旅游带生态与文化遗产廊道的进入系统，建立完善廊道解说系统和服务系统，为廊道旅游业奠定良好基础；同时，建立廊道游憩设施系统，为长江沿线居民和游客提供公共服务。

（2）重点保护范围的规划导则。

重点保护范围的主要职责是建立长江沿线物质文化遗产与非特质文化遗产的保护区。同时，为遗产廊道提供系统化服务管理，适度引入游憩项目，提升廊道旅游的吸引力，增强区域经济活力。

导则一：生态保护。对区域内重要的生态资源进行保护，保护长江沿线湿地、河流、湖泊、林带、城市公园、高产农田等重要的生态资源，尽量保持自然连续的生态网络，提高区域的整体生态服务质量。

导则二：遗产保护。对长江沿线现存的大量物质文化遗产进行严格保护，注意协调遗产保护与周围城市的开发建设，以长江遗产作为城市文化的地标，形成可达性良好的遗产网络体系。

导则三：游憩开发。遗产区域应该与长江保护有机整合，建立畅通的游憩线路，使遗产点与长江建立良好的连接系统，建立完善的反映长江区域的民俗风情、与长江相关的历史典故、遗产点的历史等完善的遗产解说系统。鼓励建设与遗产廊道主题紧密相关的游憩设施和项目，为长江沿线居民和游客提供更多教育与休闲机会。

（3）外围协调区域规划导则。

外围协调区域的功能主要在于为长江遗产廊道的保护与再利用提供区域的管理和协调。如调整长江沿线国土空间规划与使用类型、实行"河长制"加强长江生态屏障保护、加大长江水环境监管力度等措施。在这个界限内，可以积极地调动长江沿线县（市、区）保护长江的积极性，并调动区域的资源和财力、物力来进行长江保护与再利用的投资及开发，有利于协调区域开发与规划。

（4）廊道典型河段的保护与利用导则。

借鉴俞孔坚在《京杭大运河国家遗产与生态廊道》一书中对京杭大运河国家遗产与生态廊道典型河道保护与利用导则，现提出长江国际黄金旅游带生态与文化遗产廊道典型河道的保护与利用导则，见表7-1。

表7-1　长江国际黄金旅游带生态与文化遗产廊道典型河道的保护与利用导则

▲河道	河道要求	◆保护原有自然河道，清理水体污染物 ◇硬化的河道进行软化，恢复自然河道 ◆增加城区河道水量，打造城市水景 ◇保证水质，提供适宜水生生物的生境
▲堤岸	驳岸形式	◆满足防洪要求 ◇打造生态堤岸

表7-1(续)

▲沿江绿化带	植被	范围	◆城区控制在堤外安全距离 ◇打造城市滨水开放空间 ◆乡村段严格保护堤林及堤外林地
		植被类型	◆优先保护已有自然植被 ◇廊道沿线植被恢复以乔木为主、灌草结合 ◆廊道沿线设置绿带,提供宜人的游憩空间
	遗产点	保护措施	◆保护廊道沿线遗产点的原真性 ◇加强廊道各遗产点的交通通达性 ◆注重加强遗产廊道的完整性
	游道	步行道	◆保证步道的连续性,加强与周边的交通衔接 ◇廊道沿线游憩资源的独立性,考虑夜间照明 ◆尽量滨水设置,与绿带有机结合 ◇乡村段可将堤顶路作为步行道,恢复护堤林带
		自行车道	◆城区可利用临江道路两侧的非机动车道,保证连续性,加强与周边的交通衔接 ◇自行车道应与廊道沿线各遗产点和游憩资源有机联系 ◆乡村段可将堤顶路作为自行车道,与步行道合并路面材质可采用柏油铺砌
		机动车道	◆不应滨水设置,保持安全距离 ◇与步行道和自行车道分开设置,保证连续性,加强与周边路网衔接 ◆维持低等级的城市道路,路面不宜过宽 ◇路面材质可采用水泥或柏油铺砌
	游憩设施	场地	◆综合利用沿线游憩资源设置较为大型的游憩场地 ◇综合考虑沿线社区居民的使用需求,设置中小型游憩场地
		建筑	◆需要设置的设施主要包括信息服务中心、休憩设施、体育康乐设施、餐饮设施、商业服务点等 ◇其他游憩场所或建筑设施
	解说系统	设置原则	◆廊道沿线信息服务标识,如交通指示牌等 ◇廊道沿线解释性标牌,如廊道资源简介等
▲基质		控制要求	◆遵守廊道整体保护要求,对现有景观不协调的地方进行改造,确保廊道的整体风貌 ◇控制城市建成区基质与廊道相邻的边界 ◆加强廊道自然环境保护

7.3.2 外延层面——周边环境的整治规划

长江国际黄金旅游带生态与文化遗产廊道沿线旅游资源所处的生态环境及历史环境是廊道构建的外延层面。周边环境的保护应符合遗产廊道及沿线历史资源的文化价值，且要与社会发展、城市景观内涵、历史文化风貌相协调。本书主要针对廊道周边历史文化遗址的生态环境、历史环境的保护及廊道周边建设环境提出控制要求和整治措施。

7.3.2.1 生态环境修复

《中华人民共和国长江保护法》第五十二条明确指出，"国家对长江流域生态系统实行自然恢复为主、自然恢复与人工修复相结合的系统治理。国务院自然资源主管部门会同国务院有关部门编制长江流域生态环境修复规划，组织实施重大生态环境修复工程，统筹推进长江流域各项生态环境修复工作。"

（1）维护长江河湖水系生态功能。国务院水行政主管部门会同国务院有关部门制定并组织实施长江干流和重要支流的河湖水系连通修复方案，长江流域沿线省级人民政府制定并组织实施本行政区域的长江流域河湖水系连通修复方案，逐步改善长江流域河湖连通状况，恢复河湖生态流量，维护河湖水系生态功能。

（2）恢复河湖岸线生态功能。国家长江流域协调机制统筹协调国务院自然资源、水行政、生态环境、住房和城乡建设、农业农村、交通运输、林业和草原等部门和长江流域沿线省级人民政府制定长江流域河湖岸线修复规范，确定岸线修复指标。长江流域沿线县级以上地方人民政府按照长江流域河湖岸线保护规划、修复规范和指标要求，制订并组织实施河湖岸线修复计划，保障自然岸线比例，恢复河湖岸线生态功能。

（3）保障消落区良好生态功能。国务院有关部门会同长江流域有关省级人民政府加强对三峡库区、丹江口库区等重点库区消落区的生态环境保护和修复，因地制宜地实施退耕还林还草还湿，禁止施用化肥、农药，科学调控水库水位，加强库区水土保持和地质灾害防治工作，保障消落区具有良好的生态功能。

（4）加大退化天然林、草原、受损湿地、重点湖泊的修复力度。长江流域沿线县级以上地方人民政府林业和草原主管部门负责组织实施长江流域森林、草原、湿地修复计划，科学开展森林、草原、湿地修复工作，加大退化天然林、草原和受损湿地修复力度，加大对太湖、鄱阳湖、洞庭湖、巢湖、滇池等重点湖泊实施生态环境修复的支持力度。

7.3.2.2 历史环境保护

对遗产廊道周边的古镇、传统村落等要保护其整体历史文化风貌，保护人文风情、传统工艺、民俗文化等非物质文化遗产。

（1）保护廊道整体历史文化风貌。

长江国际黄金旅游带生态与文化遗产廊道沿线拥有众多的古镇和传统村落，这些古镇、古村蕴藏着丰富的历史文化和民俗民风。但随着岁月的更替变迁，许多历史印记、符号和遗址等濒临消失或荒芜的状态，现状堪忧。对廊道沿线古镇及传统村落进行保护开发利用，修复、改造这些古镇、古村，有利于保护廊道整体历史文化风貌，让传统优秀文化有坚实的传承载体，留住乡愁记忆，让自然山水、经济社会、人文精神更深入地融为一体，从而承接历史、开启未来、造福子孙后代，建设更加美丽的幸福家园。

在长江经济带建设向纵深推进的背景下，廊道整体历史文化风貌的保护应当结合乡村振兴战略、全域旅游建设和长江国际黄金旅游带的打造，深入挖掘廊道沿线各古镇和传统村落的自然山水资源、物产特产优势、历史文化宝藏、民族民风特色，确立保护开发利用的风格定位，标明打造的品牌，融合各种元素进行规划设计；积极搭建多种融资平台，多方筹措建设资金，建立科学合理的利益分配机制，创造条件吸纳社会资本参与运作；坚持修旧如旧原则，严格按照规划设计进行施工，充分考虑交通、环保、消防、卫生等因素，防止面目全非的大拆大建，杜绝铺张浪费和过度包装；尊重廊道沿线村民、居民的意愿和主体地位，保护其合理合法权益，调动其参与廊道保护的积极性，真正做到改善居住环境、提高生活质量，在共建共享廊道过程中切实增强其获得感和幸福感。

（2）保护廊道非物质文化遗产。

长江流域非物质文化遗产历史悠久，且传统沿袭不断，具有独特的历史渊源、地域特色和价值特征及传承状况。其内容主要涉及神话传说、音乐歌舞、戏剧曲艺、竞技赛巧、美术雕刻、陶瓷漆器、医药保健、民俗节庆等领域。长江流域有多项非物质文化遗产项目入选国家级非遗名录。

长江流域非物质文化遗产文化是人类古老的生命记忆，是无形的、活态流变的精神财富。让长江非物质文化遗产文化尽快融入民众生活中，是长江文化保护和廊道旅游发展的必然之路。为进一步加强廊道历史人文环境整治，应当进一步深化长江国际黄金旅游带沿线 11 个省（直辖市）达成的长江流域非物质文化遗产联盟协议，构建长江流域非物质文化遗产传承的共享市场、共建平台、共通信息、共用网络。

7.3.2.3 周边建设活动的控制

（1）周边建设状况。在长江国际黄金旅游带生态与文化遗产廊道的总体规划及控制性详细规划层面进行控制，防止铁路、公路干线、机场等交通建设对遗产廊道本体产生破坏。同时，加强对新开工项目的科学选址和建设指导。

（2）周边交通状况。规范廊道周边的交通管理，改善现有的交通状况，对廊道沿线的交通进行综合管制，避免对遗产廊道造成破坏。

（3）周边的用地状况。土地管理部门、国土资源局等部门应控制遗产廊道所处地区的用地性质，严格控制常住人口和流动人口规模，避免矿产资源开采等活动对遗产廊道本体及周边环境产生破坏。

7.3.3 规划层面——廊道旅游的线路规划

长江国际黄金旅游带生态与文化遗产廊道的构建应以区域区位为基点、以规划为引领、以市场需求为导向、以资源本底为依托，实现提升廊道文化内涵、改善廊道环境景观及带动廊道旅游业发展的综合目标，合理、科学、适度地对廊道旅游进行线路规划。

7.3.3.1 打造3条廊道全流域旅游线路

（1）打造"国际黄金水道"长江游轮旅游线路。

第一，坚持文旅融合，围绕长江游轮旅游路线构建"慢游"交通网络。文化是旅游的灵魂，交通是旅游的躯干，围绕"旅游+文化"融合发展，加强长江黄金旅游带旅游交通基础设施的规划，积极推进以长江航道为中心的水路交通网络。统筹考虑观光、休憩、娱乐、购物等游轮旅游元素和旅游资源的开发，围绕长江游轮旅游路线构建"慢游"的长江旅游交通网络，提高旅游过程中的舒适性和便捷性，实现游客在中远距离的行程中也能享受轻松舒适沉浸式的游玩过程。优化配置游轮的基础设施，与长江沿线城市开设旅游专线，结合长江沿线景观风貌和旅游资源，打造集吃、住、行、游、购、娱于一体的"慢游"旅游交通网络。

第二，坚持特色发展，增加特色长江游轮旅游航线。支持长江主干流的通航水域发展主干流游轮旅游，增加特色游轮旅游航线，开发特色水上旅游线路、水上旅游项目和加强游轮及相关公共服务设施的升级建设，建设特色城市港口。拓展游轮码头的服务功能，鼓励发展特色旅游客运码头，提升游轮的服务功能，加强游轮与港口、港口与城市的旅游体系衔接，推进游轮、港口、城市一体化建设，支持有旅游条件的沿江城市建立游轮旅游的集散中心，并结合当地特色在城市港口给游客提供相关特色旅游信息和特色产品的售卖等服务，推动城市港口向旅游、消费等复合功能型港口的转型，建设一批拥有特色主题的港口。加强游轮与陆地景区之间的链接，为重要的长江沿岸地区的景区做推广宣传，打造重要景区带动周边景区的旅游模式。优化沿江游轮港口布局，支持游轮、游艇等水上旅游项目的发展。支持航运企业根据市场需求推进长江旅游带游轮航线建设，打造港口到城市的一体化旅游线路。加强对廊道生态环境和资源的保护，围绕长江国际黄金旅游带，打造邮轮旅游精品项目。以绿色游轮旅游为由，打造生态旅游景观带，利用河道的自然地貌，打造生态旅游项目。

第三，凝练线路主题，分区段规划"国际黄金水道"长江游轮。注重凝练线路主题，将巴蜀文化、荆楚文化、吴越文化等文化元素植入旅游线路，促进文旅融合，提升"国际黄金水道"长江游轮旅游品质。沿长江水道，以邮轮游船为旅游特色体验形式，游赏长江两岸的平原、山地、峡谷等多样地质地貌景观，体验沿线吴越、荆楚、巴蜀等悠久的地域历史文化和领略上海、武汉、重庆等多元化的现代都市风情。串联长江三角洲、长江中游和成渝3大国家级城市群，联动河、湖、海，打造"国际黄金水道"。"国际黄金水道"长江游轮旅游线路见表7-2。

表7-2 "国际黄金水道"长江游轮旅游线路

廊道旅游区段	起讫点	文化主题	主要内容
长江上游	宜宾至宜昌	巴蜀文化	长江三峡生态文化旅游 重庆都市旅游
长江中游	宜昌至九江	荆楚文化	洞庭湖、清江、神龙溪生态旅游 婺源乡村旅游
长江下游	九江至上海	吴越文化	周庄、乌镇江南水乡古镇旅游 九华山、普陀山佛道宗教文化旅游 沙家浜、南湖红色文化旅游 上海、南京、杭州都市旅游

（2）打造"中国景观大道"318国道特色自驾旅游线路。

第一，游线特色。沿318国道，以自驾游为旅游特色体验形式，游赏皖苏平原、两湖平原、川鄂山地、四川盆地、云贵高原和青藏高原等地质地貌景观，体验沿线吴越、荆楚、巴蜀、康藏等悠久的地域历史文化，领略土家族、羌族、藏族等多彩的少数民族风情，打造最美的"中国景观大道"。

第二，线路组织。依托318国道，东起上海，西至四川康定，对接青藏旅游线路，海拔抬升约5 000米，全程长约3 350千米。途经上海，江苏苏州，浙江湖州，安徽宣城、池州、安庆，湖北武汉、仙桃、潜江、荆州、恩施，重庆，四川达州、南充、遂宁、成都、雅安等 2 个直辖市、2 个省会城市、13 个地级市。

第三，联动旅游区。串联长江三角洲、古徽州、大别山、大三峡 4 大旅游合作区，连接上海、苏州、杭州、太湖、周庄、乌镇、九华山、莫干山、天目湖、黄山、天柱山、庐山、荆州、三峡、神农架、重庆、成都、峨眉-青城山、卧龙、贡嘎山、稻城亚丁 21 个特色旅游目的地。江巢湖、瘦西湖、黄山、庐山、齐云山、天柱山和莫干山等自然山水生态旅游，周庄古镇、乌镇、同里古镇、西递宏村、皖南古村等江南水乡乡村旅游，九华山、灵山等宗教文化旅游，嘉兴南湖、沙家浜等红色文化旅游和上海、南京、杭州等都市旅游。

江汉平原段：安徽岳西至万州。重点打造以东湖、清江、神龙溪、三峡、神农架、张家界等生态旅游，武当山等宗教文化旅游，黄鹤楼、湖湘、荆楚历史文化旅游。

四川盆地段：重庆万州至四川天全。重点打造巫山、武隆等山水生态旅游，阆中古城等巴蜀历史文化旅游和小平故里等红色旅游。

横断山区段：四川天全至西藏八宿。重点打造贡嘎山等山水生态旅游，大足石刻、乐山大佛、都江堰等巴蜀历史文化旅游，峨眉山、青城山、缙云山等宗教文化旅游，汶川、北川羌城、丹巴藏寨等羌藏少数民族风情旅游。

（3）打造"北纬 30°新干线"高速铁路旅游线路。

北纬 30°高速铁路沿线区域位于"八横通道"中的沿江通道，辐射成都、重庆、武汉、长沙、南昌、合肥、南京、杭州、上海 9 大城市及周边区域，形成了"高铁+旅游"的新业态。该区域的游线开发如下：

第一，开发主题式旅游线路。结合沿江通道 9 大城市区域特点，突出城市文化与交通文化的融合，制定"高铁+旅游"发展目标，深化线路的"主题性"研究，提炼符合此旅游线路整体文化的旅游品牌形象。可从自然资源和人文资源共性与异性两方面探讨，从"寻北纬 30°的自然与人文美"的主题出发，形成该旅游线路的"探索性文化""追求美的文化""内涵性的文化"等文化，形成该线路品牌的可持续性、可延伸性。

第二，加强线路开发与当地文化的融合创新。根据目前的高铁规划路线，北纬 30°高速铁路沿线区域主要辐射 9 大城市，可从区域人文挖掘、线路自然分区、四季景色有别三个方面进行融合创新。一是区域人文挖掘，找寻文脉相通。自成都、重庆找寻巴蜀记忆，自武汉、长沙回味荆襄楚情，自南昌、合肥、南京、杭州、上海体会吴越之美，从而找寻文化基因，附加旅游价值，使交通与地域文脉有机联结。二是注重自然地理形态差异，分类分区打造对口旅游产品。线路当中的自然地理形态丰富，由此形成的景区景观多样生动，应科学划分地貌、水文、生物、气候等自然景观，给予游客以多重目的地选择，发挥出各地旅游优势。三是根据四季景色不同，打造与旅游淡、旺季相匹配的旅游模式。该线路东西走向，东西景色随季节变化呈现出较大差异，而这样的差异正可对应旅游淡、旺季，做出一些互补。可以四季作为线路设计主线，游历不同季节下的不同城市、自然之景，形成各地之间旅游淡、旺季之间的经济互补。

7.3.3.2 打造8条廊道主题旅游线路

依据长江国际黄金旅游带的自然生态、民族民俗、历史文化和红色文化等旅游资源，沿水系、文脉、山脉、聚落、史迹、地质带和古道等空间特点，结合水陆等交通可进入性条件，采用随水系、通文脉、环山脉、串聚落、连史迹、并地质带、沿古道等旅游线路组织方式，打造历史文化、山水人文、田园文化、山水民俗、红色文化、山水民族、生态文化等8条廊道主题旅游线路，见表7-3。

表7-3　长江国际黄金旅游带生态与文化遗产廊道的主题旅游线路

序号	廊道主题旅游线路	游线主题	游线特色
1	"京杭大运河"历史文化旅游线路	流动的遗产	沿京杭大运河江南运河、里运河段，以游船游览为主要体验方式，依托大运河的漕运、盐商、渡口、邮铎、古村镇、寺庙等历史文化资源，打造以运河历史文化体验为特色的历史文化旅游线路
2	"唐诗之路"山水人文旅游线路	壮游吴越	沿"唐诗之路"，依托钱塘江、新安江、富春江、楠溪江、曹娥江、剡溪、千岛湖、天目湖、莫干山、天台山、普陀山、雁荡山和天姥山等山水自然资源，李白、杜甫、白居易、孟浩然等唐诗文化资源和国清寺、桐柏宫、普陀寺、兰亭等宗教人文资源，打造以浙东山水观光休闲度假和画、诗、佛、道等人文体验为特色的山水人文旅游线路
3	"江南水乡"田园文化旅游线路	水墨江南	沿杭徽古道，依托周庄、乌镇、同理古镇、绩溪龙川、西递宏村、皖南古村和婺源江湾等江南古镇古村等田园文化资源，打造以江南水乡古镇古村的建筑文化、农耕文化、徽皖历史文化等田园文化观光体验为特色的田园文化旅游线路

表7-3(续)

序号	廊道主题旅游线路	游线主题	游线特色
4	"武陵风情"山水民俗旅游线路	土家风物	依托武陵山脉砂岩地貌、武隆喀斯特地貌山水自然资源，土家族、苗族、侗族等少数苗族民族民俗资源，打造以山水观光和民族民俗风情为特色的山水民俗旅游线路
5	"长征足迹"红色文化旅游线路	英雄史诗	沿长征路线，依托长征路线沿途的战场、会址等遗迹遗址设施，故居、纪念园、博物馆等纪念设施资源，打造以红色体验、革命历史教育为特色的红色文化旅游线路
6	"南方喀斯特"山水民族旅游线路	地质奇观	依托资源南方喀斯特地貌、瀑布等自然资源，苗族、侗族、布依族、傣族、彝族等民族民俗资源，打造以南方喀斯特地貌观光和民族民俗体验的旅游线路
7	"南方丝路"生态文化旅游线路	西南胜境	沿南方丝路古道，依托金沙江、岷江、喀斯特、湖泊海子、冰川、盆地、丘陵、温泉、瀑布、钙华瀑布等地质地貌资源，熊猫、川金丝猴等动植物景观，都江堰、三国等历史文化和羌族、藏族等民族文化资源，打造以川西、滇中地质地貌景观和民族文化为特色的生态文化旅游线路
8	"茶马古道"生态文化旅游线路	边境探秘	沿"茶马古道"，依托滇西横断山脉三江并流、雪山、湖泊、草甸、火山、温泉、峡谷、湿地、瀑布等独特的地质地貌资源，普洱茶、咖啡、热带雨林等动植物资源和藏、纳西、白、傣、彝、傈僳、怒、独龙、景颇、布朗等民族民俗资源，丽江、大理古城等历史文化资源，打造边境生态山水观光和民族民俗风情为特色的生态文化旅游线路

7.3.4 交通层面——构建廊道旅游"大交通"

长江国际黄金旅游带生态与文化遗产廊道涉及11个省（直辖市），应当树立廊道"大交通"理念，构建立体交通网络体系，推进旅游交通一体化组织建设，加强交通与旅游的深度融合。

7.3.4.1 加强廊道旅游交通规划，打造四大国家旅游集散中心

长江作为一条跨11个省（直辖市）的区域性大型河流，具有得天独厚的地理优势。要充分利用长江的纽带作用，将长江沿岸的城市串联起来，形成以长江为核心、向周围扩散的旅游业务。进一步加强廊道旅游交通规划，打造廊

道四大国家旅游集散中心。根据对廊道各区段主要节点城市的比较筛选，重点打造上海、武汉、重庆、杭州四个国家级的一级廊道旅游集散地，助推廊道旅游发展。

（1）上海旅游集散中心。上海是长江下游的重要节点城市，处于吴越文化区。应当充分利用区位优势和国际大都市定位，积极推进水路、铁路、公路、航空综合交通的国际化进程，将其打造为面向海内外市场的廊道旅游重要门户。一是积极打造邮轮门户港。依托"国际黄金水道"长江邮轮游线，开发多点挂靠邮轮航线，使得邮轮业务通过上海及其所辐射的长江水道逐渐深入内陆地区，提高上海的综合交通能力和综合交通服务品质。二是加强综合交通体系建设。加快形成多层次、多功能的铁路网络，均衡发展辐射长三角城市群的城际交通；进一步完善道路交通网络，加强交通方式衔接；加强航空交通建设，构筑辐射全球的国际旅游海空枢纽。

（2）武汉旅游集散中心。武汉是长江中游的重要节点城市，"九省通衢"从古至今都是武汉的标志。针对武汉，要利用好其独特的位置以及和长江悠久的历史渊源，以文化引导旅游发展。武汉是长江沿线的重要港口城市，从三峡到长江，处处体现了长江文化的源远流长。根据文旅融合的发展理念，应该进一步挖掘武汉的现有长江支流河道潜力，打造"生态航道、美丽航道"，加强河道观光基础设施建设，有机植入荆楚文化等地域特色文化，形成可持续的廊道观光旅游产业链。二是加强武汉国际旅游集散基础设施建设，增强其接待国际游客的能力，积极与国际水平接轨，更好地展现武汉的新形象。

（3）重庆旅游集散中心。重庆是长江上游的重要节点城市，也是成渝地区双城经济圈建设的两个极核之一，处于巴蜀文化核心区。但是，重庆的交通网络规划和旅游集散业务现状有待提升，要在保持好这种发展潜力的同时，加强对基础设施的规划和建设。一是合理规划重庆市区立体交通网络，加强交旅融合。充分考虑城市独特的山水之城地理环境，构建符合重庆地形的立体交通网络体系，突出 8D 魔幻城市特色，加强城市交通与旅游的深度融合。二是合理规划重庆"两江四岸"滨江游憩带。重庆是长江和嘉陵江的交汇点。为进一步推进长江上游廊道旅游集散地建设，重庆应注重以"两江四岸"规划建设为导引，建设好长江旅游廊道沿线绿带和滨江游憩带。三是加强重庆与周边地区的联通性，进一步完善交通服务。重庆拥有 3 000 多万人口，具有很强的发展潜力。要建设大型的跨区、跨州县和跨省（直辖市）的公路、铁路网络，打开重庆旅游市场，加强联通性。完善沿路的服务站、高铁服务和航空服务，兼顾好交通网络的完善度和舒适度。

（4）杭州旅游集散中心。杭州是长三角地区中发展势头强劲的城市之一，也是廊道旅游的重要节点城市。借助杭州发展数字经济的契机，依托电商巨头阿里巴巴，杭州可以构建特色智慧旅游集散地。一是搭建廊道智慧旅游平台。依托"数字经济第一城"及人工智能等方面雄厚的产业基础，打破廊道旅游数据孤岛，贯通"数据高铁"。借助阿里云城市大脑核心技术实现与廊道旅游数据的无缝链接，共建廊道旅游国际国内数据通道，实现优质数据互联互通。二是建立廊道旅游电子商务中心。杭州片区是浙江自贸区数字经济的发展核心，其功能定位是"两试验两示范"。借助杭州发展数字经济的契机，全面深化廊道旅游服务贸易创新发展试点，优先承接国家数字服务出口先行先试政策，大力推动跨境电商发展。深化与阿里巴巴等数据研发企业的合作，强化数字化应用，加快廊道旅游贸易数字化转型。

7.3.4.2 加强廊道交通的互联互通，完善旅游交通体系

进一步加强长江国际黄金旅游带沿线 11 个省（直辖市）交通的联系，构建适应现代旅游业发展的区域一体化旅游交通体系。按照"畅通、安全、舒适、美丽"的要求，建立健全廊道沿线及景区内交通网络体系，提高通往廊道各旅游景区、景点的县乡级公路等级，形成高速公路、国道、省道干线与县乡级道路布局合理、快慢结合的交通网络，为廊道整体发展提供良好保障。

构建廊道区域立体化的交通体系，加强各种交通工具的无缝链接，提高互联互通水平。围绕水路、公路、铁路、航空等多种交通方式，构建集自驾游线路、公交线路、慢行旅游线路于一体的综合交通体系，确保各类交通无缝衔接。推进长江黄金水道、沿江旅游交通网络建设，提升长江黄金旅游带干道的通畅性，方便游客快速、便捷出行。

7.3.4.3 加强廊道交通与旅游的深度融合，构建多元化廊道旅游交通网络

一是开通旅游专线，增强景区可达性。廊道旅游景区可达性弱是存在的现实短板，要进一步增强景区与城镇、景区与景区、景区与服务中心的交通联系，全面提高旅游道路建设水平。二是打造旅游风景道，形成廊道沿线特色景观。根据廊道沿线的生态环境、地形地貌等，打造景区道路沿线特色景观，使廊道成为具有审美、游憩、文化、历史、考古等价值的自然、人文景观的道路，从而实现从单一的交通功能向交通、游憩、生态、保护等复合功能的转变。三是开发廊道特色旅游交通，构建多元化廊道旅游交通网络。依托长江黄金水道开展特色内河游轮旅游，进行旅游观光、历史文化体验等；依托318国道，开展特色房车旅游；开发廊道特种旅游交通，包括索道、缆车、轿子、滑竿、竹筏等交通方式，增强游客体验感。

7.3.4.4 加强廊道交通建设与生态保护的协调发展，构建绿色交通廊道

2019 年 9 月颁布的《交通强国建设纲要》明确提出"强化交通生态环境保护修复"。长江国际黄金旅游带所处区域生态条件脆弱，生态保护与交通建设之间的矛盾突出，应当进一步推动交通建设与生态保护的协调发展，构建绿色交通廊道。

在廊道交通建设过程中，工程建设参与单位和所有参与人员都要具有长江生态环境保护的意识，将生态环保理念贯穿交通基础设施规划、建设、运营和养护全过程。

7.3.5 管理层面——构建一体化管理体系

7.3.5.1 严格遵循并建立健全廊道相关的法律法规

长江国际黄金旅游带生态与文化遗产廊道的构建必须严格遵循并建立健全与廊道相关的法律法规。

《中华人民共和国文物保护法》进一步明确了廊道遗产的管理体制、权利归属、组织责任、利用方式、扶持政策、收益分配、监督方式、法律责任等，使廊道保护管理有法可依，有序进行。《中华人民共和国长江保护法》第三条规定，"长江流域经济社会发展，应当坚持生态优先、绿色发展，共抓大保护、不搞大开发；长江保护应当坚持统筹协调、科学规划、创新驱动、系统治理。"因此，需要进一步加强廊道管理制度建设，制定并颁布《长江国际黄金旅游带生态与文化遗产廊道保护管理条例》，作为专门的行政法规。同时，制定廊道发展建设的专项规章制度，用于指导廊道沿线旅游保护与开发建设。

7.3.5.2 建立廊道统一的组织管理机构

长江国际黄金旅游带生态与文化遗产廊道跨区域、多功能的属性决定了其管理工作的复杂性。廊道管理需要经常协调政府不同行政区域和职能部门以及文旅行业企业等，因此需要加强一体化管理。

当前，廊道旅游的多头管理不利于生态与文化遗产的整体保护，需要建立以核心部门为纽带的广泛的合作伙伴关系实现共同管理。建立以廊道文化遗产保护部门为主体的廊道管理委员会，有利于以具有执行力的核心管理部门为纽带；建立集各类政府机构及民间非营利组织于一体的合作伙伴关系，加强廊道统筹与协调，从而真正使廊道成为统一整体，确保各项保护与管理工作的顺利实施。

7.3.5.3 优化廊道管理人才队伍

廊道一体化管理亟须高素质的廊道管理人才队伍，为廊道旅游发展提供人才保证和智力支持。管理人才队伍旨在新发展背景下进一步推进廊道顶层设

计，加强廊道发展组织协调，打造廊道旅游精品，推动廊道高质量发展。因此，管理人才组成应注重多元化，应由组织管理、文物保护、旅游规划、景观设计等复合型人才组成。

7.3.5.4 进一步加强社会参与和监督

（1）充分发挥专家智库的作用。注重调动与发挥高校、科研院所专家的优势，进一步梳理廊道的自然生态遗产和文化遗产，明确廊道构建的资源基础；加强对廊道遗产资源保护主要影响因素的科学研判，明确廊道保护症结所在；加强遗产廊道保护路径及策略的科学分析，建立廊道生态与遗产保护问题决策机构的专家论证制度，接受专家质询和全程监督。

（2）鼓励公众与地方团体参与保护。为了更好地推进长江国际黄金旅游带廊道建设，促进当地经济、社会、文化的协调发展，加强宣传教育和引导，鼓励廊道沿线公众与地方团体参与廊道的保护。立足生态与文化遗产保护的宣传和教育，促进廊道沿线居民深入了解廊道的生态价值和历史文化价值。关注当地社区居民的切身利益，加强其对生态环境保护、文化遗产保护和廊道旅游发展的宣传教育，保证廊道建设与居民生活协调进行。充分调动地方团体参与遗产廊道保护的积极性，为廊道生态环境保护、文化遗产保护夯实基础。

7.4 本章小结

本章明确了长江国际旅游带生态与文化遗产廊道的发展构思、总体目标与基础原则，并从基础层面、外延层面、规划层面、交通层面和管理层面提出了廊道构建的推进路径。

8 长江国际黄金旅游带生态与文化遗产廊道的要素系统

8.1 自然生态系统

8.1.1 加强廊道生态基底和生态保障

良好的自然生态系统是长江国际黄金旅游带生态与文化遗产廊道构建的生态基底和生态保障，对于沿线区域生态治理、水土保持、可持续发展等起着重要作用。长江流域生态极为脆弱，长江国际黄金旅游带沿线分布着世界自然遗产、国家森林公园、国家级和省级自然保护区等，在空间分布上呈现出连续性和交错性，确保了长江国际黄金旅游带沿线连续不断的绿地背景。应当以长江流域"十四五"经济社会发展规划和文化旅游发展规划编制为抓手，进一步完善"尊崇自然、绿色发展"的旅游廊道绿地生态体系。

长江国际黄金旅游带生态与文化遗产廊道的生态保护主要包括建立自然保护区、划定生态红线、加强水系治理等，取得了一定成效，但仍面临流域生态环境极其脆弱、生态保护难度大的现实问题。廊道拥有水资源、动植物资源、土地资源等丰富的生态资源。水资源的保护可以通过加强廊道水质量监测与水污染控制、加强廊道流域废弃物回收与管理、保护沿线河流及其支系的植物缓冲区、确保湿地不被填埋干涸等方式进行。动植物的保护可以通过保留廊道河道沿岸原生植物和原生景观、保护廊道鱼类和野生动物栖息地、保护濒危物种和防止外来物种入侵、保护和恢复湿地、水生、陆生生态系统等方式进行。如在廊道规划中，步道的设计要考虑不隔离生物物种，设置适当距离的生物通道。土地资源的保护应当注重"多规合一"，加强文化旅游规划和国土空间规划的深度结合，确保规划更加科学合理。

8.1.2 依托廊道打造长江流域国家公园群

国家公园主要指国家为保护生态系统完整性而划定的需要加以特殊保护、管理和利用的自然区域，旨在为生态旅游、科学研究和环境教育提供场所。目前，全球约有 1 200 余处国家公园。

长江国际黄金旅游带是集自然观光、文化体验、生态旅游、科普科考、户外休闲等功能于一体的国家公园集群型世界遗产廊道旅游目的地。为进一步加强绿地生态体系保护，可依托长江国际黄金旅游带沿线自然生态资源，打造国家公园群，进一步完善长江国际黄金旅游带生态与文化遗产廊道的绿地生态体系。以打造国家公园群为抓手，进一步加强长江国际黄金旅游带生态与文化遗产廊道建设，有助于重塑廊道自然保护地体系，构建长江流域人地耦合系统，支撑长江流域可持续生计和高质量区域发展，推动长江流域国土空间的保护与开发。

8.1.3 "一体化"打造廊道景观

按照廊道的总体战略布局，以长江国际黄金旅游带自然生态和多民族文化为核心，整合廊道沿线旅游资源优势，"一体化"打造生态旅游景观线、人文旅游景观线等，将沿线美景一一揽入，真正做到让旅游者一路畅游。

结合景观打造要求，在廊道沿线设立旅游接待点，增设生态停车场，完善导向标示系统、旅游解说系统、游步道系统、观景休憩系统、环保安全系统等，打造中国最美旅游廊道。

8.2 文化遗产系统

8.2.1 物质文化遗产

长江国际黄金旅游带生态与文化遗产廊道的物质文化遗产十分丰富，主要包括历史文物、历史建筑（群）和人类文化遗址，如廊道沿线水利工程遗址、交通遗存、故居、历史文化街区等。

廊道沿线物质文化遗产作为重要的"有形文化遗产"，应当按照《中华人民共和国文物保护法》《保护世界文化和自然遗产公约》《关于加强和改善世界遗产保护管理工作的意见》等要求，严格加以保护并合理开发利用。

8.2.2 非物质文化遗产

长江国际黄金旅游带生态与文化遗产廊道沿线拥有传统节庆、传统手工技艺、传统风俗、民间传说、民间戏剧、文学等非物质文化遗产。

廊道沿线非物质文化遗产应当按照国务院发布的《国务院关于加强文化遗产保护的通知》要求，严格遵循"保护为主、抢救第一、合理利用、传承发展"的工作方针，完善"国家—省—市—县"四级保护体系，切实加强廊道非物质文化遗产的保护、管理与合理利用。

8.3 廊道支持系统

8.3.1 交通通达系统

8.3.1.1 完善廊道旅游交通基础设施网络体系

（1）加强廊道旅游交通基础设施统筹规划。注重长江国际黄金旅游带生态与文化遗产旅游廊道顶层设计，发挥规划引领作用。在加强旅游廊道资源保护与开发的基础上，编制廊道旅游交通基础设施的发展规划，着力构建"快进"和"慢游"有机结合的廊道旅游交通网络体系。突出廊道交通基础设施地区域特色，加强沿线旅游交通标志标识以及区域特色元素的观景台、驿站、露营地、汽车营地等的规划设计。

（2）构建便捷高效的廊道"快进"交通网络。旅游目的地的交通通达性及便捷性是游客出行的重要影响因素。可以长江国际黄金旅游带沿线港口码头、公路、铁路、民用航空等交通基础设施的建设和优化为依托，构建长江国际黄金旅游带生态与文化遗产旅游廊道"快进"交通网络体系。近年来，随着长江国际黄金旅游带对自驾车游客、骑行者及背包族吸引力的提升，应当进一步加强自驾车营地、露营基地、旅游景区景点等与交通干线之间联通公路建设，加强通往沿线少数民族特色村寨的乡村旅游公路建设，为游客提供更便捷的交通保障。

（3）构建满足旅游体验的廊道"慢游"交通网络。借鉴美国伊利运河、66号公路、蓝岭风景道、大河之路和中国长江等的成功经验，因地制宜地建设廊道旅游风景道。依托长江国际黄金旅游带生态与文化遗产旅游廊道的生态优势和文化底蕴，创新以商、养、学、闲、情、奇新六大要素为主的旅游新业态，打造国家公园体验、长江国际黄金旅游带骑行、藏地文化探秘、旅游廊道休闲等特色旅游产品，通过"慢游"加强游客廊道旅游的深度体验，进一步提高廊道旅游的品质品位。根据需求增设自行车道、步道等慢行设施，构建绿色低碳、生态环保的廊道慢行体系。

8.3.1.2 健全廊道交通服务设施旅游服务功能

（1）完善廊道旅游交通服务设施。廊道旅游是一种旅游与交通深度融合的新型旅游形态。长江国际黄金旅游带生态与文化遗产旅游廊道应当注重"旅游+交通"，不断完善旅游交通服务设施。加强对长江国际黄金旅游带生态与文化遗产廊道的港口码头、大坝、特色观景台、旅游驿站、自驾车营地等的合理规划和建设，满足游客廊道旅游需求。加强长江国际黄金旅游带旅游廊道旅游交通服务设施的改进和优化，注重交通换乘的无缝对接，打通廊道景区景点"最后一公里"，为游客提供长江国际黄金旅游带廊道旅游的良好保障。

（2）增强廊道旅游交通信息服务意识。在数字经济和大数据智能化背景下，积极加强交通、旅游等相关部门的联动，建立跨部门的数据信息共享机制。加强廊道的智慧旅游建设，充分运用旅游交通信息，对廊道内的旅游和交通数据进行深度挖掘与合理应用。对旅游廊道内的旅游景区进行容量监控，整合旅游产业要素，为游客进行目的地选择提供合理的建议。

8.3.2 廊道解说系统

廊道解说系统的建立，有利于向当地居民和旅游者深入系统地阐释长江的自然生态和历史文化，有利于在新时期讲好长江故事，有利于对长江大河文明的保护和传播。长江国际黄金旅游带沿线区域拥有讲解长江故事的主体，但各主体之间的协作和联动不足，长江故事的讲解缺乏整体性和系统性，使得长江旅游品牌的传播也受到较大局限。基于问题导向，以长江国际黄金旅游带生态与文化遗产旅游廊道的构建为统领，建立一个主题明确、逻辑清晰、手段多样和内容丰富清晰的解说系统是长江旅游高质量发展的迫切需要，也是长江旅游供给侧改革的使命担当。

长江国际黄金旅游带生态与文化遗产旅游廊道的解说系统主要由廊道解说主题、廊道解说媒介和廊道标识系统三个要素组成。其中，廊道解说主题限定了解说的内容，解说媒介传达了解说内容。

8.3.2.1 廊道解说主题

（1）解说主题筛选的流程。

廊道解说主题的筛选和确定是解说系统最核心的环节。长江国际黄金旅游带生态与文化遗产廊道是一个跨区域、跨文化、大尺度的线性遗产廊道，廊道主题的确定是一个复杂的系统工程，通过以下流程进行筛选。一是系统梳理长江的自然生态资源和历史文化资源，为廊道解说主题筛选奠定基础。二是明确廊道的关键性资源，充分体现廊道的核心特征。长江历史源远流长，长江国际黄金旅游带丰富的自然和人文资源为人们提供了许多了解长江过去、现在和未来的基础，使人们对长江的自然生态、文化特色、社会环境、历史功能、时代特征等有更深入的认知。在此基础上，厘清廊道的关键性资源，为主题筛选提供科学依据。三是聚焦廊道整体形象塑造，分层次、分区段确定廊道解说主题。长江国际黄金旅游带生态与文化遗产旅游廊道是大尺度的复合型廊道，集生态、文化、交通、教育、经济等多种功能于一身。对于构成要素复杂、规模超大的遗产廊道，亟须以整体主题为核心分解次级主题，形成全面、完善的解说主题系统。这样的解说系统有利于从不同区段不同角度全面阐释核心主题，还有利于避免各区段因重复解说引致的单调乏味、分散杂乱的现象。对于长江国际黄金旅游带生态与文化遗产廊道的解说，以共同主题为引导，以空间尺度为脉络搭建解说主题框架，有助于更好地实现廊道的文化教育功能。

（2）解说主题框架的构建。长江国际黄金旅游带生态与文化遗产廊道通过一个核心主题和三个围绕核心主题展开的次级主题，分层次、分区段对长江历史文化进行系统阐释。如表8-1所示，遗产廊道采用了"大美长江"的核心故事主题，以及"神奇巴蜀""极目楚天""诗意江南"三个次级解说主题。

表8-1　长江国际黄金旅游带生态与文化遗产廊道解说主题框架

核心解说主题	次级解说主题	解说专题	代表区段
大美长江	神奇巴蜀	神奇、神秘、神妙的巴山蜀水	长江上游巴蜀文化区
	极目楚天	瑰丽、奇异、浪漫的楚地文明	长江中游荆楚文化区
	诗意江南	春风又绿江南岸的梦里水乡	长江下游吴越文化区

第一，核心解说主题：大美长江。

核心解说主题释意：大美长江是对长江文化内核的阐释。长江文化作为一个复杂而庞大的文化体系，是由不同的文化聚合而成的文化共同体。主体文化包括巴蜀文化、荆楚文化和吴越文化，亚文化包括滇文化、黔文化、赣文化、闽文化、淮南文化、岭南文化等。

第二，次级解说主题。

次级解说主题一：神奇巴蜀。

"神奇巴蜀"次级解说主题的确立主要与长江上游地区的巴蜀文化密切相

关。巴蜀文化主要指以四川盆地为依托，北到天水、汉中，南到滇东、黔西，起源发展于长江上游流域的一个中华区域文化。巴蜀文化是长江上游古文明生长、起源和发展的中心，也是中华文明起源的一个重要摇篮。巴蜀文化总的特征可概括为六个字：神奇、神秘、神妙，具体而言即为神奇的自然世界、神秘的文化世界、神妙的心灵世界。

巴蜀文化先后经历了四个重要发展时期：一是先秦时期，巴蜀古城古国和古方国文明诞生和初步发展的阶段；二是从秦汉到唐宋时期，天府农耕文明优越秀冠发展阶段；三是元明清时期，市民社会下层民众文化初盛阶段；四是1840年以来，巴蜀古典文化向现代化转型的发展阶段。

次级解说主题二：极目楚天。

"极目楚天"次级主题的确立主要与长江中游地区的荆楚文化密切相关。荆楚文化大致分布在今天的湖南、湖北、河南、安徽、江西部分地区，具有中原华夏文化与南部蛮夷文化杂交的鲜明特征。春秋战国时代是楚文化的鼎盛期，秦汉以来荆楚文化在天下一统的文化交流中不断融合更新。

荆楚文化是一种具有鲜明地域特色的文化形态。从断代的静态角度看，它主要是指以今湖北地区为主体的古代荆楚历史文化；从发展的动态角度看，它不仅包括古代的历史文化，还包括从古到今乃至未来湖北地区所形成的具有地方特色的文化。荆楚文化主要包括炎帝神农文化、楚国历史文化、秦汉三国文化、清江巴土文化、名山古寺文化、长江三峡文化、地方戏曲文化、民间艺术文化、江城武汉文化、现代革命文化等。

次级解说主题三：诗意江南。

"诗意江南"次级解说主题的确立主要与长江下游地区的吴越文化密切相关。吴越文化是江浙的地域文化，也是汉文明的重要组成部分。吴越文化区以太湖流域为中心，分布范围主要包括上海、江苏南部、浙江、安徽南部、江西东北部等地。吴越文化又可细分为"吴文化"和"越文化"，两者同源同出。

吴越文化发端于新石器时代的河姆渡文化和良渚文化。春秋战国时期，吴越地逐渐成为丝绸之乡。东晋时期，大批北人南下，早期吴越的尚武逞勇之风逐渐被南渡士族的精致典雅文化取代。南宋和明清时期，吴越文化对中国的学术、文化、艺术的影响力不断扩大。近代以来，根植于吴越文化的"海派文化"愈益被人们接受和吸纳。

8.3.2.2 廊道解说媒介

（1）廊道解说媒介要求。

长江国际黄金旅游带生态与文化遗产廊道应当根据不同受众需求设置，如旅游杂志、廊道简介手册、户外介绍牌、站立式互动解说站、语音和多媒体项目、信息中心等；此外，也可通过纪录影片、节庆和文化活动等渠道广泛传播。

廊道沿线有很多旅游景区景点，在廊道解说媒介上，可以国家《旅游区（点）质量等级的划分与评定》对4A级、5A级旅游景区景点解说媒介的要求作为参考。

（2）廊道解说方式。长江国际黄金旅游带生态与文化遗产廊道解说方式见表8-2。

表8-2　长江国际黄金旅游带生态与文化遗产廊道解说方式

解说方式	采用系统	具体方式
人员解说类	人—人系统	由专业导游或解说人员向廊道旅游者进行动态、个性化旅游信息传导的人际解说方式
	人—物系统	以书面材料、实物原生态样本及模型等无生命设施向廊道旅游者进行静态旅游信息传导的自主解说方式
非人员解说类	人—机系统	以具有集成性的计算机多媒体向廊道旅游者进行声文图旅游信息传导的交互解说方式

（3）廊道解说载体。长江国际黄金旅游带生态与文化遗产廊道的解说载体是多元化的，主要包括门户网站、沿线解说场馆、现场解说点、新媒体、融媒体中心以及沿线活动等。具体见表8-3。

表8-3　长江国际黄金旅游带生态与文化遗产廊道解说载体

解说载体	具体路径	主要功能
官方门户网站	建立廊道官方门户网站，建好"三微一端"（微信、微博、微视频和客户端）	廊道管理、信息发布活动宣传、教育培训
沿线解说场馆	廊道沿线自然博物馆	展览展示、文化交流文明传承、产业提升
	廊道沿线历史博物馆	
	长江大河文明馆	
沿线游憩景点	廊道沿线游步道、遗址遗存、自然保护区、乡村聚落等游憩景点	现场展示、时空穿越
沿线节事活动	廊道沿线各地的节庆活动、演艺活动等	活动宣传、活化传承

表8-3(续)

解说载体	具体路径	主要功能
智能媒体传播	借助抖音、快手、火山小视频等新媒体形式宣传廊道旅游，开发廊道旅游 App 应用	智能传播、虚拟体验
	借助各地融媒体中心对廊道旅游进行宣传推广	媒体融合、多元传播

第一，官方门户网站。借鉴美国伊利运河经验，建立长江国际黄金旅游带生态与文化遗产廊道官方门户网站。廊道官方门户网站作为重要的管理工具和对外窗口，不仅具有基本的宣传和发布功能，还具有廊道知识介绍、活动参与、教育培训等功能。建好廊道微信、微博、微视频和客户端"三微一端"，以便廊道旅游者方便地获取相关信息。

第二，沿线解说场馆，主要包括廊道沿线自然博物馆、历史博物馆、长江大河文明馆等。一是建设好廊道沿线自然博物馆。围绕廊道自然生态主题，将重庆、武汉、上海等长江上游、中游、下游重要节点城市的自然博物馆进行联动，对其讲解的逻辑体系和内容进行系统性设计。突出长江生态文明建设和"共抓大保护，不搞大开发"理念，通过长江自然生态系统和生态环境的演变，讲好长江故事。二是建设好廊道沿线历史博物馆。围绕廊道历史文化主题，对重庆三峡博物馆、湖北省博物馆、上海历史博物馆等沿线重要节点城市的历史文化博物馆讲解的逻辑体系和内容进行系统性设计。突出长江历史文化的发展演变，讲好长江历史文化故事。三是建设好廊道沿线长江大河文明馆。可以武汉长江文明馆为基础，建立大河流域生态与文化遗产可持续发展长江中心，在长江上游重庆、长江下游上海分别打造长江文明馆，系统化讲述长江大河文明故事。

第三，沿线景区景点。廊道沿线游步道、遗址遗存、自然保护区、乡村聚落等游憩景点是廊道解说的重要载体。根据自然生态类、历史人文类等不同类型及所处的长江上游、中游、下游等不同区段，选择不同的解说形式，从而使游客对廊道整体认识更为系统，对廊道自然生态演变和历史文化沿革有更深入的认知。

第四，沿线节事活动。随着旅游需求的个性化和体验性日渐凸显，旅游者越来越偏好于参与性和互动性较高的事件旅游。一般而言，成功的事件旅游都有一个明确的主题。只有这种主题在举办区域具有独特性和垄断性，才能够充分反映举办地的特色。根据事件旅游主题，将事件旅游分为民族文化型、历史文化型、特有物产型、独特景观型等 7 种类型。根据长江上游巴蜀文化、中游荆楚文化、下游吴越文化不同区段的主题，按照事件旅游主题的 7 种主要类型，可以在廊道沿线组织丰富多彩的节事活动，在此基础上打造长江廊道旅游核心品牌和子品牌。

将中国长江三峡国际旅游节打造为国际知名旅游品牌。2009 年，重庆、湖北两地按照《长江三峡区域旅游发展规划》的要求，确定了合作共赢的旅游发展理念。从 2010 年起，由国家旅游局牵头、湖北和重庆两省（直辖市）共同举办，轮流主办"中国长江三峡国际旅游节"，统一了名称、届次、主题、口号、徽章，至今已举办 11 届。为进一步向世界进一步展示长江三峡的独特魅力，持续唱响三峡旅游品牌，促进文旅产业深度融合，推动区域经济高质量发展，在办好现有世界大河歌会、三峡美食文化节、长江三峡旅游发展论坛等活动的基础上，还可举办世界大河文明论坛等高端论坛活动，扩大长江三峡的国际影响力。

当前，长江国际黄金旅游带生态与文化遗产廊道沿线节事活动未进行整体规划和设计，还处于较为松散的状态。廊道节事活动作为重要的廊道解说媒体，其作用发挥还不够充分。长江国际黄金旅游沿线 11 个省（直辖市）应当注重突出廊道绿色、生态、人文的发展理念，全力打造廊道旅游发展核心 IP，共同推出更多更好的品牌节事活动，助推长江经济带绿色、生态、高质量发展。

8.3.2.3 廊道标识系统

标识是文明的象征，指的是公共场所的指示。标识系统主要指的是以标识系统化设计为导向，综合解决信息传递、识别、辨别和形象传递等功能的整体解决方案。

（1）廊道标识系统的构建原则。长江国际黄金旅游带生态与文化遗产廊道也应当建立系统化、规范化、特色化的标识系统，提供一系列方便旅行者的引导标识，展示廊道的自然生态与历史文化，同时也为廊道旅游者提供指引。廊道的标识系统的构建原则如下：

第一，一体化原则。长江国际黄金旅游带生态与文化遗产廊道一体化旅游标识的应用，有助于对传统旅游标识进行优化升级，增强廊道旅游区宣传效果，提升廊道旅游品牌市场认可度。长江国际黄金旅游带生态与文化遗产廊道作为一个整体，应当遵循一体化原则设计统一的廊道旅游形象 IP、LOGO、指示牌、解说牌、慢行道出入口标识等。推动廊道旅游标识一体化发展，要注意结合廊道旅游实际情况，通过系统化视觉设计方案传达相关品牌信息，使旅游标识与廊道旅游景区想要传达的内容一致，以此增强大众传播效果，提升廊道整体品牌形象。

第二，标准化原则。廊道标识系统属于旅游景区 CI 系统的范畴，是廊道旅游形象的窗口。廊道标识系统的设计首先应符合法律法规的要求。长江国际黄金旅游带生态与文化遗产廊道标识系统的打造可以参考国家《旅游区（点）质量等级的划分与评定》对 5A 级旅游景区景点的要求进行，即满足"各种引导标识（包括导游全景图、导览图、标识牌、景物介绍牌等）造型特色突出，艺术感和文化气息浓厚，能烘托总体环境。标识牌和景物介绍牌设置合理"。

第三，安全性原则。廊道的安全标识要推进标准化建设，满足《旅游景区公共信息导向系统设置规范》等国家相关标准规范，统一安全标志用公共信息图形符号，使用统一的安全色、统一安全标志、警示标志、禁止标志、道路交通标志和标线，符合《旅游景区质量等级的划分与评定》国家标准，有利于景区等级创建。廊道安全标识系统要能够准确地向旅游者传达安全信息，文字表述清晰，书写不能有错误，内容直观简洁，语言以中、英文为主，要至少两种语言的对照说明，字体大小要符合游客的视觉要求，保证旅游者安全、顺畅地完成旅游活动。

第四，生态性原则。长江是中国生态安全的重要保障，廊道标识系统的构建必须注重与周边生态环境的和谐共生，不能以破坏自然生态环境为代价。廊道标识系统从选址、选材、内容设计到现场施工，都应当遵循绿色、低碳、环保等原则，将生态性理念有机植入，真正打造绿色廊道。

第五，主题性原则。廊道旅游标识系统作为特定的视觉符号，是长江旅游形象、特征、文化的综合浓缩，也是长江历史文化传播的载体。因此，要凝练廊道旅游文化背景，按照沿线区域文化演绎出旅游故事，将旅游故事应用到廊道旅游标识系统规划设计当中，让游客感受一个具有深厚文化底蕴和鲜活生命力的廊道旅游空间。

第六，创意性原则。旅游标识是廊道的重要标志，影响人们接受旅游品牌信息时的第一感受，对展示廊道旅游的特色与个性具有重要意义。为进一步推动长江国际黄金旅游带生态与文化遗产廊道的发展，廊道标识系统必须注重创意性。要考虑廊道沿线区段的自然生态、文化特色、民俗风情等特点，从色彩、造型、材质、图案等方面入手，充分提炼当地文化，展示廊道旅游的特色，对廊道旅游标识品牌气质进行个性化塑造。

第七，智慧化原则。随着信息技术的发展，旅游景区的标识系统也在发生变化，动态标识正逐步进入景区建设规划中。智能动态标识系统是廊道智慧旅游建设的重要组成，其系统设计应具备准确性、实时性、预知性和国际性。智能动态标识有助于廊道旅游信息采集及发布，能及时有效地对廊道旅游进行快速响应。在廊道智慧旅游建设中，应当注重对安全标识进行智慧化管理，使其可连接移动终端，进行多种表达，最大限度地发挥安全标识在疏散游客、合理引流、提前预警等方面的重要作用，提高廊道实施安全检测与评估的管理水平，为游客安全和廊道管理提供大数据支撑。

（2）廊道标识系统的构成要素。长江国际黄金旅游带生态与文化遗产廊道的标识系统主要由廊道标识对象、廊道标识本体和廊道标识受众三大要素构成，见图 8-1。

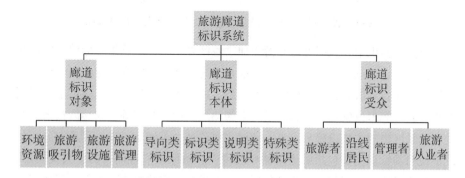

图 8-1　长江国际黄金旅游带生态与文化遗产廊道标识系统的构成要素

要素一：廊道标识对象。廊道旅游标识系统中的标识对象主要指环境资源标识、旅游吸引物标识、旅游设施标识、旅游管理标识等丰富多彩的廊道旅游资源，见图 8-2。其中，环境资源主要包括自然环境和人文环境；旅游吸引物主要包括自然景观、人文景观和沿线节事活动；旅游设施主要包括交通基础设施、旅游服务设施、环境设施；旅游管理主要包括廊道旅游管理制度、廊道旅游相关者的教育。

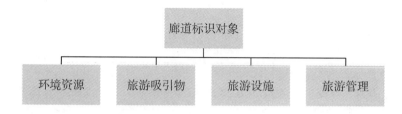

图 8-2　长江国际黄金旅游带生态与文化遗产廊道标识对象

构建廊道标识系统，对沿线旅游资源分区段进行系统化阐释和解说，有助于讲好长江国际黄金旅游带的故事，让廊道旅游者获取更多自然生态及历史人文知识，增强沉浸式体验的效果，从而达到教育与游憩有机融合的目标，提升廊道旅游品质。

要素二：廊道标识本体。廊道旅游标识系统中的标识本体主要指导向类、标识类、说明类、创意类四类有解说内容的标识牌，见图8-3。

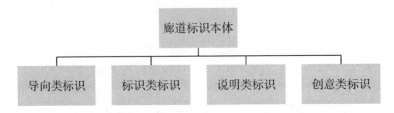

图8-3　长江国际黄金旅游带生态与文化遗产廊道标识本体

导向类标识主要包括廊道导游手册、景区导览图、游览指示标识、廊道交通指标标识、智慧旅游标识等。其功能在于为游客提供精准旅游线路引导，方便游客快速找到旅游景点及所需旅游设施。标识类标识主要包括廊道景点识别标识、服务管理设施标识、廊道沿线游憩场所及设施标识等。其功能在于清晰地表示景区内的主要设施和景点，使游客更清楚地了解廊道设施和景点分布状况。说明类标识主要包括廊道总体概况说明、景区景点说明、历史人文展示、设施使用说明、入园须知、管理须知、安全须知、温馨提示标识等。其功能主要用于向游客介绍廊道景区、娱乐设施、服务设施功能及提供安全警示。创意类标识牌在内容和形式上有别于传统标识系统，主要包括趣味性标识、创新性标识、个性化主题设计标识、广告标识等。它是为增加游客在旅游过程中的创新性、趣味性而进行的独特设计的标识，有助于提升游客旅游体验。

要素三：廊道标识受众。对廊道标识受众的分析是标识系统构建的关键。廊道标识受众主要包括廊道旅游者、廊道沿线居民、廊道管理者、旅游从业者四类人群，见图8-4。

图8-4　长江国际黄金旅游带生态与文化遗产廊道标识受众

廊道旅游者是廊道旅游标识系统解说信息的接受者，通过旅游活动，增进对廊道的认识、了解和体验，从而达到享受旅游过程的目的。廊道沿线居民是廊道旅游标识系统解说信息的接受者。作为廊道沿线居民，廊道是其生产与生活环境的重要组成部分，也是其进行游憩活动并接受教育引导的重要载体。廊道管理者是廊道标识系统建立的组织者和管理者，应当对国家相关政策和法律法规有深入的认识，对廊道自然生态资源和历史人文资源有较好的理解，在此基础上组建团队科学构建廊道标识系统。旅游从业者通过廊道标识系统能更好地服务游客。同时，对旅游从业者而言，他们工作过程中的出色表现也能对廊道整体形象起到良好的宣传作用，有助于提升廊道旅游品牌的影响力和美誉度。

（3）廊道标识系统的构建程序。廊道标识系统的构建程序主要包括四个阶段：规划阶段、设计阶段、制作与安装阶段、评估与维护阶段。如图 8-5 所示。

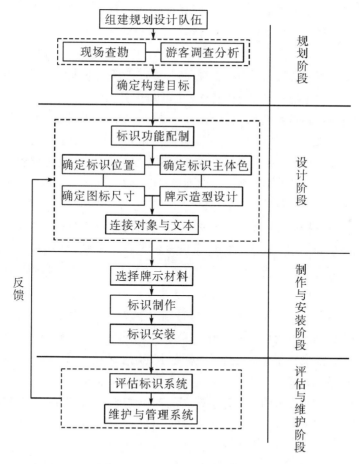

图 8-5　长江国际黄金旅游带生态与文化遗产廊道标识系统构建程序

第一阶段：廊道标识系统的规划。一是组建廊道标识系统规划设计队伍。规划设计队伍是标识系统构建能否成功的关键。规划设计队伍人员构成应该综合考虑学科背景、专业特长、做到优势互补。应当由能够胜任标识解说方案设计并提出意见和建议的人员组成，主要包括廊道及沿线景区景点代表、规划设计人员、生态学专家、当地历史学家、文化学者和当地居民等。二是组织现场查勘，梳理廊道资源，进行廊道旅游客源市场需求调查。规划组成员首先应当通过现场查勘和文件资源查阅等方式，对廊道资源进行系统梳理，鉴别和登记廊道所有的遗址遗存、景区景点、沿线活动等独特资源。同时，注重与廊道旅游开发部门和游客进行深度交流，找出游客的需求点。在廊道旅游解说资源调查的基础上，根据廊道游客需求偏好，结合廊道旅游开发的可行性，对廊道标识解说对象进行优先等级区分，以确定标识解说的景点和主题。三是确定构建目标。构建目标主要指廊道旅游管理部门对于廊道旅游标识系统方案预期结果的期望。规划设计队伍应充分征求游客对廊道旅游标识牌的意见和建议，在颜色、材质、造型等方面进行综合分析，以此了解解说受众对标识系统的要求。在此基础上，规划设计人员进行综合评判，确定廊道标识系统目标，主要包括解说目的、解说主题、游客行为特征、预算费用等。

第二阶段：廊道标识系统的设计。一是功能配制。根据国家文化和旅游部对 A 级景区的要求和国家标识标准对廊道旅游各个节点功能进行配置，包括景点和重要设施导向、价目表、景点景观解说、交通标识、设施标识、说明标识、文物标识、环保标识、各类须知和温馨提示等。二是确定位置。根据廊道总体或详细规划确定景区范围和景区之间的边界点，在边界点确认景区之间的衔接地点。三是标识载体设计。在旅游景区，标识载体的设计在吸引游客上也起着非常重要的作用。其中，包括标识牌的造型设计、色彩构成、标识牌高度、图标尺寸大小等方面。四是连接对象与文本。对象主要指旅游资源，如景点、景物等廊道标识牌解说的目标；文本主要指需要在廊道标识牌上表达的文字及图片内容。连接对象与文本主要指将解说内容与各景物、景点标识一一对应，从而形成规范的规划文本。廊道标识规划文本主要包括解说主标题、解说次标题和解说正文三个要素。解说主标题主要用于阐述解说主题，解说次标题主要用于联系解说要点，解说正文主要用于联系次要的解说点。解说主标题是一种有效吸引游客注意的工具，游客在观看标识牌时，首先会注意解说主题，因此应该先从解说主题上吸引游客的眼球。同时，解说文本应注意遵循文字精练、内容易懂易读、文字大小合适、少用斜体字等规范。

第三阶段：廊道标识系统制作与安装。旅游标识系统的制作与安装，是标识系统从设计到展示的实现过程，应遵守以下规范：一是安全性规范。廊道标识牌设置后，不应该有造成人体任何伤害的潜在的危险。二是可见性规范。廊道标识牌应设在人们最容易看见的地方，要保证标识牌具有足够的尺寸，并使其与背景有明显的对比度。三是科学性规范。廊道标识在设置选址上应当注重科学性。标识的偏移距离应尽可能小，标识的正面或者其周围不得有妨碍人们视读的固定障碍物，从而确保人们能最便捷地获取信息。四是协调性规范。在同一场所的廊道标识之间要互相协调，设置在不同位置的标识应当保持高度、尺寸、材质上的统一，同时注意导向标识与提示标识的有机结合。

第四阶段：廊道标识系统的评价与维护。评估与维护是廊道标识系统规划设计的最后阶段、是廊道标识系统规划设计中重要的一环。对游客行为特征、廊道解说效果和廊道设施使用等进行追踪与评估调查，可以使廊道景区管理者根据发现的问题及时改进解说工作。评估调查一般采用如下两种方法：一是蹲点观察估算廊道标识牌的游客使用率。调查的方法主要是蹲点观察法，一旦发现某一标识牌使用率低等问题，即可从设置地点、安装高度等方面进行优化调整。二是评价游客对廊道标识牌的满意度。游客对廊道标识牌的满意度评估是廊道评价系统重要的评估方法。游客在游览的过程中对标识系统整体使用的客观评价可以采用线上线下问卷调查、直接访谈等方法，以获取第一手资料。一旦发现游客对某些标识牌的负面评价，规划人员应及时采取相应的改进措施。

8.3.3 廊道公共服务系统

8.3.3.1 推进廊道信息共享

推进廊道信息共享，搭建智慧旅游公共服务信息平台，实施廊道旅游"一卡通"工程，以数字化、智能化等现代信息技术为支撑，以廊道旅游全过程智慧服务为重点，共同建立廊道旅游信息库，加强旅游信息交流合作，实现旅游市场共建共享。进一步加强廊道交通与旅游的深度融合，利用交通旅游大数据平台对廊道旅游景区进行实时监控，为游客出行提供科学参考。

8.3.3.2 推进廊道旅游公共服务设施及标准化建设

建立公开透明的市场准入标准和运行规则，打破地区壁垒，搭建统一的廊道旅游服务标准搭建票务系统平台，建立特色化标准化旅游标识系统和廊道解说系统。

8.3.3.3 加大廊道建设政策扶持力度

建立长江国际黄金旅游带统一的通关制度，在长江沿线开放第五航权，实现海关区域通关一体化，加快推进口岸执法部门信息互换、监管互认和执法互助。加大廊道旅游重庆落地过境免签政策的支持力度，进一步融通国际国内市场，提高廊道旅游便利化水平。

8.4 本章小结

本章从生态基底构建、国家公园群打造、廊道景观打造三个方面分析了长江国际旅游带生态与文化遗产廊道的自然生态系统，从物质文化遗产、非物质文化遗产两个方面分析了廊道的文化遗产系统，从交通通达系统、廊道解说系统和公共服务系统三个方面分析了廊道的支持系统。

9 长江国际黄金旅游带生态与文化遗产廊道的品牌建设

目前，长江国际黄金旅游带生态与文化旅游廊道旅游品牌较为分散，核心旅游品牌尚未真正形成，通过系统化的国家营销工程提升廊道旅游品牌形象具有十分重要的意义。

9.1 廊道旅游品牌塑造与营销目标

长江是中华民族的母亲河，具有极为重要的象征意义。长江是贯穿长江国际黄金旅游带的主轴，长江黄金旅游带生态与文化遗产廊道的旅游核心品牌即为"长江旅游"。

9.1.1 围绕"长江旅游"核心品牌，构建廊道旅游品牌体系

长江黄金旅游带拥有长江三峡品牌、长江游轮品牌、香格里拉品牌等相对清晰的省域旅游品牌，但旅游品牌较为分散，统一的旅游品牌尚未形成，入境旅游市场水平较低，总体旅游品牌形象建设仍相对滞后。因此，亟须跨区域整合原有分散的旅游品牌形象，加强旅游资源整合，构建主题突出、特色鲜明的长江黄金旅游带旅游形象标识系统，形成统一的廊道国际旅游品牌。

围绕"长江旅游"核心品牌，构建廊道旅游品牌体系。充分挖掘长江国际黄金旅游带生态与文化遗产廊道世界级山水景观、历史文化、民俗风光、都市风情等旅游资源优势。重点推进廊道国际化旅游品牌体系建设，按照"层次清晰、主题明确、推广有序"的原则，构建"流域—次区域—省域"一体化旅游目的地品牌体系。通过推进廊道旅游品牌体系建设，培育和打造特色化、国际化的高品位廊道旅游目的地城市品牌、主题旅游线路品牌、精品旅游景区品牌、重要旅游节庆品牌、特色旅游商品品牌和大型旅游企业集团品牌。

9.1.2 建立廊道国际旅游品牌联合推广机制，加强旅游品牌整合营销

建立由国家主导、多方参与的廊道国际旅游品牌联合推广机制，加强旅游品牌整合营销。进一步丰富廊道旅游市场的营销载体，整合市场营销媒介和手段，提高长江国际黄金旅游带在国内外客源市场的占有率。

建立廊道国际旅游品牌联合推广机制，加强"长江旅游"核心品牌整合营销，塑造廊道整体旅游形象，使长江黄金旅游带生态与文化遗产廊道真正成为最能展示中国国家形象、体现中国发展活力的特色旅游廊道。

9.2　廊道旅游品牌体系构建

长江黄金旅游带生态与文化遗产廊道品牌体系主要由廊道旅游核心品牌、区域目的地旅游品牌、主题旅游线路品牌、特色旅游城市品牌、旅游企业品牌、旅游节庆品牌和旅游商品品牌等构成，见图9-1。

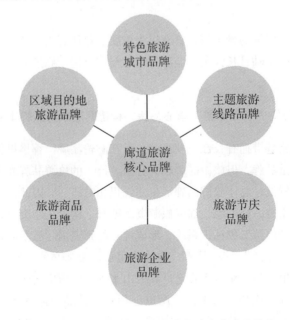

图9-1　长江黄金旅游带生态与文化遗产廊道品牌体系

9.2.1　廊道旅游核心品牌

着力打造廊道"长江旅游"核心品牌。长江水域旅游资源丰富，既有气势磅礴的峡谷风光，又有清逸秀丽的江河风光、宁静绮丽的湖泊风光以及众多的泉水、瀑布等。"长江旅游"核心品牌打造要以山水为载体，通过廊道展现我国山水人文景观、多彩民族风情和厚重历史文化。

9.2.1.1　打造贯穿廊道全流域的长江旅游系列品牌

为进一步推进"长江旅游"廊道旅游核心品牌建设，应当重点塑造长江游轮品牌、北纬 30°快车品牌、318 国道自驾车品牌等贯穿廊道全流域的长江旅游系列品牌，见表 9-1。

表 9-1　长江黄金旅游带生态与文化遗产廊道旅游系列品牌

廊道旅游核心品牌	廊道旅游系列品牌	廊道旅游品牌口号
长江旅游	长江游轮品牌	美丽长江，山水走廊 大美长江，生态廊道 山水画卷，历史长廊 精彩长江，旅游天堂 同饮一江水，共享长江游
	北纬 30°快车品牌	
	318 国道自驾车品牌	

9.2.1.2　推出廊道旅游品牌口号

在"长江旅游"的基础上，推出"美丽长江，山水走廊""山水画卷，历史长廊"等系列廊道长江旅游品牌口号，不仅能展示廊道旅游的自然山水魅力，还能展示长江流域深厚的历史文化底蕴。

9.2.2　廊道跨区域旅游目的地品牌

跨区域旅游目的地品牌是长江黄金旅游带生态与文化旅游廊道总体旅游品牌的重要支撑。整合廊道沿线 11 个省（直辖市）跨区域旅游目的地原有分散的品牌形象，有利于打破行政藩篱，形成统一的跨区域旅游目的地品牌，从而扩大廊道品牌影响力。

9.2.2.1　打造廊道 9 大区域旅游目的地品牌

依据次区域旅游资源特征和跨区域旅游目的地建设需要，围绕廊道沿线重要的跨区域旅游目的地打造 9 大区域旅游品牌。"9 区"主要包括长三角城市群旅游区、古徽州文化生态旅游区、大别山红色生态旅游区、三峡山水画廊旅游合作区、武陵山生态文化旅游区、罗霄山红色文化旅游区、乌蒙山民族文化旅游区、香格里拉生态旅游区、大湄公河次区域旅游区，见图9-2。

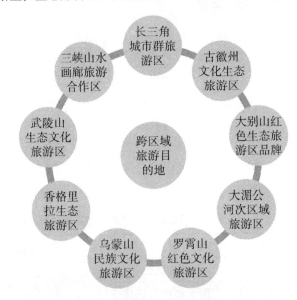

图9-2　长江黄金旅游带生态与文化遗产跨区域旅游目的地品牌

9.2.2.2　全面推广廊道特色旅游目的地品牌

根据旅游客源市场的新需求，加强旅游供给侧改革，根据廊道沿线11个省（直辖市）的旅游资源特色，塑造区域旅游品牌形象。推动长江沿线各省（直辖市）旅游品牌与"长江旅游"核心品牌的有机联结，将长江沿线各省（直辖市）旅游品牌融入"长江旅游"核心品牌下进行统一推广和营销。

结合特色旅游目的地打造，突出廊道沿线区域特色旅游目的地的资源特色和产品特征。重点推进廊道沿线区域城市、乡村、古村镇、红色旅游、森林、湖泊、温泉、避暑、山岳、峡谷、宗教11类主题特色旅游目的地品牌建设。

9.2.3　廊道主题旅游线路品牌

9.2.3.1　打造廊道8大主题旅游线路品牌

依据长江国际黄金旅游带生态与文化遗产廊道沿线自然生态、民族民俗、历史文化和红色文化等区域旅游资源特色与产品整合需求，打造8大主题旅游线路品牌。如表9-2所示。

表 9-2　长江黄金旅游带生态与文化遗产廊道主题旅游线路

序号	廊道主题旅游线路品牌	主要依托资源
1	京杭大运河	依托京杭大运河及沿线的历史文化资源
2	唐诗之路	依托江苏和浙江省山水人文资源
3	江南水乡	依托浙江、安徽、江西田园风光和水乡文化
4	边城风情	依托湖北、湖南、重庆交界地带丰富的山水民俗资源
5	长征文化	依托江西、湖南、贵州、四川丰富的红色文化资源
6	边境探秘	依托湖南、贵州、重庆丰富的山水民俗资源
7	南方丝路	依托四川、云南生态文化资源
8	茶马古道	依托滇西 214 国道沿线丰富的生态和历史文化资源

9.2.3.2　廊道主题旅游线路品牌打造案例分析——以"唐诗之路"为例

8 条主题旅游线路各有特色，因此品牌打造手法各不相同。现以"唐诗之路"为例，对其主题旅游线路品牌的规划与开发进行初步探索。

"唐诗之路"北起江苏扬州，南至浙江温州，以"壮游吴越"为主题，依托钱塘江、千岛湖、莫干山、普陀山、雁荡山等山水自然资源，李白、杜甫、白居易、孟浩然等唐诗文化资源和国清寺、桐柏宫、普陀寺、兰亭等宗教人文资源，打造以浙东山水观光休闲度假和画、诗、佛、道等人文体验为特色的山水人文旅游路线。

学术界泰斗傅璇琮先生认为，"唐诗之路"是一条可与北方丝绸之路媲美的文化之路。各界对"唐诗之路"蕴含的理论文化研究颇丰，但营销宣传研究不足，导致其在旅游者心目中的知名度较低，"唐诗之路"主题旅游线路的品牌打造势在必行。

（1）打造《唐诗之路》系列文化类综艺节目，破除唐诗与普通观众之间的刻板壁垒。综合运用多种综艺形式和视听手段展现"唐诗之路"上的自然和人文景观，邀请明星参与，融合影视动画，并在节目中与设计师携手打造文化创意衍生品，将"创新"与"唐诗"两种元素融合在一起，这样的节目不同于以往谈话、表演的形式，更易于深入年轻群体，不仅让他们重读唐诗、了解其内核的故事哲理，也让他们对如今的唐诗之路产生兴趣，激发旅游需求。

（2）运用 AR 等技术让诗人诗句"活"起来。唐代近 500 位诗人曾在这条路上游历赋诗,借助著名的才子诗人,以诗歌为绘图蓝本,塑造出一个个鲜明的形象,同时将这些历史人物萌化处理,将其制作成动画、图片、表情包等,打破其忧郁或庄严的刻板印象,给人以惊喜感、新鲜感,并利用新媒体的传播优势,使其在短时间内能被大众接受。在线路口号上推出"李白邀你去旅行""唐诗里的网红打卡地"等趣味性标语。

(3)加强品牌的整合营销。通过在线上线下举办"唐诗之路"全国巡回艺术展,以及书法、国画、影像等作品和丝绸、青瓷、茶叶、古琴等非物质文化遗产的展示,配合唐诗吟诵,有形、有声、有诗意,吸引全国各地的民众观展,进而主动前往游览"唐诗之路"。打造"文化厚重感+现代科技感"的"唐诗之路"快闪店,融合路上画诗佛道文化元素与现代元素,通过元素碰撞迸发出趣味性与韵味性,在沉浸式体验的快闪店内,游客对文创产品的专注力与兴趣度都会提升,使营销空间取得更大进步。同时,设置互动环节,如抽取诗歌题目并准确背诵,获文创礼品;说出你与诗路文化元素的二三事等,提高游客参与性。

唐诗是我国伟大灿烂的文学艺术,"唐诗之路"是一条串联自然山水景观和画、诗、佛、道文化的艺术之路,也是长江国际黄金旅游带重要的主题旅游线路。但如果"唐诗之路"始终以高大上的面目示人,将加大全方面发展与推广的难度。因此,打造"唐诗之路"旅游品牌,应当在保持自身文化特性的同时,要能"放得下身段",成为易于理解和接受的大众文化。同时,向年轻化和IP化转型,一首诗、一处景、一位诗人都能打造成一个独一无二的IP,每一个IP都蕴含着一段记忆深刻的故事,但又以现代化的方式展现出来,将"唐诗之路"用一个个IP串联起来,将其打造为受游客瞩目和认同的廊道主题旅游线路。

9.2.4　廊道特色旅游城市品牌

旅游城市品牌是城市比较优势的具体表现,也是旅游地品牌的一种具体表现形式。旅游城市品牌的形成与多种因素相关,既包括旅游目的地城市的地理位置、天然景观旅游吸引物、人文历史景观旅游资源、当地风情民俗、基础设施、管理和服务态度、居民参与度等微观环境要素,也包括所在地区的安全程度、消费水平、行业发展水平、配套设施完善程度等宏观环境因素。

9.2.4.1　廊道沿线 11 个特色旅游城市

长江国际黄金旅游带生态与文化遗产廊道涉及中国许多重要省(直辖市),如中国的经济、金融、贸易、航运中心——上海,蕴含着江南人柔美气质的城市——苏州、杭州，以生态宜居著名的城市——成都、长沙等，还有以著名景点名扬天下的城市——黄山、张家界等。

根据各个城市的历史文化、自然禀赋和旅游业以及相关产业的发展实际，立足城市自然环境、城市景观环境、城市社会环境以及城市物产环境等，打造长江国际黄金旅游带生态与文化遗产廊道特色鲜明的旅游城市形象，主要包括上海、武汉、重庆、杭州、南京、苏州、长沙、成都、贵阳、黄山、张家界11个城市。

9.2.4.2　特色旅游城市品牌的分类打造

在综合分析长江国际黄金旅游带生态与文化遗产廊道沿线11个特色旅游城市的旅游资源基础上，对旅游城市形象的塑造和品牌进行分类打造。

（1）国际都市旅游品牌。在廊道特色旅游城市品牌打造中，应当立足城市综合交通优势和优越的大都市现代化、国际化基础服务设施条件，以廊道沿线重要节点城市上海、武汉、重庆为重点，主要打造国际都市旅游品牌，强化都市购物、商务会展、度假等旅游功能。一是分层次塑造旅游城市品牌。第一层次：全面包装城市，塑造城市品牌。硬件配套上要加强基础设施的建设，如交通网络、建筑主体、邮电和商业服务等方面，让游客感受到充分的便利。在软件管理服务体系方面，行政管理部门出台相关政策法律法规、旅游企业及管理部门制定统筹协调规划等。此外，在宣传口号上也可以加强城市形象和品牌塑造，如"购物天堂""魅力之都"等，通过多手段、分层次地对长江黄金旅游带上的这类城市进行品牌的打造。第二层次：突出饮食购物文化，树立旅游关联产业品牌形象。在大多数游客的印象中，上海、武汉、重庆对他们的吸引点并不是在某一个具体的景点上面，而是由购物、饮食和文化等旅游关联产业构成的大都会旅游才是其城市旅游的魅力所在。二是举办推介会开展海外营销。对于海外客源市场，上海、武汉、重庆可以经常到海外重点客源市场举办诸如会展和奖励旅游推介会等一系列海外促销活动。此外，也可以在城市内部举办全球性旅游推广活动，既提升了城市在全球的知名度，又对外展示了城市商务会展的功能，还提升了廊道的国际旅游形象。

（2）历史文化古都旅游品牌。

深厚的文化底蕴是历史文化类旅游城市品牌的灵魂所在。随着文旅融合的深入推进，一个城市独特的历史文化魅力以及其留在人们脑海中的文明形象，使得城市更具有持续生存的创造力。

在廊道特色旅游城市品牌打造中，应当立足廊道沿线历史文化名城悠久的历史文化和古城生活面貌，以杭州、南京、苏州三个城市为重点，塑造历史文化古都风貌，挖掘历史文化故事，打造历史古都旅游品牌。

杭州拥有梁祝和白蛇许仙的千古绝唱、良渚古人的艰辛、宋皇宫的辉煌、岳家军的惨烈，还有丝绸、茶叶和烟雨江南等，历史文化底蕴深厚，应当深入挖掘其历史文化故事，助力旅游品牌打造。

南京向来是文化之邦，拥有民间传统娱乐舞龙灯，高淳区的跳"五猖"、花台会、打水浒，溧水的打社火，江宁的方山大鼓，江浦的手狮舞、玩石担，六合的玩飞镗等深深扎根于南京民族沃土之中的非物质文化，历史文化古都品牌需要进一步擦亮。

苏州是一座拥有2 500多年历史的名城，拥有苏州园林、虎丘等中国古建筑，以及苏绣、桃花坞雕刻等精美工艺，孕育了独特的"吴文化"，应当不断丰富和挖掘其悠久的历史文化。

（3）休闲都市旅游品牌。在廊道特色旅游城市品牌打造中，应当以长沙、成都、贵阳三座城市为重点，推广"慢生活"城市休闲方式，强化智慧智能支持，完善城市休闲娱乐功能，打造休闲都市旅游品牌。一是强化智慧智能支持，提升休闲城市品牌。长沙、成都、贵阳是绿色生态温馨家园的代表，借用智能技术，进一步打造休闲城市文化。智慧城市的本质内涵不是技术，而是城市生活本身，即贯彻以人为本的价值理念，服务于市民、游客，创建大数据平台以实现城市体系智慧化管理，全面提升城市居民的幸福感。二是优化城市设计，突出休闲城市个性。长沙、成都、贵阳可着重打造功能复合、生态自然、人城和谐的公共空间。一个以休闲娱乐为主的城市，应该从各方面进行个性化打造，包括人口密度与空间环境，要构建错落有致、显山露水的城市界面，搭建城市专项软件建设与推广平台。

（4）旅游目的地城市品牌。以黄山、张家界两座城市为重点，打造旅游目的地城市品牌，强化旅游集散和休闲度假综合旅游功能。一是加强新媒体营销。随着"互联网+"技术的发展与进步，各大景区及城市在品牌推广中均十分重视官方网站和微信公众号等新媒体营销方式。为了进一步提升旅游品牌影响力，黄山和张家界也应当高度重视官方网站建设和微信公众号运营，在网站上发布景区或城市最新消息，对景区和城市进行网上推介，更好地为游客服务，充分发挥新媒体营销的作用。二是加强城市品牌与形象推广。黄山和张家界的城市品牌与形象推广不仅需要当地文旅部门的努力，也需要诸多其他部门的支持与联动。因此，政府部门的沟通和合作需要进一步加强，多部门联合推广城市品牌与形象推广。

9.2.5　廊道旅游企业品牌

（1）培育廊道沿线国有旅游企业品牌。鼓励支持部分国有的廊道旅游企业垂直整合和纵向重组，做大做强旅游产业板块。从廊道沿线 11 个省（直辖市）现有重点央企或省内企业中提出沿线各省（直辖市）重点培育的国有旅游企业品牌，突出长江廊道旅游特色。

（2）组建廊道沿线大型旅游企业集团。推动组建跨区域、跨行业、跨部门、跨所有制的大型旅游企业集团。将廊道沿线上海锦江之星、金陵饭店集团、南京途牛网、杭州商贸旅游、苏州同程网、安徽旅游等企业打造成为全国旅游行业领军企业。

（3）鼓励廊道沿线旅游企业国际化拓展。支持廊道沿线有条件的旅游企业"走出去"，充分发挥携程网、驴妈妈、上海锦江之星等核心旅游企业的优势。做大做强廊道优势旅游企业，鼓励其积极参与全球竞争，形成旅游企业品牌体系。

9.2.6　廊道旅游商品品牌

依托长江国际黄金旅游带生态与文化遗产廊道在国际国内具有良好影响力的非物质文化遗产、地理标志产品、全球重要农业文化遗产地以及地方特产和特色手工艺品等特色旅游资源，形成廊道旅游商品品牌。

大力发展具有地方特色的廊道旅游商业街区，加大老字号纪念品的保护和开发力度，挖掘传统手工特色商品，举办廊道旅游特色商品评选活动。建设集研发、生产、展示、销售于一体的旅游装备产业基地或产业园区，定期发布廊道旅游商品推荐名单。

9.2.7　廊道旅游节庆品牌

廊道沿线 11 个省（直辖市）拥有丰富的自然生态和历史文化资源，旅游节庆活动众多，但旅游节庆品牌尚未真正形成。应在系统梳理现有旅游节庆活动的基础上，打造廊道旅游节庆品牌。

（1）廊道沿线 11 个省（直辖市）主要旅游节庆活动，见表9-3。

表9-3 长江黄金旅游带生态与文化遗产廊道沿线 11 个省（直辖市）旅游节庆活动

城市	主要旅游节庆活动	
上海	国际邮轮大会 首届乐谷微电影节 上海七人制橄榄球锦标赛 帆船嘉年华企业帆船赛 上海国际音乐烟花节	旅游风筝会 都市森林狂欢节 茶香旅游美食周 上海弄堂风情游 南翔小笼文化展
江苏	扬州烟花三月国际经贸旅游节 无锡太湖国际樱花节 泰州姜堰溱潼会船节	中国（泰兴）银杏节 中国农民丰收节
浙江	余杭超山梅花节 海宁观潮节 绍兴春季赏花大会 蒋村龙舟竞赛	京华国际黄大仙文化旅游节 余姚杨梅节 武义温泉节
安徽	铜陵青铜文化节 九华山庙会 国际吟诗节 黄山国际旅游节	五猖会 阜阳火把节 中国豆腐文化节 九华山地藏法会
江西	马回岭庙会 晒红节 祁连神 吃新节	中国红歌会 景德镇国际陶瓷节 鄱阳湖螃蟹节 南昌军乐节
湖北	长江三峡国际旅游节 荆楚文化旅游节 神农架国际滑雪节	武当国际旅游节 神农架摄影艺术节 武汉国际旅游节
湖南	龙舟竞渡节 禁雷 盘王节 藕团芦笙节	白族过年节 芦笙节 张家界黑神会 火把节
重庆	长江三峡国际旅游节 大足石刻艺术节 重庆都市旅游节	重庆国际啤酒节 丰都鬼城庙会 黔江土家摆手节
四川	龙泉桃花会 都江堰放水会 自贡恐龙灯会 瓦屋山冰雪节 成都花会	米亚罗红叶节 瓦屋山杜鹃节 凉山火把节农历 黄龙庙会 塔公草原赛马会

表9-3(续)

城市	主要旅游节庆活动	
云南	大理国际茶花——兰花博览会 哈尼族嘎汤帕杰 罗平国际油菜花节 欢乐香巴拉	丽江三多节 彝族祭祖节 泼水节 广西壮族花街节
贵州	甘囊香国际芦笙节 苗族姊妹节 "六月六"歌节	中国农民丰收节 肇兴泥人节 侗文化旅游节

（2）打造廊道旅游节庆品牌。建立长江国际黄金旅游带生态与文化遗产廊道旅游节庆活动管理部门，推动一体化运行。按照主题特色化、时间差异化、形式多样化思路，深入挖掘廊道沿线11个省（直辖市）地方特色和传统文化资源，着力打造会议类、活动类、民俗类、展销类四大类廊道旅游节庆品牌。举办"长江国际旅游节""中国长江论坛""长江游轮节""长江礼品展销节"等廊道品牌旅游节庆活动。鼓励培养专业性的旅游节庆策划和组织团队，与重点旅游目的地合作，举办特色鲜明、艺术水准高的旅游节庆活动。设立专项资金，为廊道旅游节庆活动提供切实保障。

9.3　廊道旅游品牌整合营销

9.3.1　廊道旅游品牌国家营销工程

为推进长江国际黄金旅游带生态与文化遗产廊道各项营销推广工作，构建以国家文化和旅游部为中心的营销体系全方位、多层次的营销体系。

9.3.1.1　加强廊道旅游国家营销保障

（1）成立长江国际黄金旅游带旅游发展委员会。由国家文化和旅游部从廊道沿线11个省（直辖市）文化和旅游厅或文化和旅游委员会抽调一批人员组成长江国际黄金旅游发展委员会。该旅游发展委员会在国家文化旅游产业政策支撑的背景下，对长江国际黄金旅游带进行深度的文化挖掘，深入了解长江国际黄金旅游带的文化旅游的现状、前景，实现文化旅游政策资源、专业资源及其相关信息的共享和优化。对长江国际黄金旅游带生态与文化遗产廊道进行地域文化旅游规划、挖掘与包装、投融资、营销策略等发展策略的决策和部署。

由长江国际黄金旅游发展委员会拟订长江国际黄金旅游带文化和旅游对外及开发战略与交流合作政策、规划并组织实施；承担长江国际黄金旅游带文化和旅游整体形象在境外的宣传推广工作；统筹指导、管理对外文化和旅游领域交流合作相关事务；举办文化和旅游对外大型推广与交流活动；承担政府、民间及国际组织在文化和旅游领域交流合作相关事务。

（2）成立长江国际黄金旅游带网络信息中心。以文化和旅游部的《关于推动数字文化产业高质量发展的意见》为基础，在长江国际黄金旅游带旅游发展委员会的领导下，建设长江国际黄金旅游信息网络宣传组。"十四五"期间加大廊道品牌推广营销力度，将廊道资源优势转化为系列旅游产品优势，对旅游产品的深度和广度进行再次拓展，产品优势形成廊道旅游品牌优势。组织设计营销工作，与传统媒体、新兴媒体和旅游企业进行深度合作。加快与企业合作建设长江国际黄金旅游信息系统，推动技术创新和应用，加强与具有较强核心竞争力的大型数字文化企业的合作，促进廊道文化资源数字化发展，提升数字文化装备实力，推动长江国际黄金旅游带向云演艺、沉浸式业态发展，搭建长江国际黄金旅游带完整信息的互联网平台。

（3）构建"宣传、旅游、文化、广电"四位一体的廊道旅游营销协调机制。推进文化和旅游部与广电集团战略合作，围绕加快建设"全国文化高地""中国最佳旅游目的地""全国文化和旅游融合发展样板地"的共同目标，充分发挥广电集团媒体融合的优势，助推文化长江的品牌推广宣传。发挥广电集团电视节目频道、广播的特点，整合电视、广播、网络、新媒体等优势资源，为长江国际黄金旅游带打造一系列线上、线下联动的宣传项目。利用高质量的制作水准、多方位、多形态、立体式的传播手段，推动长江国际黄金旅游带的产业品牌发展。

9.3.1.2 搭建廊道旅游目的地营销平台

旅游目的地营销系统（destination marketing system，DMS）是廊道旅游目的地营销平台的重要支撑，有利于提高廊道旅游目的地形象和旅游业智慧服务水平。通过 DMS，政府可以面向公众建立权威的旅游目的地信息网，向旅游者提供全面、及时、准确、权威、实用的各种旅游信息，为旅游企业提供在线宣传、发布客房和旅游线路等产品信息、网上预订等有价值服务。廊道旅游目的地营销平台主要包括以旅游综合数据库为核心的廊道旅游信息平台和廊道旅游商务平台。

（1）廊道旅游信息平台。长江旅游信息平台主要有三大客户板块：政府文旅部门、旅游企业、旅游者。根据不同的需求开发不同功能。

第一，面向旅游者的板块主要包含五个板块：一是具有网站信息搜索功能和旅游行程规划功能的旅游服务信息板块；二是具有邮件营销、网络广告管理、旅游电子地图、旅游三维实景、旅游企业黄页、旅游电子杂志、旅游社区等功能的旅游网络营销板块；三是具有旅游投诉管理功能的旅游投诉管理板块；四是具有旅游商务功能的旅游分销板块；五是具有网站内容管理功能的网站页面管理板块。

第二，面向旅游企业的板块主要包含具有企业信息管理、企业信息发布、产品订单管理、旅游投诉处理、数据统计报告等功能的企业信息板块。

第三，面向政府文旅部门的板块主要包含旅游目的地管理、旅游目的地企业管理、旅游网站管理、旅游投诉管理、数据统计报告等功能的组织信息板块。

（2）廊道旅游商务平台。廊道旅游商务平台主要提供食、住、行、游、购、娱等一站式旅游产品，为旅游者提供贴心的服务。该平台主要包括首页、预定中心、导游中心、电子地图、旅游论坛五个板块。首页包括长江黄金旅游带生态与文化遗产廊道概况、文化、景点、饮食、民俗等信息；预定中心包括产品搜索、常规线路、旅游住宿、景点、机票、车票、导游等预定功能；导游中心包括长江黄金旅游带十佳导游、优秀导游等导游信息和电子导游、导游预定功能；电子地图包括长江黄金旅游带上优质景观的位置和位置查询等功能；旅游论坛是提供给旅游者发布旅游见闻趣事和自身经历的分享平台。

9.3.2 廊道旅游媒介推广工程

9.3.2.1 共建廊道旅游官方网站

长江国际黄金旅游带生态与文化遗产廊道沿线 11 个省（直辖市）文旅相关部门共建廊道旅游官方网站，拓宽国内外旅游者的了解渠道。官方网站的构建有利于在智媒时代通过线上平台对廊道资源进行整合营销，从而更好地推广廊道旅游品牌。

9.3.2.2 通过媒介融合推广廊道旅游品牌

一是制作反映长江历史文化变迁的系列纪录片。对于长江旅游品牌推广而言，纪录片仍然是一个必不可少、最为有效的价值载体和传播媒介，记录个人与时代的历史，来构建长江与时代的记忆。在系列纪录片中展现长江从巴山蜀水到江南水乡的千年文脉，将长江的古韵古貌以及今日的波澜壮阔一同呈现给世界。二是在各大 App 中投放旅游广告。在微信、QQ、抖音短视频、头条等大众经常使用的手机 App 上投放长江国际黄金旅游带广告进行宣传。此类手机应用软件每日活跃性的总数数以亿计，投放广告效果良好。三是进行软文营销。如邀请国内外的旅游博主免费进行廊道旅游并撰写博文进行宣传。一篇好的推广软文的实际效果比硬性广告好许多，通过隐性的软文营销方式，在宣传推广方面会达到润物细无声的效果，既给旅游者传递了有用的信息，又温和地向他们推荐了廊道旅游产品和服务。四是与主流综艺节目合作营销。拍摄与长江情有关的主题节目，讲述长江建设中平凡人的故事。围绕长江元素，将综艺叙事和主旨升华衔接得流畅自然，呈现一种具有整体性、全局性的逻辑构造。

9.3.2.3　通过廊道沿线活动进行旅游廊道品牌推广

一是举办廊道旅游节事活动。整合各方力量，举办廊道沿线旅游节事活动，充分展示长江旅游形象，带动长江产业文化的快速发展，对于廊道旅游产业的发展也能起到积极的推动作用。如举办"长江之歌"国际歌唱大赛，赞颂长江之美，也推动音乐艺术和旅游的深度融合，提升长江旅游的品位和知名度。二是举办廊道旅游展览会和各种论坛。邀请国内外的专家学者、旅游企业管理人员、各界著名人士以及有着广泛影响力的新闻媒体记者参加长江旅游展览会和各类论坛，向各界显示长江文化的地域特色，扩大活动影响力，提升旅游廊道的美誉度。

9.3.3　廊道旅游国际合作营销工程

长江国际黄金旅游带生态与文化遗产旅游廊道覆盖区域面积广阔，涉及文化景观多样、文化底蕴深厚。要将旅游区推向国际舞台，亟须构建一套整体性、系统化的国际合作营销工程网络。结合廊道旅游发展现状，借助旅游带所处地理区位优势和产业发展优势等，从加强营销机制建设、加强企业国际合作、加强"一带一路"国际合作、举办国际文化节会、加强数字平台建设、加强人才交流互鉴、加强文化产业国际合作、打造特色营销项目8个方面实施廊道旅游国际合作营销工程，见图9-3。

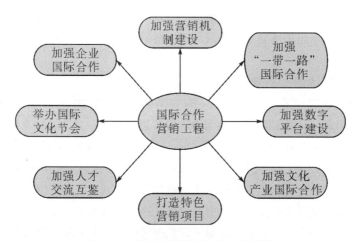

图 9-3　廊道旅游国际营销工程网络

9.3.3.1　加强营销机制建设

长江国际黄金旅游带涉及区域面积广，构建廊道旅游国际营销工程网络，建立一套完备的国际营销宣传机制十分关键。

首先，在国家层面，政府应该加快建立廊道旅游营销核心组织，统一调度营销宣传工作，推进廊道旅游品牌形象系统化、整体化建设；其次，在区域层面，长江国际黄金旅游带各区域应加强营销联动，既要凸显出长江国际黄金旅游带核心旅游价值，又要凸显出各区域特色文化价值，在打造突出品牌形象的同时避免各区域文化同质化现象。

以国家及区域联合组织为总统筹，联合各个客源国旅游组织，构建廊道国际旅游营销机构。同时，通过与世界旅游组织、世界贸易组织、世界自然基金会等相关国际组织开展廊道旅游规划，通过世界文化遗产保护机构、珍稀动植物保护组织等开展项目合作，发挥国际组织合作对廊道旅游品牌的宣传效应。

一是成立国际旅游营销机构。我国国际旅游客源市场呈现出以亚洲为主体、欧美为两翼的特征。在国际旅游营销机构的构建中，有序推进欧美旅游营销机构建设，科学布局全球旅游营销机构。在国际旅游营销机构建设方案中，以旅游带国家及区域组织联合各国官方旅游组织为建设主力，在各大客源市场设置长江国际黄金旅游带营销部门；同时，促进国内旅游市场组织和各国旅游市场组织机构的合作，规范市场国际旅游营销组织机构的发展。二是加强国际组织合作宣传。在国际旅游市场，以世界旅游组织为旅游业领导性国际组织，同时，太平洋亚洲旅游协会、世界旅游城市联合会、世界贸易组织、世界自然基金会等都属于国际旅游发展的直接或间接国际性组织。我国在长江国际黄金旅游带生态与文化遗产旅游廊道发展中，需充分利用好国际性组织的影响力，加强在各类国际组织协会中对我国廊道旅游的宣传和推广，为廊道旅游树立良好的国际形象。

9.3.3.2 加强"一带一路"国际合作

自我国 2013 提出"一带一路"合作倡议，截至 2020 年 11 月，中国已经与 138 个国家、31 个国际组织签署 201 份共建"一带一路"合作文件。

长江国际黄金旅游带处于我国"一带一路"建设的重要战略区域，在廊道旅游营销宣传中，可利用"一带一路"国际合作优势、充分发挥长江三角洲等核心区域的中心作用，发挥重庆、成都等区域城市联动效应，有效连接海上丝绸之路、丝绸之路经济带、南方丝绸之路、茶马古道，提升长江国际黄金旅游带的国际知名度。同时，针对不同地理区位、客源市场文化特点，制定差异化国际营销策略，通过"一带一路"国际合作路径有效输出廊道旅游文化形象，最大限度地利用现有优势，加强廊道旅游国际合作营销工程网络建设。"一带一路"国际合作营销策略图见图 9-4。

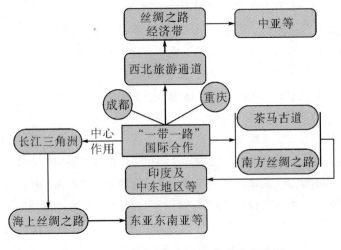

图 9-4　"一带一路"国际合作营销策略图

9.3.3.3 加强企业国际合作

发挥企业国际共建营销宣传作用是建设廊道旅游国际合作营销工程的重要一环。加强企业国际合作主要需加强与旅游投资企业、文化创意企业、营销宣传企业以及其他相关企业的深度合作。

（1）旅游投资企业。在长江国际黄金旅游带廊道旅游项目建设中，可设置廊道旅游建设投资总部，适当引入国际知名旅游投资企业。该项举措不仅有益于增加廊道旅游建设资金投入量、提升国际旅游投资企业对旅游带的关注度，同时可有效减少投资企业所在国旅游营销宣传工作，加大廊道旅游在投资企业所在国的营销力度。

（2）文化创意企业。文化是旅游之魂，廊道旅游要增加国际旅游市场客源量，就需要打造更符合国际市场的文化项目，让中国传统文化和国际文化更好地融合互促。因此，可通过创办廊道旅游国际文化创意企业，致力于更好地挖掘旅游带文化底蕴，同时促进国际文化交流，打造以民族文化为核心的世界文化创意项目。

（3）营销宣传企业。长江国际黄金旅游带立足于国际市场，要更好地推动廊道旅游产业发展，专设国际营销合作宣传企业必不可少。该类企业的设立，有利于廊道旅游国际营销工作职业化、专业性程度更高，更好地推动国际市场宣传工作的发展。

（4）其他相关企业。除以上提及的核心企业部分外，其他旅游相关企业部门也应加强企业的国际化合作，如科技智能化企业、通信企业、交通企业、银行部门等。

9.3.3.4 举办国际文化节会

随着旅游形式多样化的发展，节事活动对旅游目的地的营销宣传作用逐渐增强。因此，在长江国际黄金旅游带国际合作营销宣传中，应该有效利用节事新闻，与相关国际节事文化组织展开合作。以中国文化为节事活动核心主题、以长江文化为着力点，融合世界文化，分周期、分地域有序举办国际文化节会。

举办长江国际旅游节、民族文化艺术展、国际时装周、非遗文化展、国际酒业博览会、国际花卉博览会等国际文化节会，促进我国民族服饰文化、非遗文化、国酒文化、花卉文化等与世界文化的交融互促，助推廊道旅游的国际化营销宣传。

9.3.3.5 加强数字平台建设

随着物联网、大数据系统的发展，智慧数字平台对旅游的营销宣传作用越来越重要，尤其是在国际宣传工作中，互联网数字宣传举足轻重。其中，国际旅游形象网站作为区域旅游宣传的首要窗口，网站的可进入性和美观便捷度对旅游的营销效应至关重要。此外，由于文化、语言等的差异，国际营销、旅游指南等平台和旅游目的地智慧旅游平台的建设，对国际客是否选择目的地游览和是否重游或向周围人推荐起到重要作用。

（1）廊道旅游形象网站。旅游形象网站包括官方宣传网站、信息咨询网站、动态咨询网站等。为了更好地开展廊道旅游的营销宣传，在智慧网站和平台的建设中，要加强和各大客源国、客源地区的合作，针对各个客源国或地区设计专门的网站，设计符合客源市场审美习惯的形象网站和智慧平台。各个客源区域多类型网站应有效连接，以便提升旅游形象网站游客可进入性和便捷性。

（2）廊道智慧旅游平台。除了建设特色化、规范化的旅游形象网站外，长江国际黄金旅游带还需加强智慧旅游平台的建设。可以将廊道沿线所有的文化资源整合汇总，设计打造多条特色旅游线和多个特色旅游点，将各项旅游信息汇总录入智慧旅游平台系统，并通过数据信息采集搭建国际营销平台和旅游指南平台，提升国际游客出游便利度。同时，在旅游带各大旅游点、旅游景区投放智慧服务平台，方便游客及时掌握景区实时状况、无障碍开展旅游活动。

9.3.3.6　加强人才交流互鉴

在国际旅游营销中，名人效应可快速提升旅游目的地国际关注度，可通过邀请国际知名旅游博主、知名体育影星等加入助力长江国际黄金旅游带旅游发展中，通过粉丝营销作用提升旅游带国际知名度；专家交流能有效提升区域旅游行业内部关注度，可通过举办年度旅游专家交流会，共同探讨旅游带未来发展；行业人才交流可以提升旅游区域在参与行业组织中的知名度，可通过加强国际留学人才互动、组织旅游专业人才交流会，提高长江国际黄金旅游带在青年群体、行业人才中的认知度；同时，国际人才交流互鉴能为旅游区的可持续发展提供更多的创意和灵感。

9.3.3.7　加强文化产业国际合作

基于上述市场现状，加强文化产业国际合作是促进廊道旅游国际化发展的重要推动力。我国基于长江国际黄金旅游带文化资源和文化底蕴，可开展影视文化、动漫文化、美术设计、音乐鉴赏、舞剧文化等国际合作，以此推进长江国际黄金旅游带国际合作营销工程建设。

9.3.3.8　打造特色营销项目

打造特色营销项目可以助力推进廊道旅游国际合作营销工程建设。例如：可以长江国际黄金旅游带为场景原型、以长江流域文化为核心，与国际旅游开发公司联合设计大型网络游戏并推向国际市场；可以结合长江国际黄金旅游带深厚文化底蕴，针对不同客源国设计旅游文创吉祥物 IP，通过以中华文化为魂，结合不同国家差异化文化，设计特色化 IP 形象营销推广廊道旅游。

综上所述，长江国际黄金旅游带生态与文化旅游廊道品牌的国际化推广离不开整体化、系统化国际合作营销工程的建设。国际合作营销工程涉及范围广、涉及内容多，为避免营销工作良莠不齐，应加强政府主导和市场引领，通过加强营销机制建设、加强企业国际合作、加强"一带一路"国际合作、举办国际文化节会、加强数字平台建设、加强人才交流互鉴、加强文化产业国际合作、打造特色营销项目等促进廊道旅游品牌的国际化推广。

9.4 本章小结

本章明确了长江国际旅游带生态与文化遗产廊道的旅游品牌塑造与营销的目标，系统构建了廊道旅游品牌体系，在此基础上提出了廊道旅游品牌整合营销策略。

10 长江国际黄金旅游带生态与文化遗产廊道的旅游资源与生态环境保护

10.1 加强廊道重点旅游资源保护

10.1.1 自然遗产旅游资源保护

10.1.1.1 加强廊道生态基底和生态保障

良好的自然生态系统是长江国际黄金旅游带生态与文化遗产廊道构建的生态基底和生态保障，对于沿线区域生态治理、水土保持、可持续发展等有重要作用。长江流域生态极为脆弱，长江国际黄金旅游带沿线分布着世界自然遗产、国家森林公园、国家级和省级自然保护区等，在空间分布上呈现出连续性和交错性，确保了长江国际黄金旅游带沿线连续不断的绿地背景。应当以长江流域"十四五"经济社会发展规划和文化旅游发展规划编制为抓手，进一步完善"尊崇自然、绿色发展"的旅游廊道绿地生态体系，加强对廊道自然遗产旅游资源的保护。

长江国际黄金旅游带生态与文化遗产廊道的生态保护主要包括建立自然保护区、划定生态红线、加强水系治理等，取得了一定成效，但仍面临流域生态环境极其脆弱、生态保护难度大的现实问题。廊道拥有水资源、动植物资源、土地资源等丰富的生态资源。水资源的保护可通过加强廊道水质量监测与水污染控制、加强廊道流域废弃物回收与管理、保护沿线河流及其支系的植物缓冲区、确保湿地不被填埋干涸等方式进行。动植物的保护可通过保留廊道河道沿岸原生植物和原生景观，保护廊道鱼类和野生动物栖息地，保护濒危物种和防止外来物种入侵，保护和恢复湿地、水生、陆生生态系统等方式进行。如在廊道规划中，步道的设计要考虑不隔离生物物种，设置适当距离的生物通道。土地资源的保护应当注重"多规合一"，加强文化旅游规划和国土空间规划的深度结合，确保规划更加科学合理。

10.1.1.2 加强对廊道世界自然遗产地的保护

廊道拥有众多世界自然遗产地。应当建立和完善廊道资源保护管理的体制机制，建立健全廊道自然资源保护规章制度，制定和严格落实各项保护措施，确保廊道世界自然遗产地得到长期有效的保护，切实维护遗产价值的真实性和完整性。

10.1.1.3 依托廊道打造长江流域国家公园群

国家公园主要指国家为保护生态系统完整性而划定的需要加以特殊保护、管理和利用的自然区域，旨在为生态旅游、科学研究和环境教育提供场所。目前，全球有 1 200 余处国家公园。

长江国际黄金旅游带是集自然观光、文化体验、生态旅游、科普科考、户外休闲等功能于一体的国家公园集群型世界遗产廊道旅游目的地。为进一步加强绿地生态体系保护，可依托长江国际黄金旅游带沿线自然生态资源，打造国家公园群，进一步完善长江国际黄金旅游带生态与文化遗产廊道的绿地生态体系。以国家公园群的打造为抓手，进一步加强长江国际黄金旅游带生态与文化遗产廊道建设，有助于重塑廊道世界自然遗产地保护体系，构建长江流域人地耦合系统，支撑长江流域可持续高质量发展，推动长江流域国土空间的保护与开发。

10.1.2 文化遗产旅游资源保护

（1）加强廊道文化生态保护区建设。全面提升长江国际黄金旅游带六个国家文化生态实验保护区，重点推进长征国家文化公园建设，进一步加强廊道非物质文化遗产、物质文化遗产、自然遗产融合发展。

（2）加强对廊道重点文化遗产的保护。加强对廊道全国重点文物保护单位、国家历史文化名城和中国历史文化名镇名村、国家级非物质文化遗产地等文化遗产区域的保护，加强对重要历史古迹、古村落、民族民俗文化等重要文化资源的保护。

（3）加强对廊道非物质文化遗产的"活态化"保护和传承。加强对廊道沿线少数民族非物质文化遗产以及传统文化区域的整体保护，保持保护区的原有风貌和传统格局。注重收集非物质文化遗产实物和资料，鼓励和支持代表作传承人（团体）开展传习活动，充分理解和尊重廊道沿线保护区内人民群众的文化主体地位。加强对游客的教育和引导，提高民众参与文化生态保护的积极性。

10.2　建立廊道跨区域生态环境保护机制

建立廊道跨区域生态环境保护机制，保护流域与旅游目的地水环境，加强廊道节点旅游城市大气污染物综合控制，强化流域与旅游目的地生态保护和监管。

10.2.1　保护流域与旅游目的地水环境

（1）重点保护对象。廊道水环境重点保护对象主要包括长江及其主要支流水系沿岸保护带以及 5A 级景区、世界遗产地、自然保护区等呈点（块）状分布的典型水环境系统。

（2）保护措施。一是完善监督管理制度，明确主要景区和重点旅游城市的限制纳污红线；二是加大廊道沿线排污行业环境隐患排查以及集中整治力度，确保流域水质不断改善；三是加强廊道沿线水土流失的综合治理，有效遏制江河湿地生态系统退化趋势；四是加大山地灾害防治力度，形成廊道沿线水土保持生态带。

10.2.2　重点旅游城市大气污染物综合控制

（1）重点保护对象。廊道大气污染物综合控制重点保护对象主要包括廊道沿线国家旅游集散中心、区域旅游集散中心和旅游目的地集散中心。

（2）保护措施。一是推进廊道沿线大气联防联控工作，改善重点区域的大气环境；二是实施严格的旅游产业环境标准，全面实施旅游业大气污染物减排工程；三是着重解决细颗粒物（PM2.5）超标问题，鼓励廊道沿线重点旅游城市发展清洁能源。

10.2.3　强化流域与旅游目的地生态保护和监管

（1）重点保护对象。廊道生态保护和监管重点保护对象主要包括廊道沿线世界遗产地、自然保护区等的珍稀动植物资源。

（2）保护措施。一是加强珍稀野生动物栖息地建设，保护濒危野生动物；二是开展廊道沿线主要景区生态健康状况监测，加强生态修复；三是完善廊道沿线生物多样性数据库，提高自然保护区管护水平。

10.3　构建廊道绿色旅游发展机制

构建廊道绿色旅游发展机制，应当进一步加强廊道旅游环境影响控制，推进廊道旅游业绿色转型，积极倡导廊道旅游业绿色消费。

10.3.1　加强廊道旅游环境影响控制

为进一步预防和控制旅游环境的负面影响，必须综合采用行政手段、法律手段、教育手段、经济手段、技术手段等多种手段。

（1）发挥廊道沿线行政引导及管理职能。廊道沿线各级政府及有关行业主管部门应当充分发挥旅游环境引导、监督和管理职能，为廊道旅游发展提供切实保障。

（2）科学规划合理开发廊道旅游资源。科学编制廊道旅游发展规划，在廊道发展"十四五"规划及远景规划编制中，应当充分考虑廊道各区段环境与资源特点，因地制宜地制定旅游资源与环境保护规划。

（3）运用经济和科技手段开展廊道环保活动。明确廊道旅游环境保护各主体的相关责任，充分运用经济杠杆调整各方利益关系。加强环境保护科技手段的运用，减少旅游环境的破坏。

（4）加大廊道旅游环境保护宣传教育力度。加强廊道旅游沿线管理人员、旅游从业者、沿线居民及游客的宣传教育，增强人们的旅游环境保护意识，提高环境保护的自觉性。

10.3.2　推进廊道旅游业绿色转型

绿水青山就是金山银山。作为与绿色发展息息相关的旅游业，必须发挥其对绿色发展的助推作用。廊道旅游业应当严格按照绿色发展新要求，践行绿色发展新作为，务求旅游绿色发展产生好的效果。

（1）坚定绿色发展理念，共同搭建廊道生态旅游平台。绿色发展是当前国家的重大战略部署，因为绿色发展不仅仅是针对旅游者的服务，更是为了旅游业的持续性、整体性发展。廊道旅游应该坚定绿色发展理念，注重"在保护中发展，在发展中保护"。抢抓绿色旅游机遇，共同搭建廊道生态旅游平台，科学严谨制定规划，合理开发利用廊道旅游资源。

（2）发挥廊道绿色资源优势，推动旅游产业转型升级。坚持在保护中开发、在开发中保护，不断发挥廊道现有的绿色资源优势。改变过去单一的旅游模式，策划推动廊道重点景区绿色化发展，将旅游活动同绿色生态相关联衔接，增强游客在旅游活动中的参与感和体验。推动廊道旅游产业转型升级，丰富旅游活动内容，提升旅游活动品质，使廊道旅游实现可持续发展。

（3）深入挖掘绿色发展的潜力，进一步延伸廊道旅游产业链。绿水青山就是金山银山。将绿水青山利用好，绿水青山也可以带来巨大的效益。提高廊道资源综合利用效益，进一步延伸廊道旅游产业链，深挖沿线传统文化和地域文化，同绿色资源有机结合，建设幸福美丽新村，提高人民群众的幸福指数，把生态比较优势转化为生态竞争优势，从而实现经济效益、绿色效益、社会效益的有机统一。

（4）增强绿色低碳环保意识，营造良好的廊道旅游服务环境。当前，由于旅游者文明素质参差不齐，旅游不文明现象随处可见。增强廊道旅游者文明旅游意识，加快创建生态文明、倡导绿色生活非常有必要。廊道旅游部门应当通过多种形式的宣传教育，增强旅游从业人员、旅游者及当地居民的环境保护意识，从而使旅游从业者做好环保表率，旅游者自觉爱护旅游资源，廊道沿线居民做好环保监督者和示范者。通过多方共同努力，让人们"望得见山、看得见水、记得住乡愁"，营造"节能环保、绿色低碳、文明健康"的廊道旅游服务环境。

10.3.3 积极倡导廊道旅游业绿色消费

绿色消费即崇尚自然、追求健康、注重环保、节约资源的可持续消费。廊道旅游业应当积极倡导绿色消费，实现旅游业的绿色发展。

（1）引导旅游者践行绿色生活方式和消费模式，树立绿色消费观念。旅游者是廊道旅游业绿色消费的主体，因此对游客绿色消费观念和绿色生活方式的引导十分关键。为了保证廊道旅游业的可持续发展，廊道沿线 11 个省（直辖市）政府、旅游企业、旅游行业组织等应当充分利用各种有效的宣传渠道和手段，积极传播环境保护和绿色消费知识，加强游客的环保意识教育，鼓励旅游者采用步行、自行车、公共交通等绿色出行方式，鼓励游客旅行自带洗漱用品的行为，提倡勤俭节约、反对浪费，使理性消费、绿色消费观念深入人心。

（2）推动旅游企业绿色发展，开发绿色产品。旅游企业要秉承绿色发展理念，切实履行生态文明的社会责任。积极实施创新发展，加大对绿色产品研发、设计和制造的投入，增加绿色产品和服务的有效供给。旅游企业要做好绿色产品的开发，在生产产品时采用科学合理的措施，尽量减少不利于环境保护的因素；在包装和使用过程中，也要尽量减少其对环境的危害。旅游企业应当建立相关的规章管理制度，不能只顾经济效益，盲目引导游客进行不合理的消费。

（3）开发廊道绿色旅游资源、打造绿色消费旅游地。随着旅游业的迅速发展，旅游目的地的种类越来越多、规模越来越大。但是，在旅游资源的开发过程中，却存在缺乏特色、环境污染、资源退化等问题。廊道旅游应当进一步坚守绿色发展理念，积极研究环境污染的对策、减少消除有害废弃物的排放和丢弃、对废旧物品进行回收利用，开办二手物品交易市场，使物品价值再现。开发廊道绿色旅游资源，在开发过程中注重保持旅游地的原始风貌，体现特色文化，为旅游消费者提供未被污染的绿色旅游产品，促进旅游者身心健康，提升旅游者的满意度。

10.4 本章小结

本章从自然遗产和文化遗产资源保护方面提出加强廊道重点旅游资源保护，从保护流域与旅游目的地水环境质量、重点旅游城市大气污染物综合控制、生态保护和监督三个方面提出建立廊道跨区域生态环境保护机制，从加强旅游环境影响控制、推进旅游业绿色转型和积极倡导旅游业绿色消费三个方面提出建立廊道绿色旅游发展机制。

11 长江国际黄金旅游带生态与文化遗产廊道构建的保障机制

11.1 建立廊道旅游发展协调机制

11.1.1 将长江旅游纳入国务院旅游工作部际联席会议议程

加强组织协调，建立长江旅游"部际会商"制度，将长江旅游纳入国务院旅游工作部际联席会议议程，在国家层面统筹协调长江旅游发展，国家文化和旅游部定期向国务院旅游工作部际联席会议报告长江旅游发展情况。

由国务院旅游工作部际联席会议审议总体发展规划并定期评估规划实施情况，对涉及长江国际黄金旅游带区域旅游发展的相关重大问题进行决策。重点协调区域旅游发展重大基础设施建设、重大旅游项目推进一体化公共服务体系构建、省际旅游发展合作和流域旅游安全应急处置等。

11.1.2 建立多层次区域廊道旅游合作协调机制

鼓励长江上、中、下游11个省（直辖市）建立跨省合作、省际合作、旅游区合作等多层次区域廊道旅游合作协调机制。一是鼓励长江上、中、下游相关省（直辖市）间建立省际协调机构。统筹廊道旅游发展重大基础设施建设，组织廊道旅游线路的打造，协调廊道旅游市场开发。二是鼓励跨省（直辖市）旅游合作区相关地市成立开发协调机构，共同编制廊道旅游合作区发展规划，制订年度开发计划，统筹廊道旅游合作区重大项目建设，协调合作区基础设施、公共服务和旅游安全建设，推动市场营销一体化和廊道旅游品牌国际化。三是跨行政区的特色旅游目的地，在省级旅游行政管理部门的指导下，设立统一的廊道旅游开发、经营和管理机构，建立相应的规划、建设、管理、营销等合作协调机制。

11.2 健全廊道旅游发展协同机制

11.2.1 创新廊道旅游合作发展投融资机制

长江国际黄金旅游带旅游业的强劲发展，必须加大投入，需要创新旅游体制机制，重点是投融资体制改革。通过政府宏观调控与市场调节相结合，构建符合市场经济要求的投融资机制，形成以政府为引导、以企业为主体、吸收金融机构和社会资本参与的投融资体系。

11.2.1.1 设立国家"长江旅游基金"

参考"丝路基金"模式，设立国家"长江旅游基金"。其定位为中长期开发性投资基金，资金来源可考虑由外汇储备、政策性银行提供，由保险公司、养老基金等机构投资，通过股权、债权、贷款等多元化投融资方式，为长江国际黄金旅游带旅游基础设施建设、资源开发、产业合作等有关项目提供投融资支持。

国家"长江旅游基金"主要面向长江国际黄金旅游带区域性旅游基础设施建设和旅游合作区、特色旅游目的地、贫困地区的旅游发展，重点投向与旅游相关的基础设施及回报率高、成长性好、带动性强的大型旅游项目。

国家"长江旅游基金"运作按照"政府引导、市场运作、科学决策、防范风险"的原则进行。在运行管理上，坚持市场化原则，投资于有效益的项目，实现中长期合理的投资回报，维护股东的权益。投资模式可以采取股权加债券的方式，一方面直接投资承建项目的部分股权，另一方面为项目提供贷款。

11.2.1.2 筹建长江旅游产权交易所

建立长江国际黄金旅游带旅游产业产权交易所，搭建旅游社会投资的平台。多渠道筹集旅游开发项目建设资金，鼓励和引导社会资金、企业资金和外资投资旅游项目。各次区域或长江沿线省（直辖市）可以设立相应的产权交易中心，搭建集旅游、金融、电子商务为一体的创新型产权交易与投资平台，通过产权交易打通长江旅游资源与资本的连接通道。

11.2.1.3 扩大国家和地方旅游发展专项资金规模

扩大国家和地方旅游发展专项资金规模，优化使用旅游发展专项资金，解决旅游产业发展投入不足的问题。由财政安排旅游发展专项资金，列入预算，并逐年递增。进一步规范对旅游专项资金的使用管理，进一步优化资金审批程序，严控使用方向和范围，更好地发挥政府投入资金的引导性作用。专项资金实行专款专户管理，资金主要用于旅游基础设施建设、旅游宣传推广、人才培训及旅游企业贷款贴息等。

11.2.1.4　优化整合各部门现有涉旅资金

积极拓宽资金来源渠道，建立多元化的旅游发展机制，多渠道筹集旅游开发项目建设资金。积极争取并整合各类涉农、扶贫开发、生态建设、环境保护等专项资金，将符合条件的旅游企业和项目纳入支持范围，统筹规划，捆绑使用，集中投入，充分发挥资金的聚集效应。

11.2.1.5　加大对旅游企业的金融扶持力度

一是鼓励政策性金融机构加大对沿江旅游业产品及基础设施建设的支持力度，对长江经济带区域内旅游企业、乡村旅游经营户再贷款实行更加优惠的利率。二是创新信贷抵押担保方式，加大信贷对旅游业的支持力度，鼓励支持保险资金以股权、债权、资产支持计划等方式参与大旅游产业开发建设。三是搭建银企交流平台，深化银企合作，加大对小微旅游企业和乡村旅游的信贷支持力度。四是积极争取各方投资，鼓励扩大对外合资合作，推动区域旅游市场向社会资本全面开放。五是鼓励和引导合作区域内符合条件的旅游企业上市融资或发行债券，鼓励灵活运用企业债券股权投资、信托计划中期票据、担保基金、资产证券化（ABS 融资）等融资方式；鼓励通过 BT、BOT 等特许经营方式吸收社会融资，承担基础设施、综合配套项目的建设。

11.2.2　共建共享廊道旅游公共服务机制

11.2.2.1　加强标准化建设是规范廊道旅游公共服务的重要手段

标准是共同遵守的准则和依据，起着规范和协调发展的作用。长江国际黄金旅游带生态与文化遗产廊道旅游公共服务需要有统一的标准，在建设廊道旅游公共服务时，需要根据各种相关的标准来建设，以此推进廊道旅游公共服务和设施的标准化建设。通过建立公开透明的市场准入的标准和运行的规则，打破地区间的壁垒，从而打造廊道统一的服务标识、制定统一的服务标准和搭建统一的服务系统平台，建立标准化的咨询服务系统、旅游语言无障碍系统和旅游标识系统，完善旅游公共服务的内容，实现旅游公共服务功能。

加强廊道沿线 11 个省（直辖市）地方政府合作共治，根据廊道旅游公共服务及其标准化的发展现状、存在的问题，选择有针对性的运作模式，协调好区域间的利益关系。同时，加强地方政府、企业、非营利性组织的交流和合作，进一步推动廊道旅游公共服务的一体化发展，树立长江国际黄金旅游带良好的整体形象。

11.2.2.2 打造当地特色是廊道旅游公共服务的突出特点

廊道旅游的发展质量与整个区域的综合环境密切相关。旅游公共服务是营造廊道旅游氛围的核心，应当将旅游公共服务中心升级改造，向中外游客提供智能化的、多功能、人性化、特色化的服务。根据当地特色来建设廊道旅游公共服务，可以通过将旅游公共服务设施作为旅游景观或旅游吸引物来打造，拓展旅游公共服务设施的体验功能，提升游客的出行体验。

在建设过程中，需要重点关注散客群体，根据散客群体的类型及空间行为规律来提供旅游公共服务；需要结合长江国际黄金旅游带的实际情况和当地特色，用适当的、超前的旅游公共服务来引领旅游景区景点的开发、引导游客的空间行为，实现长江国际黄金旅游带的快速发展，提升其旅游市场的影响力。

11.2.2.3 提高便利化水平是廊道旅游公共服务的重要部分

随着人民生活水平的逐渐提高，人们对旅游的幸福感和获得感提出了新的诉求，出行的便利性成为高品质旅游必不可少的组成部分。

一是构建完善的交通服务体系。多样化、个性化地打造廊道交通服务体系，持续不断地完善自驾车旅游公路的配套设施，推进旅游交通标识体系的建设。二是构建廊道旅游统一的通关模式。在长江沿线各个城市中设立的海关，应共同推进旅游带海关区域的一体化改革，全面推进"一次申报、一次查验、一次放行"的"一次性"模式，实现海关区域通关一体化，加强内陆海关和沿海沿边口岸海关的协作配合。三是推广实施廊道旅游的"一卡通"工程。长江国际黄金旅游带沿线 11 个省（直辖市）旅游行政管理部门和文物、物价、商务等行政管理机构，共同推出"中国旅游卡·长江"和优惠活动。四是加大落地过境免签政策的支持力度。实行全区域 144 小时过境免签的政策，为展开跨国的旅游合作，创造出更便利的条件，逐步补齐入境旅游的短板，提高廊道旅游的便利化水平，促进长江国际黄金旅游带的全面发展。

11.2.3 完善廊道旅游市场推广机制

11.2.3.1 平台架构

将长江国际黄金旅游带生态与文化遗产廊道作为整体旅游目的地进行一体化打造，讲好廊道旅游故事，增加游客停留时间。廊道平台架构可借鉴美国伊利运河的做法，设立统一的官方门户网站，提高游客出行的便捷度。

11.2.3.2 产品开发

长江国际黄金旅游带生态与文化遗产廊道旅游者的目的地选择反映了人们

不同的活动需求。应当对廊道沿岸的资源特色与市场要进行充分的调查分析，根据不同区域的景区特色和市场特点对其进行归纳分类，针对廊道不同区段和消费者的不同需求规划异质性产品，从而延长廊道旅游者的停留时间，刺激区域经济增长。一般而言，潜在的廊道旅游者主要分为以下三类：

第一类，历史文化旅游者。这类旅游者主要关注廊道水利交通、水利工程、传统聚落、物质文化遗产、非物质文化遗产等。因此，历史文化资源的真实性和完整性是最重要的旅游产品，需要廊道管理者加强对历史遗迹的维护，改进解说设施，并保证阶段性更新。

第二类，自然生态旅游者。这类旅游者主要关注廊道的自然遗产资源、生态资源。因此，原真性的生态旅游对他们具有极大的吸引力，可设计森林康养、生态休闲、户外瑜伽、观鸟等旅游产品。

第三类，户外探索型旅游者。这类旅游者主要包括：骑自行车等健身爱好者，冬季运动爱好者，以及划船、野营、打猎、钓鱼等户外活动爱好者等。

此外，针对其他廊道旅游者，如摄影爱好者、古董商品收集者和艺术爱好者等，还可以根据其需求规划摄影采风、文物品鉴、创意旅游等活动。

11.2.3.3 设施配套

"吃、住、行、游、购、娱"是重要的旅游六要素。除了旅游设施外，购物、餐饮、住宿等配套设施也是影响遗产廊道游览体验的重要方面。因此，长江国际黄金旅游带生态与文化遗产廊道的配套设施需要合理发展，以此为游客和当地居民营造良好的游憩空间。

11.2.3.4 科技赋能

数字经济时代，科技发展正在深刻改变着旅游市场。廊道旅游市场的推广要充分利用现代科技为其赋予新势能。通过智慧廊道建设和数字文旅打造等，充分展现廊道区域特色文化，让游客和当地居民通过科技元素与手段的引入，更加便利地进入廊道并深入了解廊道。

11.2.3.5 整合营销

长江国际黄金旅游带生态与文化遗产廊道沿线 11 个省（直辖市）应当根据自身特色，整合长江沿线旅游产业链条，促进长江旅游资源互补及旅游产业协调发展，实现旅游产业转型，共同促进廊道旅游的整合营销。

沿江打造廊道精品旅游线路，相邻景区可以进行特色融合创新；统筹营销资源，共建长江经济带区域旅游营销网络，共同推介跨区域精品旅游线路产品；联合参加国内外大型旅游展销会，联合举办廊道国际旅游节、大河歌会等各类大型赛事、节庆活动；发行廊道旅游一卡通，实施精品景区客源互送计划。此外，在整合营销时，可以通过新媒体等信息技术对廊道旅游进行直播或视频推广，展示廊道不同区段的旅游魅力，以此吸引越来越多的廊道访问者，提升公众对廊道的认知和廊道旅游的知名度。

11.2.4 完善廊道旅游信息共享机制

在数字经济和智媒时代，廊道区域旅游合作必须注重完善廊道旅游信息共享机制，搭建信息共享平台，为廊道旅游统一规划、旅游资源整合、旅游品牌建设、旅游集团化建设、旅游大交通建设等奠定良好的基础。廊道旅游信息共享机制可以从政府、企业、旅游消费者、技术支持等层面进行构建。

11.2.4.1 政府层面：构建廊道旅游政务服务门户

廊道旅游政务服务门户的构建有利于为游客、旅游企业、主管部门或单位提供便捷的政务服务，从而促进廊道智慧旅游的发展。

旅游政务服务门户的构建，有利于提高政务服务效率。一是可以发布需要政府确信和保证的权威信息（如旅游公司的资质、旅游政策法规、旅游新闻和政府动态信息等），使旅游信息透明度更高；二是可以对投资环境、优惠政策、政府服务等信息进行推荐，有利于廊道旅游招商引资；三是可以为旅游企业或者旅游组织之间的合作提供政策环境支持和保障，促进廊道区域旅游合作发展。

政府廊道旅游政务服务门户的构建，有利于对旅游行业进行在线管理。一是通过廊道旅游信息发布及共享平台，以此打破区域内的各景区之间、各城市之间、旅游企业之间不能及时互通旅游信息的障碍。对廊道旅游企事业单位和配套设施单位进行管理，及时将重要政策和信息提供给各单位，并为其业务办理提供便捷通道，提高廊道旅游企事业单位工作效率。二是建立廊道旅游诚信系统，共同发布旅游企业诚信度的信息。在长江国际黄金旅游带生态与文化遗产廊道沿线 11 个省（直辖市）的信用建设门户网站中，开辟专栏，联合这11 个省（直辖市），共同发布"红黑榜"等相关信息。根据游客投诉进行反馈管理，将投诉信息反馈给旅游企业，并监督企业做出反馈处理。最后，信息平台最重要的是对廊道旅游资源、历史文化和各种品牌进行宣传，通过政府模块的宣传，旅游者对旅游资源和旅游企业的信任度会更高，有利于促进廊道旅游宣传传播渠道的多元化。

11.2.4.2 在企业层面：搭建廊道旅游信息服务平台

廊道旅游信息服务平台的搭建，有利于旅游企业提供智慧旅游营销管理、旅游信息发布、旅游信息反馈等服务。一是智慧旅游营销管理。廊道旅游企业提供网上营销、网上销售、网上信息服务等功能，旅游企业可以更便捷地了解客户需求和市场需求，掌握行业数据，更精准地进行市场定位、市场划分、市场分析和营销决策，从而提高企业市场响应能力，巩固和扩大廊道旅游市场份额。二是旅游信息发布。廊道旅游企业为景区景点管理与经营单位提供专门的信息发布渠道，实时更新旅游资源、旅游产品、旅游服务设施、旅游线路等信息。三是旅游信息反馈。廊道旅游企业信息服务平台为旅游企业收集旅游者对旅游目的地的产品和服务的反馈信息提供在线调查渠道，建立旅游企业与旅游者的对接机制，为企业科学决策提供保障。

11.2.4.3 在旅游消费者层面：提高廊道智慧旅游便利性

通过廊道旅游政务服务门户和旅游信息服务平台，旅游消费者可以分享旅游大数据，可以查询旅游目的地交通信息、天气预报、景区景点信息等公共信息，可以进行在线咨询、投诉、预订等组合。针对旅游者提供的电子商务平台，可以帮助旅游者进行自助旅游，通过系统的定位，为旅游者提供可选择的路线和景区景点。游客做出目的地选择后，为经过安全认证服务可以直接与景区自动售票服务器连接，实现游客自主购票。通过信息平台，可以进一步根据旅游者的需要，提供旅游目的地商家、旅游景区、旅游交通以及就餐人数、详细菜谱、价格折扣、预定时间等信息，实现旅游细节预定，进行费用的实时支付。通常，信息平台以手机移动终端的方式实现对旅游者的服务，通过手机移动终端将付费信息、预定信息以及实况信息等通过短信或者其他渠道同步发送给旅游者，提供人性化、透明化的信息服务。信息平台还可以实时追踪旅游者的地理位置，一方面，可以根据旅游者需要调配旅游资源，实现对旅游者的服务；另一方面，若旅游者发生意外无法向外界发出信号，信息平台的预警机制可以为解救旅游者提供帮助。

11.2.4.4 在技术层面：提供信息基础设施支持

在技术层面，加大廊道信息基础设施建设力度，加强廊道物联网、大数据、人工智能、云计算等区域防控信息基础服务设施建设，加快推进智能追踪、区域防控 App 及智能终端等应用项目建设，打造"智慧旅游廊道"。

（1）加强廊道物联网建设。物联网的发展是智慧旅游发展的必要条件。物联网的建设是为了实现旅游任何物体与物体之间的信息交换和通信。在物联网技术的支持下，旅游者可以通过信息平台实时掌握道路交通状况、景区游客容量以及随时呼叫信息中心协调处理矛盾或故障等。物联网对廊道旅游景区的支持主要表现在对景区进行 GPS 定位后，自动根据游客需要提供车辆数据、车位情况以及进出景区交通要道；对廊道旅游景区的导游系统和支持，包括旅游集散中心导航、讲解服务、景区出入口提示以及事故高发地带警示，以及对景区人流量进行实时监控，上传数据到信息物联网为其他旅游者选择目的地提供参考。对呼叫中心的物联网支持，主要是将游客和信息中心连接，包括为游客解决问题提供数据支持、信息支撑以及通过信息中心直接为游客解决问题提供方案、人员、技术和服务等。

（2）加强廊道 5G 等智能终端应用。通过手机等智能终端，使政府、旅游企业、旅游者突破时间和空间的限制，实时获取廊道旅游信息。廊道区域旅游合作可以使用统一的手机移动终端，使管理、规划和展示都融合在一起，对数字资源包括文字、图像、声音等信息加工处理，并运用多媒体手段营造逼真形象的展示效果，为受众提供丰富多彩的信息。将廊道旅游资源、旅游服务设施、旅游政策等通过多媒体的方式传送给大众，满足不同阶层、不同专业背景和知识程度的人们对廊道旅游的了解和认识，激发其旅游动机。政府、旅游企业单位以及旅游从业人员也可以通过手机移动终端进行培训和学习，配合多媒体教学资料，通过网络教学，使廊道旅游服务更加标准化和人性化。

11.2.5 建立长江上下游旅游生态补偿机制

要解决"上游污染、下游治理"这一难题，需要建立长江国际黄金旅游带统一的旅游业治理机制，对旅游生态环境秩序进行规范管理，实现对长江沿线资源的保护利用和长江沿线各省（直辖市）之间的利益协调。

11.2.5.1 统一思想，明确目标

长江国际黄金旅游带沿线 11 个省（直辖市）应召开会议进行协商，明确把生态保护补偿机制作为核心，把保护流域生态环境作为首要任务，以绿色发展为路径、以体制机制建设为保障、以互利共赢为目标，坚定不移走生态优先、绿色发展的道路。

11.2.5.2 积极协调，兼顾各方利益

在机制协商过程中，综合考虑长江上下游各省（直辖市）经济发展阶段的差异性、长江沿线各省（直辖市）旅游资源分布的不均匀性和生态环境公共服务供给的不均衡性，形成多种补偿方式。既要对水环境污染严重地区加大对生态环境保护的建设投入促使长江上游地区生态环境逐渐恢复，又要合理弥补环境保护较好省（直辖市）为保护流域环境而损失的机会成本。

11.2.5.3 建立旅游资源资产有偿使用制和横向生态补偿机制

按照"谁开发、谁保护，谁破坏、谁恢复，谁受益、谁补偿，谁污染、谁付费"的原则，建立长江上中下游开发地区、受益地区与生态保护地区横向

生态补偿机制。

长江上、中、下游地区将以原环境保护部公布的省界断面监测水质为依据，按标准实施水环境补偿，促进其流域水环境改善。通过协商，合理分摊长江沿线各省（直辖市）保护责任，积极推动流域省份搭建流域合作共治的平台。上游流入下游的水质变差，将对下游省（直辖市）进行补偿；反之，上游流入下游的水质达标并优于下游的，下游省（直辖市）补偿上游省（直辖市）。即受益地向非受益地补偿。其中，补偿金按照每月检测、每月公示、年度结算模式进行计算，发放补偿金用于区域生态环境综合治理、旅游景区环境保护等方面。对于责任划分明确的区域采用上述横向生态补偿机制，对于上游水源地保护如三江源、具有水生态涵养功能区域等具有显著公共效益的补偿，则中央政府在事权分工上要予以支持。

11.2.5.4　长江沿线省（直辖市）共同设立长江水环境保护治理基金，增强"专款专用"意识

对原有水环境较差、治理难度大、政府财政预算不足、总体底子薄的省（直辖市），分拨一部分长江水环境保护治理基金对该省（直辖市）给予资金支持，促进其流域水质改善。对长江旅游带的生态保护区水环境给予资金支持，用于生态保护区水环境保护。长江沿线各省（直辖市）应该增强"专款专用"意识，将基金向区域难点、重点地区倾斜，如三江源地区生态脆弱且为长江源头，保护难度大、价值高，对流域整体水环境保护影响大。建立专门监督机制，成立监察部门追踪资金流向、工作完成效果、生态保护成效，对其中失职、渎职行为进行严肃处理。

11.2.5.5　对于自然遗产地、文化遗产地开发建设旅游项目，设立和收取生态环境保护专项资金

长江国际黄金旅游带区域沿线集聚了西湖、黄山、神农架、张家界、武陵源、峨眉山等一大批世界自然文化遗产，这些旅游项目的开发不可避免会对当地生态环境、文化资源产生一定的破坏，而当地从旅游项目中受益。部分地区从旅游项目受益后，用于生态环境保护和文化资源的恢复、保护和建设等工作的资金较少，对生态环境保护产生负面效应。而生态环境保护专项资金则可以在一定程度上避免此类事情发生，促进长江国际黄金旅游带区域沿线地区生态环境恢复。

11.3　创新廊道重点区域旅游开发机制

根据不同的区位、资源条件和发展基础，在长江国际黄金旅游带沿线11个省（直辖市）选择旅游合作区、国家公园、文化生态旅游特区和旅游自贸区试点、示范，推动廊道旅游协同发展。

11.3.1　大力推进廊道旅游合作区建设

廊道旅游合作区的任务是协商和规划区域内旅游资源，联合开发旅游路线，扩大旅游客源市场，避免长江国际黄金旅游11个省（直辖市）之间的同质化竞争、旅游壁垒等消极影响。设立国家级和省级旅游合作区，是有效解决行政区"末端"发展滞后的重要创新机制。可以从发展战略、空间布局、基础设施、重大项目、服务管理、生态环境保护以及建设计划等形成区域一体化发展的决策和实施机制，有效避免基础设施不同步、空间布局混乱、产业同质竞争等问题。

11.3.1.1　明确旅游合作区的建设目标

根据地理位置和开发条件，沿长江国际黄金旅游带设立长三角城市群旅游区、古徽州文化旅游区、大别山红色旅游区、三峡山水画廊旅游区、武陵山生态文化旅游区、罗霄山红色文化旅游区、乌蒙山民族文化旅游区、香格里拉生态旅游区、大湄公河旅游区九个国家级旅游合作区。为不同的旅游合作区设立发展目标，注重文化性、主题性和体验性，塑造区域独特旅游品牌，合力打造有特色、有高度、国际化的廊道旅游合作区。

11.3.1.2　优化旅游合作区的空间布局

将旅游资源和各种系统要素在廊道沿线重新配置与优化组合，在空间布局上做出有利于旅游发展的改变。共同编制旅游合作区的发展规划，统筹协调各方优势资源。共同促进合作区旅游线路开发和资源开发，实现旅游资源、产品、人才、技术、设施、资金等在旅游合作区内的有效配置，提高合作区旅游吸引力。

11.3.1.3　注重旅游合作区的生态保护

旅游业是一种资源节约型、环境友好型产业，旅游合作区的建设要注重生态环境保护，实施可持续发展战略。要对旅游合作区中生态脆弱的区域进行重点保护，对景区景点的自然资源、历史文化资源合理开发和利用。制定生态环境保护的法律法规，规范和引导旅游主体、旅游客体的行为，增强其环境保护意识。

11.3.1.4 完善旅游合作区的基础设施

完善旅游合作区的基础设施，为旅游活动提供更好的硬件设施、交通设施。对旅游合作区的资源进行分类和评估，深度整合数据和挖掘文化内涵，设计符合旅游合作区的景区景点、满足旅游者和市场需求的接待基础设施与服务设施。

11.3.1.5 增强旅游合作区的管理服务意识

加强政府政策的支持，建立旅游合作机构，加强企业间的合作。开展信息的双向交流与共享，在区域内开展管理协作。旅游合作区的管理方应着力提高服务质量，注意服务的便捷性、灵活性、可靠性和安全性，提升服务人员的技能和职业化程度，营造良好的服务环境，形成有利于旅游合作区统一的服务管理体系。

11.3.2 积极扩大廊道国家公园试点

国家公园的概念源自美国。美国国家公园以资源保护和研究为主，在保护生物多样性的基础上，强调其独特的景观价值、文化遗产和自然遗产价值。

11.3.2.1 明确国家公园试点的重要意义

当前，国家公园建设已经成为一项具有世界性和全人类性的自然文化保护运动。2017年9月，中国构建了新的国家公园系统，三江源自然保护区成为中国第一个国家公园试点区。长江国际黄金旅游带是维系我国国家生态安全的重要屏障，勘定长江生态屏障地理范围、申报建设国家公园的意义重大。

在长江国际黄金旅游带开发的过程中，国家公园的试点在一定程度上可以避免过度开发而造成对生态环境的破坏。但由于国家公园在我国尚属新鲜事物，各地在开展试点工作时，也会有如何适度开发的困惑，发展与保护之间的博弈也是国家公园在建设过程中面临的问题。长江作为国家高密度的经济走廊，在经济发展中有得天独厚的优势，但同时长江国际黄金旅游带上的生态景观也丰富多彩。设计国家公园，保护生物多样性，对于长江国际黄金旅游带来说，在注重生态效益的同时兼具了社会经济效益。

11.3.2.2 优化国家公园试点的顶层设计

长江国际黄金旅游带国家公园的试点要有顶层设计，建设国家公园要有长远的目标，但是也要根据不同阶段的具体情况来调整。对于其规划，既要有长期规划也要有近期和中期规划，既要有总体规划也要有详细规划。对于国家公园体制的建立涉及的生态保护管理体制、行政区划、预算制度调整等体制机制要做出更加具体的方案，完善相应的法律法规，落实责任到具体的部门上，避免出现权责不明的问题。同时，通过行政手段、经济手段等解决当前面临诸多产业转型、农民就业、村庄建设调控等问题，确保国家公园的试点工作顺利开展。

11.3.2.3　加强国家公园生态环境保护

国家公园对于自然生态的保护十分重要。国家公园建设完成之后，对人流量要进行合理控制，否则会对当地生物产生负面影响。因此，即便国家公园是公益性的全民共享的公园，也应该合理控制人流量，做到人与自然和谐相处。

长江国际黄金旅游带进行国家公园试点，对于长江沿线的生态资源保护具有重大意义。让居民参与国家公园的建设之中，可以增强居民自身的责任感，进一步了解我国的国家资源，增强民族自信。让进入国家公园的游客，在观赏美景的同时思考保护环境的重要性，从而通过廊道旅游实现教育功能。

11.3.3　鼓励设立廊道文化生态旅游特区

11.3.3.1　夯实廊道文化生态建设基础条件

加强廊道生态保护和文化挖掘是建设文化生态旅游特区的前提条件。长江国际黄金旅游带生态与文化遗产廊道位于大别山区、罗霄山区、武陵山区、乌蒙山区、滇桂黔石漠化、滇西边境山区、秦巴山区七个集中连片的贫困区，所处位置生态环境脆弱，自然资源以保护为主，不宜过度开发。国际黄金旅游带生态与文化遗产廊道还拥有巴蜀文化、荆楚文化、吴越文化等，文化资源富集。"一带一路"倡议与长江经济带建设的叠加效应使得长江再次成为旅游业发展的焦点，建设廊道生态文化旅游特区具有得天独厚的优势，基础条件良好。

11.3.3.2　推进廊道生态文化旅游特区先行先试

文化生态旅游特区要充分弘扬先行先试、敢闯敢干的精神，加强体制机制创新。发挥其辐射带动和示范作用，以长江国际旅游黄金带为总抓手，探索以廊道生态文化旅游为龙头的旅游发展新模式和新思路。长江中上游是我国经济相对落后地区的集中区，应当借助廊道特有的生态文化和民族文化发展生态文化旅游。生态文化旅游特区的建设将有利于集合优势资源，在减少对当地环境过度开发的同时，利用旅游业带动廊道沿线区域发展，获得良好的生态效益和经济效益。

11.3.3.3　加强廊道旅游特区生态文化的"活化"传承

近些年，随着生态文明建设的推进，旅游者对于生态旅游的需求越来大。在长江国际黄金旅游带设立生态文化旅游特区，有助于推进长江旅游的供给侧改革。以长江国际黄金旅游带为脉络，以古徽州、大别山、长江三峡、湖南武陵源、罗霄山、乌蒙山为载体搭建廊道生态文化旅游平台，开发特色旅游项目和宣传项目。加强廊道旅游资源的"活态化"传承，将廊道旅游资源转化为可利用性强、可体验性高的文化生态旅游资源。利用廊道文化生态营造良好的生态文化旅游氛围，运用现代科技在开发的同时对廊道生态文化进行保护和传承。

11.3.4　探索设立廊道旅游自贸区

11.3.4.1　构建廊道旅游自贸区制度创新体系

制度创新体系的构建有利于提升廊道旅游自贸区建设质量。加强廊道旅游自贸区制度创新的系统性，包括旅游投资管理、旅游贸易便利化、旅游金融、旅游服务业开放、旅游海关监管制度、旅游质量检验检疫制度、旅游营商环境、旅游创新创业等领域。

11.3.4.2　加强廊道旅游自贸区节点城市建设

要探索设立旅游自贸区，需从长江沿岸重要节点城市入手，加大港口城市开放程度。连点连线，促进港口城市之间的沟通与联系，带动廊道沿线旅游业与贸易发展，形成"长江国金黄金旅游带旅游自贸区"。

突出廊道沿线旅游自贸区节点城市建设重点：上海加强中国（上海）邮轮旅游发展实验区的制度创新；杭州依托数字经济加强廊道智慧旅游平台和智慧旅游电子商务制度创新；重庆对接国际贸易规则加强自贸区制度创新。

11.3.4.3　提高廊道旅游自贸区国际化水平

加强廊道沿线各区域之间的合作，提高廊道旅游自贸区国际化水平。加大旅行社业开放力度，放宽外资旅行社准入标准，增加经营出境游外资旅行社数量；创新管理，进一步简化入境旅游手续，扩大外国游客"落地签证"范围，准许外国商品豁免关税自由进出，简化旅游装备通关手续；放宽旅游从业人员限制，开展旅游市场秩序管理与联合执法改革试点；充分利用廊道旅游自贸区具有的"境内关外"的优势发展旅游新业态。促进长江旅游对外开放，提高长江国际黄金旅游带的国际化水平。

11.4　完善廊道旅游发展政策保障机制

11.4.1　加快推行廊道河长制、林长制等体制机制创新

11.4.1.1　全面推行河长制

长江国际黄金旅游带生态与文化遗产廊道以长江为主轴，长江上游、中游、下游地区拥有丰富的水系和河湖资源。为进一步推进廊道生态保护和绿色发展，为国家生态安全提供切实保障，廊道沿线 11 个省（直辖市）应当加快推行河长制。具体可从以下四个方面加快推行河长制：

（1）按照"河畅、水清、坡绿、岸美"的要求，在廊道全面推行河长制。廊道河长制实施范围包括长江国际黄金旅游带沿线 11 个省（直辖市）境内河流、湖泊和水库等，"十四五"时期应当按照"河畅、水清、坡绿、岸美"的要求加快推行河长制。加快廊道沿线河湖资源基础数据搜集整理、河流断面河道管理保护监测网络建设、河道管护体制机制创新试点，抓实河湖水质的优化、水量的补给和水面的增加三个主要方面，统筹相关工作协同推进，落实水岸同治，形成有机联动管护态势，为长江生态屏障保护和国家生态安全提供重要保障。

（2）建立廊道市、区（县、自治县）、乡（镇、街道）、村（社区）四级河长制，明确各部门的责任。河湖管理保护是一项复杂的系统工程，涉及长江上下游、左右岸、不同行政区域。为进一步推进廊道河长制落地落实，在廊道沿线建立市、区（县、自治县）、乡（镇、街道）、村（社区）四级河长体系，实现全覆盖。各河湖所在区（县、自治县）、乡（镇、街道）、村（社区）均分级分段设立河长。市、区（县、自治县）设置河长办公室，承担河长制组织实施具体工作，落实河长确定的事项。市水利局、市环保局等职能部门为市级责任单位。

（3）划定廊道生态红线定标准，推行最严格水资源管理制度。水资源的保护对于廊道全面推行河长制至关重要。廊道沿线 11 个省（直辖市）要建立最严格的水资源管理制度，进一步加大水资源保护力度。组织跨省（直辖市）联合资源考察组，开展沿线河湖资源调查，确定河长制实施范围河湖分级名录，依法划定河湖管理范围，设立界碑。加强水污染综合防治，为水资源保护划定红线，从管理制度、水资源开发、用水效率、排污总量等方面制定管理标准。

（4）廊道官方网站平台发布的河库管理保护信息，应当接受社会公众监督。为进一步推行廊道河长制，应当强化社会监督功能。搭建廊道官方网站平台，通过主流媒体向社会公告河长名单，即时发布河湖管理保护信息；聘请社会监督员监督和评价河湖管理保护效果，并建立群众有奖举报制度；注重开发手机客户端、App 等，实现事件上报、信息获取、互动参与、公众监督等多重功能。

11.4.1.2　加快推行"林长制"

林长制是山水林田湖草综合和系统保护的法制工具，是森林和草原监管体制和领导机制的重大创新，是加快林草业治理体系建设和治理能力现代化的重大体制和制度创新。林长制思想源于习近平生态文明思想。习近平总书记高度重视森林等资源保护管理，指出促进林业发展必须完善林业责任制。2020 年党的十九届五中全会通过的《中共中央关于制定国民经济和社会发展第十四个五年规划和二〇三五年远景目标的建议》明确提出要"推行林长制"。为全面提升森林和草原等生态系统功能，进一步压实地方各级党委和政府保护发展森林草原资源的主体责任，2021 年 1 月，中共中央办公厅、国务院办公厅印发了《关于全面推行林长制的意见》。长江国际黄金旅游带生态与文化遗产廊道拥有丰富的山水林田湖草等自然资源、拥有众多自然保护区和国家森林公园，组成了重要的自然生态系统，对于维护国家生态安全、推进生态文明建设起着基础性、战略性作用。廊道建设必须加快推行林长制。

（1）对照"山有人管、林有人造、树有人护、责有人担"目标，廊道全面推行林长制。全面推行林长制，有利于聚集资源和力量推动林草事业发展。长江国际黄金旅游带生态与文化遗产廊道林长制实施范围包括长江国际黄金旅游带沿线 11 个省（直辖市）境内森林、草原等，"十四五"时期应当按照"山有人管、林有人造、树有人护、责有人担"的目标加快推行林长制。加快廊道沿线林草资源基础数据搜集整理、林草管理保护监测网络建设、林草管护体制机制创新试点，从根本上解决保护发展林草资源力度不够、责任不实等问题，让守住自然生态安全边界更有保障。

（2）构建廊道林草资源保护发展长效机制，以林长制促进"林长治"。长江国际黄金旅游带生态与文化遗产廊道全面推行林长制是压实地方生态保护责任的关键举措。强化地方党委、政府保护发展林草资源的主体责任和主导作用，将各级林长明确为党委、政府主要负责同志，使保护发展林草资源的责任由林草部门提升到党委政府、落实到党政领导，是林草管理责任制的突破和升级。廊道沿线 11 个省（直辖市）要综合考虑区域、资源特点和自然生态系统完整性，科学确定林长责任区域，落实好保护发展森林草原资源目标责任制。各地要因地制宜、大胆创新，科学确定林长制的分级设置、主要任务等，根据资源禀赋的差异，实行分类考核，不搞"一刀切"。切实加强基层基础建设、乡镇林业（草原）工作站建设，用好生态护林员队伍，实现网格化管理全覆盖。

（3）加强组织领导和督查考核，全力推行廊道林长制落地见效。廊道全面推行林长制是一项系统工程，需要统筹各方面力量，建立完善的制度体系，确保改革取得实实在在的成效。在廊道推行林长制过程中，要特别注重从制度层面加强组织领导，强化和压实地方各级党委和政府推行林长制的主体责任。廊道沿线 11 个省（直辖市）结合实际，聚焦森林草原资源保护发展的重点难点，创新体制，聚焦方向，明确任务，尽快出台或完善实施方案和相关制度办法，由党委、政府主要负责同志担任林长；廊道沿线 11 个省（直辖市）要建立廊道沿线信息公开、部门协作、工作督察等制度，协调工作机制，落实各方责任，加快廊道林业治理体系建设和治理能力现代化的重大制度创新。构建廊道沿线 11 个省（直辖市）党政同责、属地负责、部门协同、源头治理、全域覆盖的长效机制，加快推进生态文明和美丽中国建设。

11.4.2 完善廊道特殊区域的扶持制度

加强对廊道沿线民族地区、乡村旅游、红色旅游、特困地区生态旅游等特殊区域的扶持，促进特殊区域旅游的发展。

11.4.2.1 设立旅游资源保护基金

在廊道特殊区域旅游资源的开发中，旅游资源保护是一个极其重要的环节。政府应当进一步加大财政政策支持力度，以立法形式设立专门的旅游资源保护基金，应对在特殊区域旅游资源开发过程中出现的突发事件、环境破坏等；同时，利用该项基金进行专门的旅游承载力和旅游环境影响评估工作，确保廊道特殊区域旅游可持续发展。

11.4.2.2 完善资源保护奖惩制度

加大廊道沿线旅游资源保护力度，对于破坏旅游资源的个人和企业依法依规予以处罚，对于积极响应国家政策和环保理念的企业实行环境补贴政策，对于游客或者旅游企业的环保行为予以奖励，对于环境治理较好的景区景点，应当予以奖励。

11.4.2.3 加强特殊区域基础设施建设

加大对廊道特殊区域旅游资源开发的财政支持力度。交通、水利、环保、污水治理、电信通信等和旅游行业相关公共设施与基础设施，投资规模较大，建设周期长。因此，在廊道特殊区域旅游资源开发中，政府应该先投入部分资金来进行基础设施的建设，以保证后续旅游资源的开发，为廊道旅游发展提供切实保障。

11.4.2.4　加大旅游人才培养力度

加强对专业人才的培养，为廊道特殊区域提供高质量的旅游服务人才。为特殊区域居民提供免费的旅游技能和知识教育培训，提高旅游目的地的社区参与度。加大廊道沿线乡村旅游人才培养力度，鼓励更多的人才返乡投入乡村振兴，助推长江国际黄金旅游带乡村旅游发展。

11.4.3　制定大型旅游企业扶持政策

11.4.3.1　组建长江旅游投资集团

按照混合所有制旅游企业模式，组建由国家和省级国有资本引导、社会资本参与的长江旅游投资集团。按照自主经营、市场运作原则，重点投资建设廊道区域性游线基础设施，成立分省、分区段或完整旅游线路型旅游发展公司，负责经营长江邮轮、318国道、低空飞行及区域特色旅游线路等流域性旅游项目。建立统一经营管理、服务一体化的区域旅游服务骨干示范，带动廊道相关区域的旅游一体化发展。

11.4.3.2　组建跨区域大型旅游企业集团

推动大型优势企业通过收购、兼并、重组，组建一批大型旅游企业集团，重点培育网络营销、宾馆饭店、旅行社、景区开发与管理等类型旅游企业做大做强。鼓励非国有资本进入廊道旅游交通运营、自驾车营地、租车服务等领域；鼓励和支持适应市场需求的旅游汽车租赁企业实现跨区域连锁（联营），开展异地租赁业务。

11.4.3.3　引进国际品牌旅游企业

引进具有较高国际知名度的旅行社、汽车租赁公司、低成本航空公司、自驾车营地运营商等，鼓励境外酒店、旅行社、旅游创意设计公司等旅游企业入驻。积极发展中外合资旅游企业，促进经营方式与国际接轨，提升廊道旅游品牌形象。

11.4.4　探索积极的旅游用地政策

11.4.4.1　建立旅游用地供给制度

结合流域旅游综合改革试点，在国家层面上，探索总结和建立保障旅游服务业发展用地基本供给制度；加大区域旅游用地的支持力度，将旅游用地纳入土地利用总体规划。旅游项目用地、旅游基础设施用地统筹优先安排，设立用地审批的快速通道，保证及时、高效、依法用地。

11.4.4.2 推进差别化旅游用地管理创新

结合各地旅游业发展基础差异，分别按照旅游产业用地、旅游项目用地和公益性旅游用地分别予以不同保障。

11.4.4.3 扩大旅游用地供给途径

鼓励依法取得的农村集体经营性建设用地在确保集体土地性质不变的前提条件下，采取入股、联营等方式参与旅游项目开发建设；对旅游业经营性基础设施、公益性设施用地，可以划拨供地；对投资规模大、促进地区经济发展作用明显的旅游项目用地，可以根据实际情况降低地价标准出让。

11.4.5 健全廊道旅游的法律保障

11.4.5.1 严格遵守和执行国家相关法律

严格遵守和执行《中华人民共和国长江保护法》《中华人民共和国文物保护法》《中华人民共和国旅游法》等与旅游密切相关的环境保护法律法规，为长江国际黄金旅游带生态与文化遗产廊道的旅游业可持续发展创造良好的法制条件，提供切实的法律保障。

11.4.5.2 建立健全廊道旅游环境法律制度和管理制度

对廊道旅游中涉及的环境影响和破坏行为，加强环境立法和环境管理。针对旅游业对环境影响的不同特点，增加补充相关规定。通过依法守法来保护和治理廊道旅游环境，建立强有力的廊道旅游环境保护管理机构和完整的管理体系，监督和管理旅游开发和发展中的环境问题，做到有法必依、违法必究。

11.4.5.3 建立完备的廊道旅游人才流动法律法规

通过建立完备的廊道旅游人才流动法律法规，破除廊道旅游人才流动中的各种体制性障碍，打破人才的身份、地域等界限的户籍制度限制。

11.4.6 加强廊道旅游的人才保障

11.4.6.1 建立廊道旅游人才柔性流动管理体制

一是设立廊道人才管理委员，制定相应的规定和措施，专门负责人才柔性流动工作。增强引才"柔软度"，活化用才机制，采用短期合作、退休返聘、技术"联姻"、服务外包等形式吸引各类精英，使人才有序流动，推进廊道建设。二是建立健全"人才柔性流动"的政策法规，建立人才柔性流动仲裁机构，完善各项仲裁制度，切实保障单位与个人的合法权益。

11.4.6.2 推进多元化旅游人才柔性流动方式

一是聘任流动制，主要包括长期聘任制与短期聘任制两种方式。二是项目合作制，包括廊道旅游研发项目合作、成立廊道旅游联盟、联合举办廊道旅游论坛及旅游节事活动等。三是咨询流动制。咨询流动制是指生态与文化遗产廊道构建各主体互相邀请专家，以培训、学术讲座、交流会、茶话会等方式实现资源整合的一种流动方式。

11.5 完善廊道旅游对外开放合作机制

11.5.1 加强国内周边地区合作

在推进长江国际黄金旅游带生态与文化遗产廊道建设中，加强国内周边地区合作十分重要。《长江国际黄金旅游带规划纲要》强调，要"加强长江国际黄金旅游带与海西海峡两岸合作区、珠三角地区、京津冀地区、中原城市群、关中—天水等区域之间的合作。对接京津冀和海西地区，进行多方合作；与珠三角地区广东、深圳等城市互为市场，延伸香港、澳门市场；加强与关中—天水的合作，对接丝绸之路"。通过加强国内周边地区合作，进一步提升廊道品牌的影响力和美誉度。

11.5.2 推进"一带一路"国际旅游合作

长江是"一带一路"和长江经济带的重要联结点，长江国际黄金旅游带生态文化与遗产廊道有着得天独厚的地理条件。在廊道构建过程中，应当加快推进"一带一路"国际旅游合作，提高廊道建设国际化水平。

11.5.2.1 加强与丝绸之路经济带的国际旅游合作

发挥成都、重庆等长江流域西部中心城市的辐射带动作用，向北拓展，畅通西北旅游通道，对接丝绸之路经济带，利用丝绸之路国际交流通道拓展与中亚、西亚等国的市场。云南、重庆等省（直辖市）与东南亚国家毗邻，可以依托茶马古道、南方丝绸之路等游线拓展东南亚市场，加强与缅甸、泰国，加强大湄公河流域区域合作以及与印度和中东地区对接，寻找历史渊源，共同推进旅游文化建设。

11.5.2.2 加强与"海上丝绸之路"的国际旅游合作

长江内河航运与远洋航运相连接，作为黄金水道应发挥长江三角洲地区特别是上海对外开放中心的作用，实现江海邮轮和游轮对接，拓展"海上丝绸之路"旅游市场。加强与"海上丝绸之路"国家的联系，共同促进长江旅游可持续发展。

11.6　本章小结

本章主要研究了长江国际旅游带生态与文化遗产廊道构建的保障机制，提出要构建廊道旅游发展协调机制、健全廊道旅游发展协同机制、创新廊道重点区域旅游开发机制、完善廊道旅游发展保障政策和完善廊道旅游对外开放合作机制。

12 长江三峡旅游廊道的案例研究

12.1 长江三峡旅游廊道的研究背景及意义

本案例所研究的长江三峡范围如下：西起重庆市奉节县白帝城，东至湖北宜昌市南津关，全长 193 千米，沿途两岸奇峰陡立、峭壁对峙，自西向东依次为瞿塘峡、巫峡、西陵峡。长江三峡是"一带一路"和长江经济带的重要联结点，长江三峡旅游廊道横跨湖北、重庆两个省（直辖市）20 多个县（市、区），廊道构建对于长江经济带建设和长江三峡国际黄金旅游带可持续发展至关重要。

12.1.1 长江三峡旅游廊道的研究背景

（1）长江经济带建设对长江三峡发展提出了绿色生态、文化遗产保护与传承、流域旅游国际旅游形象的传播和可持续发展等新要求，从价值功能、影响因素、机制创新和路径对策等多方面研究长江三峡旅游廊道顺应了这一新要求。

（2）旅游廊道构建是长江三峡在新时期可持续发展的理性选择和必走之路，充分体现了国内外线性文化旅游廊道旅游发展的科学理念和发展趋势，突出长江三峡旅游发展的前沿性和理论上的开拓性。

（3）长江三峡旅游廊道的研究为国内外线性文化旅游廊道旅游发展提供了新的理论探索和实践范例。

12.1.2 长江三峡旅游廊道的研究意义

目前，关于长江三峡旅游的研究已取得较为丰富的理论和实践成效，但立足长江经济带建设的新情境，从旅游廊道构建视角对长江三峡进行系统研究是长江旅游发展亟须解决的重要课题。对长江三峡旅游廊道的研究，具有重要的理论意义和实践意义。

12.1.2.1　理论意义

目前，国内外学者关于旅游廊道的理论研究主要集中在其概念、特征、构建原则等方面。本案例立足于长江经济带发展这一国家层面战略，对长江三峡旅游廊道构建的机制及对策进行深入的理论探讨，研究具有重要的理论意义。

（1）在学术思想上，拓展区域旅游廊道理论研究新思维。从旅游廊道构建的新视角审视长江三峡旅游发展，在学术思想上实现了区域旅游向流域旅游的转变，突出了生态、绿色、文化保护等旅游廊道构建内核，拓展了区域旅游廊道理论研究新思维，为指导科学决策提供新思路。

（2）在学术观点上，提出旅游廊道构建是长江三峡在新时期可持续发展的理性选择。长江三峡是长江经济带建设的重要组成部分，其建设不应单纯注重经济效益，还应当注重生态保护、文化遗产保护与传承、国际旅游形象的传播等，充分发挥其对经济、社会发展和环境保护的综合效益，在此基础上探讨长江三峡旅游廊道的构建机制、路径及对策。

12.1.2.2　实践意义

长江三峡旅游廊道是涉及湖北、重庆等省（直辖市）的跨区域和大尺度线性廊道，廊道的构建有助于带动长江沿线区域旅游业发展，并产生巨大的辐射效应。本书提出了廊道构建的具体路径和对策建议，对于长江三峡国际黄金旅游带可持续发展具有重要的应用价值。

12.2　长江三峡旅游廊道的资源赋存和价值功能

12.2.1　长江三峡旅游廊道的资源赋存

长江三峡文化旅游廊道构建的基础在于厘清三峡地区的自然与人文旅游资源。三峡地区经历了长时期的自然地理演变及历史文化变迁。在距今约 7 000万年的远古时期，燕山运动和喜马拉雅运动造就了三峡的地貌景观。历史上各个时期的政治、经济、文化等活动的影响，使三峡地区形成了特有的历史文化资源。长江三峡地区自然旅游资源十分丰富（见表 12-1）。

表 12-1　长江三峡主要的自然旅游资源

资源类别	资源统计
峡景资源	瞿塘峡、西陵峡、巫峡、天井峡、天坑峡、迷宫峡、九盘峡、香溪大峡谷、金刀峡、鸭江小三峡、小小三峡潭漳峡、鹦鹉峡、芙蓉峡、剪刀峡、嘉陵江小三峡、庙峡、荆竹峡、巫山小三峡、兵书宝剑峡、牛肝马肺峡、崆岭峡、灯影峡、乌江十三峡等
溶洞景观群	奉节天坑地缝、云阳龙缸、巫溪夏冰洞、巫山陆游洞、东泉热洞、梁平蟠龙洞、丰都包鸾溶洞群、丰都暨龙溶洞群、巫溪双溪溶洞群等
自然风景名胜	缙云山风景名胜区、金佛山风景名胜区、四面山风景名胜区、芙蓉江风景名胜区、天坑地缝风景名胜区、神农架国家森林公园、黄水国家森林公园、仙女山国家森林公园、小三峡国家森林公园、金佛山国家森林公园、武陵山国家森林公园、歌乐山国家森林公园、茶山竹海国家森林公园等

资料来源：笔者根据长江三峡相关文献资料梳理而得。

12.2.1.1　自然旅游资源

长江三峡自然资源沿长江两岸呈线状分布，沿途风光壮丽雄奇，还有价值极高的溶洞景观和生态环境良好的风景名胜区，自然旅游资源十分丰富。

（1）峡景旅游资源得天独厚。长江三峡自然资源以峡景价值最为突出。长江三峡两岸重峦叠嶂、峭壁对峙，山高谷深、峡窄流急，被誉为"四百里山水画廊"。既有险滩峭壁、江流湍急的瞿塘峡和西陵峡，又有幽深险峻、削壁临江曲折连绵 40 千米的秀美巫峡。瞿塘峡、巫峡、西陵峡因峡景风光独特，为历代名人所赞颂。此外，长江三峡还有小三峡、龙门峡、滴翠峡等几十处峡景资源，拥有得天独厚的旅游优势。

（2）溶洞景观群宏伟壮观。在自然界复杂的内、外力作用下，长江三峡拥有众多溶洞景观群，岩溶洞穴资源奇特、特征鲜明、形态各异、数不胜数。奉节天坑地缝堪称绝世奇观。天坑深 666.2 米，是目前发现的世界上最大的漏斗形天坑之一。从坑底向上看，四周的陡壁把天空影射成一轮圆月，坑中大大小小的洞穴，蔚为壮观。天井峡地缝呈现为一条狭窄的大缝隙，如刀劈切开，缝隙垂直高度约 250 米，顺着缝隙向下看，是笔直的悬崖。此外，长江三峡还有云阳龙缸、巫溪夏冰洞、巫山陆游洞等庞大的溶洞景观群，景色蔚为壮观，观赏价值极高。

（3）自然风景名胜资源富集。长江三峡拥有天坑地缝、缙云山等众多自然风景名胜区，拥有神农架、双桂山等国家森林公园，拥有三斗坪湖、神女湖等众多美丽湖景①。

12.2.1.2　人文旅游资源

（1）历史文化遗存价值高。长江三峡历史文化悠久，各个时期都留下了独具特色的文化遗产（见表12-2），厚重的文化为长江三峡文化旅游开发提供了源源不断的故事素材。

表12-2　长江三峡各历史时期的文化特色

历史时期	文化特色
史前文明时期	龙骨坡遗址、兴隆洞古奉节人遗址、城背溪文化、大溪文化、屈家岭文化、老关庙文化、朝天嘴文化遗址
先秦时期	大禹治水、"巴、楚诸侯国"、中堡岛遗址、石门嘴遗址、杨家嘴遗址、巫山双堰塘遗址、忠县㴭井沟遗址群、云阳李家坝战国墓地、涪陵小田溪战国墓地等
秦汉时期	灭巴蜀、移民、巫山古城遗址、巫山张家湾遗址
魏、晋、南北朝时期	白帝城，张飞庙，鱼腹八阵图等军事遗迹、移民、制漆工艺
隋唐宋时期	云阳李家坝唐代遗址、盐业发展、玄宗僖宗入蜀，移民潮、诗歌名作、重要交通通道
元明清时期	湖广填四川移民运动、会馆文化、移民姓氏地名文化、《竹枝词》、万县码头、大昌古镇、西沱古镇等
近现代	陪都文化、重要物资转移通道、三峡工程、三峡百万大移民

长江三峡历史文化遗存丰富。拥有以巴楚文化、土家族文化、苗族文化等民族文化为主题的遗址遗迹，如巫山龙骨坡文化遗址、大溪文化遗址等。长江三峡佛教文化、道教文化和丰都鬼城文化等宗教文化的建筑遗存非常丰富，如梁平双桂堂、忠县天主教堂、双桂山建筑群、丰都鬼城等。长江三峡还拥有众多古镇遗址，如西沱古镇、宁广古镇等；独特的建筑文化遗址，如土家吊脚楼、山水城市建筑等；独特的石刻考古文化遗址，如白鹤梁石刻等。举世瞩目的三峡工程修建了中国第一大水电站，三峡人民进行了百万大移民和建设库区新城镇。这一时期的三峡文物分为地上文物遗迹和地下文物遗迹，形成了新的三峡文化遗迹格局。

（2）非物质文化遗产丰富。长江三峡拥有丰富的非物质文化遗产。廪君

①　王彦力. 陪都文化旅游品牌构建与传播 [D]. 重庆：重庆大学，2012.

的传说、断头英雄巴蔓子将军的传说等体现了三峡人民为国家牺牲小我的民族基因，其所代表的精神激励着后人，成为巴渝大地人民的象征。以土家族撒叶儿嗬、走马镇民间故事、梁平癞子锣鼓、木洞山歌等为代表的国家级非物质文化遗产以及涉及20多个区县的众多的省（直辖市）级的非物质文化遗产，构成了长江三峡非物质文化遗产宝库。

（3）三国文化旅游资源价值高。长江三峡拥有托孤文化、军事文化、忠义文化等文化资源，旅游开发价值高。"刘备托孤"发生地奉节白帝城作为独特的三国文化代表名地，引发了历代诗人的赞颂。鱼复八阵图代表了三国军事文化，杜甫"功盖三分国，名成八阵图"提升了其知名度。此外，以巴蔓子将军、关羽、张飞等所代表的忠义文化以及历史典故、故事、成语等丰厚的文化底蕴，使得长江三峡的三国文化旅游资源拥有极高的价值。

（4）诗歌文化旅游资源丰富。春秋战国时期，屈原的离骚体，宋玉的《神女赋》《高唐赋》等以直接或间接的方式咏吟三峡。唐宋时期为三峡诗歌创作的高潮期。李白三过三峡，写下以《早发白帝城》为代表的优秀诗作。杜甫诗作的1/3都是在三峡创作完成的。白居易、刘禹锡等也创作了大量关于三峡题材的诗作。历史上各个时期的诗歌成为三峡旅游最有特色的文化旅游资源。

12.2.2 长江三峡旅游廊道的价值功能

长江三峡旅游廊道具有丰富的价值功能，现从文化价值、生态价值、经济价值、游憩功能、教育功能五个方面进行阐释[①]。

12.2.2.1 文化价值

文化是旅游的灵魂，旅游是文化的载体，三峡地区独特的文化底蕴正是其旅游业发展的灵魂。长江三峡旅游廊道以巴蜀文化为主体，拥有巴文化、移民文化、诗词文化等分支，还拥有屈原故里、昭君故里等文化遗址。不同地区拥有不同的文化，各种文化的耦合与叠加构成了三峡地区独特的文化底蕴。瞿塘峡以三国文化为支撑，巫峡以巴风巫韵的历史文化为内涵[②]，西陵峡以三峡水利工程文化为重点，白帝城之所以闻名全国，得益于历代文人墨客的诗词赞美。对于任何一种旅游廊道来说，其整体蕴含的文化价值远远大于各遗产点的

---

① 张玉蓉，林娜. [J].三峡库区生态与文化遗产旅游廊道资源赋存及价值功能 [J].旅游纵览，2018（22）：23-25.

② 王彦力.陪都文化旅游品牌构建与传播 [D].重庆：重庆大学，2012.

旅游价值之和①。因此，依托于旅游廊道的整体的文化价值评价更具有实际意义。打造不同文化旅游廊道线路，不仅对旅游廊道保护具有实际意义，而且对长江三峡的旅游业发展也能起到良好的推动作用②。

12.2.2.2 生态价值

旅游廊道来源于美国的绿道，因此生态价值是其重要的价值属性。长江三峡旅游廊道的生态价值主要包括长江三峡河流本身、沿线沟通的大量水系湖泊（如梅溪河、大宁河、神农溪、香溪、黄柏河等）以及沿线分布的文物古迹和非物质文化遗产的价值。长江三峡旅游廊道的生态价值通过自然生态平衡和河流生态的修复等加以体现。

12.2.2.3 经济价值

旅游廊道的构建能够促进旅游业的发展，从而使其具有经济价值。跨区域存在的长江三峡旅游廊道的经济价值，远远超过其单个遗产点的价值。单个遗产的经济价值主要表现为旅游业创造的价值，而跨区域的旅游廊道不仅能创造更多的旅游经济，还有其他潜在的经济效益。长江三峡旅游廊道建立还能促进区域合作和资源整合，从而间接影响经济增长。

12.2.2.4 游憩功能

长江三峡拥有丰富的自然和文化旅游资源，旅游廊道游憩功能十分突出。自行车道、游步道系统的设计提供了游憩活动可实现路径，廊道沿线文化和自然资源提供了高质量的游憩资源。从整体上打造长江三峡旅游廊道特色游憩线路，有助于推进长江三峡国际黄金旅游带建设。

12.2.2.5 教育功能

旅游廊道的教育功能主要体现在自然地理知识的普及、历史文化的传承和创新等方面。长江三峡旅游廊道可借鉴美国伊利运河、中国大运河等廊道建设经验，通过构建廊道解说系统来增强其教育功能。

---

① 赵万民.长江三峡风景名胜区资源调查 [M].南京：东南大学出版社，2007.
② 席建超，葛全胜.长江国际黄金旅游带对区域旅游创新发展的启示 [J].地理科学进展，2015（11）：1449-1457.

12.3　长江三峡旅游廊道构建的现实问题和影响因素

12.3.1　长江三峡旅游廊道构建的现实问题

12.3.1.1　区域旅游合作亟须深化

长江三峡地跨重庆、湖北省（直辖市）20 多个县（市、区），从长江三峡全域旅游发展来看，重庆、湖北区域旅游合作尚处于浅表层次，同时与周边区域的联系也亟须加强。目前，重庆、湖北两省（直辖市）在长江三峡地区旅游规划制定、区域旅游合作机制、跨区域利益协调机制、区域一体化交通体系建设等方面协同不够，区域合作亟须深化。

12.3.1.2　旅游产业体系亟须完善

长江三峡旅游主要以"门票经济"为主，旅游收入来源渠道较为单一。游客多为过境游，且旅游消费贡献较为有限。湖北、重庆两省（直辖市）应共同携手，进一步完善旅游产业体系，打造长江三峡大旅游品牌，加大旅游要素整合力度，延伸长江上、下游旅游产业链，形成旅游全产业链有效互动的良性模式，吸引更多的国内外游客，提升旅游综合效益。

12.3.1.3　旅游空间布局亟须优化

长江三峡在旅游规划和空间布局上存在短板，主要表现为：旅游空间功能分区不清晰、旅游产品同质化情况较为严重、区域旅游内部竞争较为激烈等。鉴于此，应进一步优化长江三峡旅游廊道的空间布局，以游客需求为导向，推动旅游供给侧改革，通过空间优化引领廊道旅游高品质发展。

12.3.1.4　整体保护开发亟须加强

长江三峡处于生态脆弱地区，为进一步践行"共抓大保护，不搞大开发"的要求，应当树立系统思维，从整体开发角度思考旅游廊道的可持续发展。长江三峡拥有丰富的自然生态和历史文化资源，廊道旅游的整体保护与开发既有利于生态廊道打造、保护区域生物多样性和自然环境，还有利于区域历史文化遗产的传承。

12.3.1.5　廊道旅游品牌亟须塑造

长江三峡地跨湖北、重庆两省（直辖市），区域条块分割的问题长期存在，使得长江三峡旅游品牌打造未有效形成合力。基于此，应当打破行政区划的制约，加强区域联动，以旅游廊道构建为抓手，共同打造有市场影响力和美誉度的长江三峡大旅游品牌，使其在国际国内市场成为一张靓丽的旅游名片。

12.3.2　长江三峡旅游廊道构建的影响因素

长江三峡旅游廊道构建是一个复杂的系统工程，影响因素众多。本书主要从地理环境、文化遗产资源的完整性及真实性、区域经济发展水平、旅游配套设施完善程度、管理机制和政策支持力度等六个方面对其影响因素进行综合分析。

12.3.2.1　地理环境

旅游廊道依存于一定的地理环境，表现为线性旅游区域。地理环境格局决定了线路的走向及形态，提供了旅游廊道的基本架构。不同的地理环境拥有不同的生态与文化资源，这就决定了旅游廊道的生态与文化氛围以及景观的共性与个性表征。

长江三峡区域内巴山绵延，江河纵横，历史悠久，文化沉积深厚。长江三峡虽然拥有众多的自然景观资源、人文景观资源和科考探险资源，但资源分布较为松散。因此，有效整合长江三峡不同地理环境内的资源，是构建旅游廊道基本架构的重要基础。

12.3.2.2　文化遗产资源的完整性及真实性

文化遗产资源具有文化价值、生态价值、经济价值、游憩功能、教育功能等多元价值功能，其完整性与真实性影响着旅游廊道的文化表征。长江三峡地区经历了上千年的历史发展，沉淀了灿烂的文化遗产资源。但是，随着三峡工程的启动，三峡地区文化遗产资源的完整性及真实性受到一定影响。一是2003年自三峡大坝蓄水后，水位上升，淹没了部分历史遗迹，一定程度上影响了长江三峡所传承的文脉和内涵。二是三峡库区大量居民迁移，一些民间艺术形式、节庆活动等随之消散，原有土地失去了居民，地域魅力有所下降。三是快速的城市化发展带来长江沿线居民思想观念、生活方式、生产方式的急剧变化，致使长江三峡历史文化内涵受到强烈冲击，文化价值大幅下降，大量民间文化遗产由于缺乏调查和保护而逐渐消失，难于传承。四是近年来的旅游开发一直追求经济效益使得文化遗产环境日益恶化，如传统文化商品化、庸俗化等。五是气象变更、自然灾害等导致长江三峡部分文化遗产本体饱受水患、风化等侵蚀，其历史原貌和文化特征留存较少。

长江三峡旅游廊道文化遗产的完整性及真实性状况不容乐观，对于展示长江三峡文化、提炼文化主题将产生不利影响。因此，加强其完整性及真实性保护至关重要。

12.3.2.3　区域经济发展水平

区域经济发展水平将会对旅游廊道的构建产生重要影响。若区域内的经济发展水平较高，对于旅游廊道的经济协同作用就较大，对廊道构建的投资或者需求能力就较强，将有利于廊道的构建；反之，则会在一定程度上影响廊道的构建。

长江三峡旅游廊道沿线区域产业发展较为薄弱，经济发展水平较低。同时，因长江三峡搬迁损失巨大，导致以城市空壳化、产业空心化、财力空洞化为表征的"三空"现象出现。"城市空壳化"即大量居民被迁出库区；"产业空心化"即为数不少的企业关、停、并、转，使库区产业更加薄弱；"财力空洞化"即由产业空心化所导致的经济下滑。由此可见，长江三峡的经济发展水平较低，在经济方面的支持力度较小，将会影响到长江三峡旅游廊道的构建。

12.3.2.4 旅游配套设施完善程度

长江三峡旅游廊道的交通基础条件亟须改善。廊道沿线多山区，地形复杂，部分城镇之间除了天然水道外，还没有形成立体、快捷的通道与城镇相联系。部分县城至各景区的旅游公路还需提升等级，部分区域交通连接性、可进入性较差，从而导致构建慢行游憩廊道、绿道时难以形成线性或环形状态。景区内部基础设施尚不完善，旅游配套服务尚水平较低。在旅游配套服务设施不完善的情况下构建廊道，会加大廊道构建的难度，影响廊道质量。

12.3.2.5 管理机制

长江三峡旅游资源与旅游经营未有效分离，造成了旅游资源管理分散、管理体制不顺。现有管理体制难以协调各个部门及区域的利益，不利于长江三峡内的旅游资源整合及旅游廊道的构建。

12.3.2.6 政策支持力度

政策支持力度也影响着长江三峡旅游廊道的构建。政策力度大，对廊道的构建将会起到积极作用。近年来，随着三峡工程的实施以及长江经济带、丝绸之路经济带的构建，国家出台了一系列措施积极推动廊道内的经济发展及生态与文化遗产保护。在此背景下，长江三峡旅游廊道的构建可谓是顺势而为，为廊道的资源调研、资源评价、廊道格局规划等提供了有力的政策支持。

12.4 长江三峡旅游廊道空间格局的实证分析

12.4.1 研究方法

本书通过分析长江三峡各县（市、区）旅游空间关联度，以此确定旅游联系的空间结构。运用中心职能指数分析长江三峡各县（市、区）在整个旅游网络中的功能地位，运用引力模型构建长江三峡各县（市、区）间的旅游联系矩阵，确定长江三峡各县（市、区）旅游联系的强度，在此基础上剖析长江三峡旅游廊道的网络结构。

12.4.2 数据来源

数据指标及来源整理如表 12-3 所示。由于 A 级旅游景区基本涵盖了地区内重要的旅游资源，因此将 A 级旅游景区作为旅游资源指标数据。长江三峡各县（市、区）间的道路的时间距离来源于百度地图的直线距离。

表 12-3　研究数据来源

数据类型	具体内容	主要用途
旅游经济数据	长江三峡 18 个县（市、区）2018 年统计年鉴、国民经济与社会发展公报、政府工作报告、人民政府网站等	获取 2018 年长江三峡 18 个县（市、区）的社会经济发展指标，如第三产业产值、第三产业产值占 GDP 产值比重；旅游经济发展指标，如旅游总收入、旅游总人次；旅游资源指标，如旅游景区影响度；道路通达指标，如县（市、区）域总里程数除以 100 平方千米所计算的结果；通过中心职能指数对数据进行处理，刻画长江三峡旅游发展节点
道路距离	长江三峡 18 个县（市、区）间的道路的时间距离	通过百度地图获取长江三峡 18 个县（市、区）道路的时间距离；通过引力模型刻画长江三峡各县（市、区）旅游联系

12.4.3 廊道的资源分布

截至 2018 年年底，长江三峡 A 级旅游景区发展状况如表 12-4 所示，共有 5A 级旅游景区 9 个、4A 级旅游景区 83 个、3A 级旅游景区 73 个、2A 级旅游景区 42 个、1A 级旅游景区 1 个。

表 12-4　长江三峡 A 级旅游景区地理分布

县（市、区）	旅游资源级别					县（市、区）	旅游资源级别				
	5A	4A	3A	2A	1A		5A	4A	3A	2A	1A
重庆主城区		35	21	8	1	开州区		2	6	2	
江津区	1	2	6	5		云阳县	1	2		4	
长寿区		3				奉节县		2	2	9	
涪陵区		4	1	3		巫溪县		1		2	
武隆区	1					巫山县	1	2	1		
丰都县		4		1		宜昌市	4	17	20	3	
石柱县		2	3			兴山县		1	1		
忠县		1				秭归县	1	2	2	1	
万州区		1	7	4		巴东县	1	2	3		

12.4.4　廊道的空间格局

12.4.4.1　廊道发展节点

如表 12-5 所示，重庆主城区系长江三峡旅游发展最为重要的节点，以旅游发展指数 5.807 的绝对优势领先于其他县（市、区）。宜昌市旅游发展指数为 3.105，仅次于重庆主城区，旅游发展潜力很大。万州区、江津区、涪陵区和奉节县的旅游发展指数分别为 0.829、0.707、0.679 和 0.67，显示出很大的旅游发展潜力。因此，重庆主城区、宜昌市、万州区、江津区、涪陵区和奉节县可以看作长江三峡旅游的一级节点县（市、区）。武隆区、兴山县、开州区、云阳县、秭归县、巫山县和丰都县发展指数处于 0.5～0.65，可以作为为二级旅游节点。其他县（市、区）旅游发展指数都小于 0.5，可以作为三级旅游发展节点。

表 12-5 长江三峡各县（市、区）旅游发展指数

县（市、区）	旅游发展指数 K（Ci）	县（市、区）	旅游发展指数 K（Ci）
重庆主城区	5.807	开州区	0.569
江津区	0.707	云阳县	0.591
长寿区	0.454	奉节县	0.67
涪陵区	0.679	巫溪县	0.431
武隆区	0.632	巫山县	0.56
丰都县	0.526	宜昌市	3.105
石柱县	0.46	兴山县	0.609
忠县	0.369	秭归县	0.565
万州区	0.829	巴东县	0.474

12.4.4.2 廊道发展轴线

本书从旅游节点联系的视角来分析确定旅游发展廊道系统，为长江三峡旅游廊道空间结构构建提供基础。

本书运用引力模型，将旅游节点中心职能指数作为引力模型质量指标，利用区域间的时间距离指标代入公式，得到旅游节点间的 18×18 联系量矩阵（见表 12-6）。

$$F_{ij} = \frac{K_{ci} \cdot K_{cj}}{D_{ij}^{2}}$$

式中：F_{ij} 为 i，j 两县（市、区）的旅游联系量；K_{ci}、K_{cj} 分别为两县（市、区）的旅游中心职能指数；D_{ij} 为两县（市、区）间的时间距离，可通过百度地图获得。

表 12-6 长江三峡各县（市、区）旅游联系量矩阵

县（市、区）	重庆主城区	江津区	长寿区	涪陵区	武隆区	丰都县	石柱县	忠县	万州区
重庆主城区									
江津区	3.500 4								
长寿区	0.000 5	0.120 4							
涪陵区	2.523 5	0.130 6	1.321 4						
武隆区	0.628 2	0.083 2	0.101 3	0.186 5					
丰都县	0.714 9	0.064 6	0.161 2	0.334 7	0.071 9				
石柱县	0.361 9	0.034 6	0.059 9	0.110 3	0.036 6	0.250 4			
忠县	0.309 1	0.027 7	0.065 4	0.062 6	0.023 8	0.117 9	0.164 1		
万州区	0.429 0	0.041 0	0.072 2	0.074 4	0.034 7	0.103 8	0.113 5	0.114 7	
开州区	0.182 9	0.018 3	0.025 8	0.029 5	0.014 8	0.027 8	0.027 5	0.025 8	0.233 1
云阳县	0.220 0	0.021 8	0.032 3	0.036 8	0.018 9	0.045 4	0.046 5	0.046 4	0.414 3
奉节县	0.179 9	0.018 2	0.023 7	0.027 7	0.015 9	0.031 7	0.031 1	0.029 4	0.133 3
巫溪县	0.079 8	0.008 4	0.009 5	0.011 6	0.007 2	0.012 3	0.011 8	0.010 6	0.076 2
巫山县	0.107 5	0.011 2	0.013 0	0.015 9	0.009 8	0.017 0	0.016 4	0.014 8	0.055 5
宜昌市	0.256 6	0.028 8	0.024 8	0.039 0	0.044 8	0.036 7	0.038 6	0.026 8	0.014 0
兴山县	0.066 7	0.007 3	0.007 2	0.009 3	0.006 5	0.009 0	0.008 6	0.007 3	0.134 0
秭归县	0.044 7	0.005 0	0.004 3	0.006 8	0.007 8	0.006 4	0.006 7	0.004 6	0.014 8
巴东县	0.052 8	0.005 8	0.005 7	0.007 5	0.006 4	0.007 2	0.006 7	0.005 8	0.025 3

表 12-6（续）

县（市、区）	开州区	云阳县	奉节县	巫溪县	巫山县	宜昌市	兴山县	秭归县	巴东县
重庆主城区									
江津区									
长寿区									
涪陵区									
武隆区									
丰都县									
石柱县									
忠县									
万州区									
开州区									
云阳县	0.305 0								
奉节县	0.126 9	0.267 4							
巫溪县	0.034 1	0.053 5	0.246 2						
巫山县	0.048 4	0.078 8	0.388 3	0.098 3					
宜昌市	0.053 4	0.067 0	0.119 8	0.058 5	0.131 7				
兴山县	0.018 2	0.024 1	0.052 0	0.023 2	0.069 4	0.333 0			
秭归县	0.009 4	0.011 7	0.020 8	0.010 3	0.022 9	1.943 9	0.051 6		
巴东县	0.051 7	0.019 4	0.042 0	0.018 6	0.055 7	0.136 6	0.082 8	0.024 6	

分析结果显示，旅游节点联系量最大的是重庆主城区—江津区，为350.04%，其次是主城区—涪陵区、宜昌市—秭归县、涪陵区—长寿区，分别为252.35%、194.39%、132.14%。

12.4.4.3 廊道空间网络

基于长江三峡各县（市、区）两两间的旅游联系量矩阵数据，按照社会网络分析方法，计算出各联系量数据的平均值 0.137 827 241，联系量数据大于平均值的记为 1，表示长江三峡各县（市、区）间旅游具有强联系，小于平均值的记为 0，表示长江三峡各县（市、区）间旅游联系较弱，以此得到 0~1矩阵数据，利用 Ucinet 软件进行可视化得到长江三峡旅游网络图（见图 12-1）。

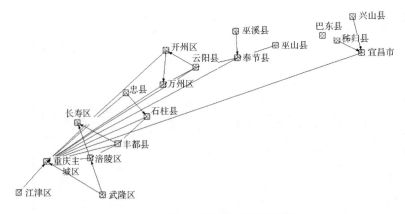

图 12-1 长江三峡旅游空间网络图

研究表明，重庆市主城区和宜昌市显示出较强水平的旅游发展指数，长江三峡旅游区以重庆主城区和宜昌市为双核驱动，存在 3 个旅游聚集区支撑起整个旅游网络。

12.4.5 研究结论

（1）研究表明，长江三峡旅游廊道拥有 6 个一级中心节点、7 个二级中心节点和 5 个三级中心节点。6 个一级中心节点分别为重庆主城区、宜昌市、江津区、万州区、涪陵区和奉节县，7 个二级中心节点分别为武隆区、兴山县、开州区、云阳县、秭归县、巫山县和丰都县，5 个三级中心节点分别为巴东县、长寿区、石柱县、忠县、巫溪县。

（2）根据旅游联系的强弱程度，依托长江主轴，构建了长江三峡三级旅游廊道系统。将存在旅游强联系的江津区—重庆主城区—涪陵区—丰都县—石柱县、万州区—云阳县—奉节县—巫山县、秭归县—宜昌市—兴山县三轴对应的交通线作为一级旅游廊道。重庆主城区同武隆区、丰都县、石柱县、忠县、万州区、云阳县的交通线，以及涪陵区—长寿区、开州区—万州区、开州区—云阳县、奉节县—巫溪县的交通线，作为二级旅游廊道。其他旅游联系量较少的县（市、区）两两联系的交通线作为三级旅游廊道。

（3）充分考虑自然生态资源、历史人文资源等因素，将长江三峡旅游廊道划分为四个旅游功能区：三峡都市旅游区、三峡休闲游憩区、三峡文化体验区、三峡生态创意区。通过细分廊道旅游功能区，推动旅游供给侧改革和廊道旅游高质量发展。

12.5 长江三峡旅游廊道构建的路径

长江三峡旅游廊道构建的路径主要包括以下五个方面：一是确定廊道范围。从时间和空间两大维度对廊道范围进行界定，包括通过分析主要的线路网络，确定旅游廊道网络节点。二是提炼文化主题。以"线路"为纽带串联起来的遗产区域是集历史、文化、自然、教育、休闲、游憩资源于一体的区域，该区域资源的整体价值明显高于单个资源的价值而使本区域具有国家或世界保护的重要性和必要性。旅游廊道的文化主题是构建旅游廊道的核心，它决定了要素的构成和整体价值功能。三是厘清构成要素。基于旅游廊道文化主题的范围，判断旅游廊道的自然资源和历史文化资源构成，并对其资源特征进行分析。四是构建空间格局。构建旅游廊道应从"点、线、面"空间格局进行设计。首先基于面状区域从整体性战略高度进行解说系统、绿地生态系统、交通通达系统、营销系统的详细规划，其次构建生态与文化遗产旅游专线，最后从旅游开发理念到自然资源、物质文化资源和非物质文化资源的旅游开发。五是加强整体保护，包括文化遗产整体保护和旅游廊道的整体打造与保护。

12.5.1 确定廊道范围

划定旅游廊道串联起来的遗产点而组成的线状区域范围是长江三峡旅游廊道构建和保护的前提。范围的划定必须紧扣长江三峡旅游廊道的线性空间特征，尽量定位线路上的各个节点城市，以细化的节点为媒介描绘出拟构建的旅游廊道覆盖区域，再以节点为核心辐射出廊道线路上的主次网络。虽然旅游廊道总体上属于线性廊道，但不一定是绝对的点到点的线条连接，而存在相互交织的线条网络，旅游廊道保护大多注重主要线路网络的规划。

12.5.2　提炼文化主题

旅游廊道的构建需要确定一个到多个共同的主题，这些主题的确定应该由与廊道关系最为密切的关键性资源来决定，通常可划分为自然生态、历史文化和游憩三种类型①。长江三峡旅游廊道的构建必须从自然资源和历史文化资源出发，提炼独特的廊道文化主题。文化主题应当充分体现长江三峡地区遗产资源的核心特征，反映出区域的文化特质及遗产的综合价值，同时还要考虑到后继解说、娱乐、教育等项目实施的可行性及大众的接受程度。

12.5.2.1　长江三峡旅游廊道文化主题的源起

长江三峡旅游廊道文化主题范围以自然生态和历史文化为主，因此在廊道构建时可以根据资源的价值和空间分布确定不同的旅游廊道主题。

长江三峡自然生态资源丰富，拥有峡景、溶洞、湖泊、风景名胜区以及众多国家级森林公园。长江三峡文化资源丰富，主要包括考古文化、民族文化、宗教文化、民俗文化、三国文化、诗歌文化、石刻文化、古镇文化、建筑文化、抗战文化、陪都文化、纤夫文化、移民文化、工程文化等。具体包括：龙骨坡古人类化石遗址、大溪文化遗址等考古文化；巴楚文化、土家族文化、苗族文化等民族文化；佛教文化、道教文化和丰都鬼城文化等宗教文化，如梁平双桂堂、忠县天主教堂、双桂山建筑群等；石刻文化，如白鹤梁石刻；古镇遗址，如西沱古镇、宁广古镇等；建筑文化，如土家吊脚楼、山水城市建筑等；三国文化，如张飞庙、八阵图、白公馆等。此外，长江三峡还拥有文学诗歌旅游资源等非物质文化遗产资源。

关于三峡文化主题，学者们见仁见智，从不同视角进行了阐释。巴芒（2007）认为，应该塑造新三峡形象，并从考古文化的价值将三峡文化主题确定为"巫山猿人的发现"②。李小波（2006）系统分析了三峡旅游廊道的时空建构，并根据历史迁徙事件对三峡旅游廊道的文化交流和文化积淀进行了研究③。此外，中国长江三峡国际旅游节也在不同时期提出了"世界的长江，壮美的三峡""壮美长江，诗画三峡"等主题定位。

12.5.2.2　廊道文化主题的凝练

巫山人遗址的发现表明，距今 200 万年前在三峡地区就已经有了原始人

---

①　朱强. 京杭大运河江南段工业遗产廊道构建 [D]. 北京：北京大学，2007.

②　巴芒. 塑造新三峡旅游文化形象的对策研究 [J]. 经济论坛，2007（1）：20-22.

③　李小波. 三峡文物考古成果的旅游转化途径与三峡遗产廊道的时空构建 [J]. 旅游科学，2006（1）：12-17.

类，巫山人牙齿化石是迄今为止我国境内发现最早的人类化石。长江文明是中国民族的起源，在建设长江经济带的战略背景下，对长江文化进行深入挖掘具有十分重要的意义。

基于对长江三峡资源的调查和梳理，本书从战略高度对长江三峡旅游廊道进行整体打造，提出"中华民族母亲河"的廊道文化主题。在这一文化主题下，确定重庆主城区、丰都、万州、奉节、宜昌为长江三峡旅游廊道的五个核心城市。重庆与万州高铁贯通，万州进入重庆"一小时经济圈"内，成为三峡旅游发展的一个重要增长极。丰都和奉节都是资源独特丰富的地区，旅游廊道的建设要以文化资源为核心吸引物。重庆主城区、宜昌市为长江三峡廊道的两极，也是整个体系的重要交通集散地和节点，依托重庆主城和宜昌的便利交通和丰富资源，打造长江三峡旅游廊道的核心增长极。

12.5.3 厘清构成要素

旅游廊道构成要素的调查、整理和分析是廊道构建工作的基础与前提。长江三峡旅游廊道构成要素主要包括文化遗产要素和自然资源要素，是长江三峡人民所创造的非物质文化和物质文化的总和。作为拥有丰富文化内涵的线性文化旅游廊道，厘清其构成要素至为关键。

12.5.3.1 文化遗产要素

（1）文化遗产的内容。长江三峡文化遗产主要由各类文物保护单位和未列入文物保护单位但具有文化遗产基本特征的历史遗存组成。文化遗产主要涵盖长江三峡所保存的城址、寺庙、故居、遗址、墓群、桥梁等人工建构筑物及其周边的历史环境。

（2）文化遗产的功能。文化遗产是长江三峡旅游发展的核心部分。长江三峡特有的文化景观是该范围景观的内涵和外在表现明显区别于其他地区的独特表征。基于文化遗产在长江三峡旅游廊道中所处的重要地位，其主要功能可以总结为以下两个方面：一是记载城市的历史与变迁。例如：龙骨坡巫山人遗址，距今201万~204万年，是中国和亚洲最早的人类遗迹；涪陵巴王墓证明三峡地区曾经有巴人在此生活；中国的抗战遗址记录了重庆曾经作为战时陪都的历史，可见文化遗产地在城市发展与记忆中的重要地位。二是展现长江三峡区域文化特征。在不同历史时期和不同地理范围，长江三峡文化的内容和形式都是不同的，从而形成了不同区域独特的文化特征。

（3）文化遗产的类型。文化遗产地是旅游廊道构成要素的核心，旅游廊道的游线选择以及人文景观的营造主要围绕各个文化遗产点而进行。长江三峡文化遗产地主要可以分为以下五种类型：遗址遗迹、寺庙建筑、名人文化、题刻造像、历史名镇。

（4）文化遗产的特征。

第一，遗址遗迹类。长江三峡遗址遗迹数量体系庞大，遗址遗迹主要分布于长江沿岸，呈线性分布，形成了忠县至万州、万州至云阳、奉节、巫山四个聚集区。

第二，寺庙建筑类。三峡地区是一个宗教信仰极为丰富的地区。随着三峡地区宗教信仰活动的广泛开展，在当地留下了众多的寺庙建筑，营造了浓厚的宗教文化氛围，为三峡文化增添了神秘庄重的气氛。

第三，名人文化类。三峡名人文化是由历代名人在长江三峡地区从事各种活动而凝结成的一种具有传世意义的文化形态。名人文化主要包括名人故居和名人诗词文化。一是名人故居，如云阳张飞庙、开县刘伯承故里、秭归屈原祠、屈原故里、昭君故里等；二是名人诗词文化；三峡因其独特的自然景观，从古至今吸引了众多的文人墨客，创作了大量描绘三峡的诗词歌赋。

第四，题刻造像类。长江三峡题刻造像众多。三峡摩崖造像中，时代最早的为隋代造像，其次为唐宋造像。摩崖石刻主要分布于重庆主城区、忠县、万州等。水文题刻沿长江两岸分布大致较为均匀，其中忠县、丰都、涪陵的数量较为集中。牌坊则主要分布于重庆主城周围和丰都县。

第五，历史名镇。长江三峡拥有众多历史文化名镇，主要包括走马镇、龙兴镇、西沱古镇、中山古镇、塘河古镇、宁广古镇、丰盛古镇、大昌古镇等。上述历史名镇是三峡地区经济社会发展和历史变迁的重要见证，也是三峡地区独特区域文化元素的荟萃之地。

12.5.3.2 自然生态要素

（1）自然生态的内容。长江三峡拥有一定规模和质量的自然资源，具有特殊的生态价值，景观依托类型多样，稳定性较强、有一定的自然恢复能力。廊道的构建需要一定的景观连接带，其形态主要为城市中呈带状分布的绿地。这些特殊的带状绿地主要用于连接与沟通长江沿岸散布的文化遗产、自然生态资源等各个要素，进而构建完整的旅游廊道体系。

（2）自然生态的功能。长江三峡旅游廊道自然生态的功能可以通过绿色连接带来实现。绿色连接带的选择可以根据文化遗产点的位置、游憩空间的分布以及自然资源的环境要求而确定。绿色连接带便于实现各类文化遗产之间的信息交流和传播，实现旅游廊道空间中物质、信息、能量的传递，从而更好地体现三峡文化遗产的美学、文化和历史价值。

（3）自然生态的类型。自然生态类型主要包括自然旅游资源、绿色连接带。基于长江三峡旅游廊道的尺度及特殊性，廊道绿色连接带是旅游廊道体系中重要的衔接部分。

（4）自然生态的特征。长江三峡的自然旅游资源主要分布于奉节至宜昌段的长江两岸，主要包括风景名胜区、自然保护区和国家森林公园。长江三峡的自然生态较为脆弱，因此在构建廊道时应当充分注重通过绿色连接带保护地区生态，展示地区文化。考虑到廊道自然生态脆弱的特性，应当将绿色连接带打造为连接开敞空间、遗产保护区以及其他重要景观要素的绿色景观廊道，使其能够将点状空间串联起来，形成具有一定历史意义的线性空间。

12.5.4　构建空间格局

长江三峡旅游廊道空间格局的构建具有重要意义。长江三峡旅游廊道整体保护格局主要考虑绿色廊道系统、综合解说系统、交通组织系统、营销系统等四个要素，对于重要遗产节点的具体保护与再利用，需要进一步在微观层次上制定导则。

长江三峡旅游廊道的空间层次可以从"点、线、面"三个不同层次构建，以多种项目、多种方法和多种思路对遗产点、小范围的聚集区和大范围的整体廊道空间进行分门别类的设计，最终达到长江三峡旅游廊道整体保护与开发的战略目标。"点状"尺度重点针对自然资源、物质文化遗产、非物质文化遗产的单体保护。"线状"尺度关注在遗产组合和遗产特性方面具有共性的区域，线性尺度设计了五种具有共同主题的遗产区域，代表了一个小范围的某种类型的整体，因而具有整体价值。"面状"尺度指长江三峡范围整体，因为范围比较大，所以在这个整体中尝试构建"一体、四区、五中心"的空间格局，并对每个区的开发重点进行详细设计。此外，绿地系统、解说系统、交通系统三个系统在功能上支持整个廊道的构建，其本身也是复杂的空间网络系统。

12.5.4.1　构建原则

遵循"统一谋划、一体部署、相互协作、共同实施、优势互补、共建共享"的理念，从整体性、原真性、多样性、完整性、动态性、可持续性等方面确立长江三峡旅游廊道构建的基本原则。

12.5.4.2　长江三峡旅游廊道的总体格局

根据长江三峡旅游廊道内资源分布与组合，从总体空间角度出发，在全区范围内划定"一体、四区、五中心"的总体构建格局。长江三峡旅游廊道的空间格局以重庆、丰都、万州、奉节、宜昌五个城市为中心，将长江三峡区域分为四段：第一段为重庆到丰都段、第二段为丰都到万州段、第三段为万州到奉节段、第四段为奉节到宜昌段。

12.5.4.3　长江三峡旅游廊道专线设计

（1）精品展示区：以重庆主城区、丰都、万州、奉节、宜昌五个城市节点为精品展示区，发挥好重要节点城市的带动功能，推动长江三峡旅游廊道构建。

（2）文化体验专线：根据长江三峡不同地区的资源禀赋，文化体验专线主要可分为巴文化遗址专线、史前文化考古专线、三峡诗歌文化专线、三国文化专线、三峡栈道体验专线、石刻文化体验专线、宗教文化体验专线等。

（3）古镇专线：长江三峡古镇众多，磁器口古镇、宁广古镇、大昌古镇等。古镇的变迁反映出三峡独特的历史文化，是独具特色的遗产资源。应当以打造长江三峡古镇旅游为导向，挖掘特色文化，"活态化"展示古镇整体性遗产资源的价值。

（4）生态文化村专线：长江三峡有 16 个全国生态文化村。生态文化村的保护策略核心是将文化遗产就地整体保护利用，既保护物质文化遗产，又注重非物质文化遗产的"活态化"传承。

（5）三峡"新湖"专线：随着三峡工程的实施，长江三峡呈现出"高峡出平湖"的新面貌。文物分为地上文物和地下文物，自然风貌也有了一定的变化，新增了三斗坪湖、白帝湖、巫峡湖等 11 个湖泊。对长江三峡新的旅游资源进行开发和规划是新时期对新三峡形象塑造的必要手段，依托湖泊良好的生态环境，推出三峡"新湖"专线，有利于让游客更好领略三峡新风貌。

12.5.4.4　长江三峡旅游廊道的单体保护

长江三峡生态与文化遗产的单体主要分为物质文化遗产与非物质文化遗产。在构建旅游廊道时，对这两类遗产都应注重原真性与完整性的保护。

物质文化遗产的保护应在充分挖掘历史文化内涵的基础上，在保护与修复过程中"修旧如旧"，保持原真性。非物质文化遗产的保护可从文化实体与文化空间进行，对于非遗特色鲜明集中的地区应设立民族传统文化保护区，使非物质文化遗产保护有传承基地。

12.5.5　加强整体保护

旅游廊道作为国际遗产保护界的新理念和新方法，专门针对跨区域 、综合性的线形遗产资源提出整体保护和具体保护的战略措施。长江三峡是长江经济带建设的重要组成部分，其建设不应单纯注重经济效益，还应当注重生态保护、文化遗产保护与传承、国际旅游形象的传播等，充分发挥其对经济、社会发展和环境保护的综合效益。

长江三峡沿线人民创造并保留了丰富的历史文化遗产，保护长江三峡文化遗产要素及整体价值刻不容缓。长江三峡旅游廊道是一个功能完整、结构清晰、稳定性极强的空间体系，廊道应以长江主轴为载体，注重廊道整体性的研究和保护。

12.6　长江三峡旅游廊道构建的机制保障

12.6.1　动力机制

随着时代的进步以及社会经济的不断发展，推动长江三峡旅游廊道构建的力量多种多样，共同形成了旅游廊道的动力机制。本书主要从三峡工程推动机制、长江经济带联动机制、"一带一路"的辐射机制以及区域合作整合机制四个方面分析廊道构建的动力机制。

12.6.1.1　三峡工程推动机制

三峡工程对廊道旅游业发展具有重要深远的意义。一方面，三峡大坝蓄水后，水位升高，部分旅游资源和历史文化遗址被淹没，众多千年古迹沉于水下；另一方面，三峡工程建设的前期论证以及抢救性的文物保护工作也在很大程度上推动了三峡地区遗产保护工作及旅游的发展。此外，三峡地区新建设施的出现为旅游业发展创造了新的良好条件，特别是具有世界水平的、超大型的三峡工程本身就具有很高的游览价值。可以说，三峡工程整理保护的文物、新建的各类设施等等，是长江三峡旅游廊道构建的最初推动力。

12.6.1.2　长江经济带联动机制

国家对长江经济带给予了较大的政策倾斜，政府投资、外来投资不断增长，社会融资渠道不断拓展。同时，长江经济带建立了严格的生态环境保护和水资源管理制度，加强长江全流域生态环境监管和综合治理，推动流域绿色循环低碳发展。长江三峡是长江经济带的重要组成部分，长江经济带的构建为旅游廊道提供了交通、政策、资金、生态等便利条件，长江经济带联动机制能极大地推进廊道的建设。

12.6.1.3　"一带一路"的辐射机制

长江三峡旅游廊道是"一带一路"与长江经济带的重要联结点。近年来，"一带一路"沿线国家和地区在经济贸易、基础设施、能源环保、人文旅游等领域不断加强合作。"一带一路"建设为长江三峡的旅游发展提供了经济贸易、基础设施、客源市场等支持，能够极大地推动旅游廊道的构建。

12.6.1.4　区域合作整合机制

区域合作有利于整合资源，区域旅游合作机制的建立有助于加速区域旅游一体化的进程，进而推动区域旅游高质量发展。因此，长江三峡旅游廊道构建既需要整合湖北、重庆两省（直辖市）及周边区域资源，同时也需要整合"一带一路"区域和长江经济带的资源，融通国际国内两个市场，形成廊道构建的合力。

12.6.2　协同机制

12.6.2.1　组织机构协调机制

目前，长江三峡内旅游事业组织机构还存在一定程度的多头管理现象。组织机构的建立，便于整合区域资源，协调各方利益，更好地构建长江三峡旅游廊道。建议在国家发展和改革委员会以及国家文化和旅游部统一领导下，湖北、重庆两省（直辖市）共同设立旅游廊道的组织机构，组织、协调、开发长江三峡旅游资源，并对各级景点景区进行统一管理和运营。

12.6.2.2　资源差异互补机制

长江三峡旅游资源丰富，差异性大，互补性强。但因长江三峡覆盖范围广泛，区域旅游资源差异显著，空间不均衡性比较突出。因此，实现长江三峡旅游资源差异性互补，对于构建旅游廊道至关重要。在构建旅游廊道互补机制时，首先要打破行政区域限制，充分挖掘长江三峡特色旅游资源；其次，针对长江三峡中一些区域资源条件较好，但旅游基础设施、接待能力等方面与旅游资源不相匹配的旅游吸引物，应凭借独特旅游资源吸引多元投资主体，不断拓展旅游客源地。总之，通过资源差异互补机制，实现长江三峡多点联动，从而有效保障旅游廊道的构建。

12.6.2.3　利益公平分配机制

长江三峡地域广阔，行政区域多，旅游经济指标差异性大，利益复杂。长江三峡各个区域资源存在差异，旅游发展情况不一，旅游发展的利润分配不一致。对于一些资源较为薄弱、旅游发展较差的区域来说，所得的利润相对较少，一定程度上降低了其参与旅游廊道建设的积极性。此外，旅游利益涉及多方，包括政府、旅游企业、居民等。如何协调他们之间的利益也是当前所面临的问题。

在构建旅游廊道时，建立公平、公正的利益分享和补偿体制显得极为重要。为了使三峡区域旅游廊道构建能够顺利进行，湖北、重庆两省（直辖市）政府可以设立旅游廊道构建基金，对区域内受益的利益主体征收一定的旅游税，用来补偿给区域内受损的利益主体，从而调动其参与廊道建设的积极性①。

12.6.2.4　信息共享机制

实现旅游信息的共享和交互是长江三峡构建旅游廊道的重要基础和有效手段。为了确保长江三峡内各个区域的旅游要素配置达到最优状态，区域内的政策法规、旅游资讯等都应尽可能在第一时间发布，减少长江三峡内区域合作成员之间因信息不对称而引发的旅游危机，从而不利于旅游廊道的构建。

湖北、重庆两省（直辖市）应建设长江三峡旅游廊道综合信息网，加强区域之间旅游信息交互和共享，及时发布旅游景点、旅游产品、重要节假旅游客源预测的准确信息，从而实现廊道旅游信息的共享、共用与交互，提升长江三峡旅游廊道的信息化程度，构建智慧旅游网络体系。

12.6.3　保障机制

12.6.3.1　流域旅游廊道保护机制

坚持长江三峡的遗产保护规划先行，构建完善的流域旅游廊道保护机制。政府应组织相关部门深入县（市、区）勘察调研，结合长江三峡沿线经济社会发展目标和旅游资源的实际，出台长江三峡保护开发管理意见，编制《长江三峡旅游廊道保护开发规划》，明确长江三峡沿线文化遗产保护级别、开发范围及保障措施，使长江三峡沿线旅游资源保护与开发有章可循。

12.6.3.2　流域旅游服务设施完善机制

流域旅游服务设施可从宏观、中观和微观三个层面加以完善。一是在宏观区域旅游交通层面，应加强廊道与外部交通的互联互通，提高可进入性；二是在中观旅游线路规划层面，应加强廊道内部交通联结，推出精品旅游景区和特色旅游线路；三是在微观游览层面，应注重游客体验，科学设计游步道和观赏线路。

12.6.3.3　流域政策法规保障机制

在遵循《中华人民共和国文物保护法》等相关法律制度的基础上，为规避长江三峡本体及周边生态与历史文化资源的破坏及不恰当的开发活动，保障

---

① 邓琼芬，王良健.区域旅游协作的运行模式及利益分配机制研究［J］.旅游论坛，2007（1）：33-37.

长江三峡旅游廊道的建设工作有序开展，应制定专项法律制度对其进行制约。

12.6.3.4 流域旅游公众参与机制

长江三峡旅游廊道构建是一项复杂而长期的系统工程。调动流域沿线公众参与旅游廊道的构建，有利于更科学地编制廊道发展规划、更有效地促进廊道遗址本体的保护以及沿线旅游资源的一体化开发。

12.7 本章小结

本章以长江三峡旅游廊道为研究对象，对其进行了深入系统的案例研究。剖析了廊道的资源赋存和价值功能，明确了廊道构建的现实问题和影响因素，对廊道空间布局进行了实证研究，进而提出了廊道构建的路径和机制保障。

13 研究结论、研究不足与展望

13.1 研究结论

    首先，本书阐述了遗产廊道理论、区域空间结构理论、旅游功能系统理论等重要基础理论，系统梳理了长江国际黄金旅游带生态与文化遗产廊道的国内外相关研究文献和典型案例；其次，本书厘清了长江国际黄金旅游带发展现状和廊道构建的主要问题，阐释了廊道构建基底及价值功能；再次，本书对廊道空间布局进行了实证研究，提出了廊道构建的总体思路；最后，本书对廊道的要素系统、品牌建设、生态环境保护、保障机制等进行了系统研究，提出了具体对策建议，并以长江三峡旅游廊道为例对其进行了深入的案例研究。

    从整体上看，本书实现了预期目标。主要研究结论如下：

    （1）本书阐释了长江国际黄金旅游带生态与文化遗产廊道构建的理论基础，分析了国内外遗产廊道典型案例。研究表明，遗产廊道理论、区域空间结构理论、旅游功能系统理论是廊道构建的重要理论基础，美国伊利运河、加拿大里多运河、中国大运河和丝绸之路等遗产廊道典型案例，对廊道构建具有重要启示与借鉴意义。

    （2）本书研究了长江国际黄金旅游带的基础条件与主要问题，分析了廊道的构建基底及价值功能。研究指出，长江国际黄金旅游带区域条件优越、旅游成效凸显、国家政策叠加，为廊道构建提供了良好基础；但在廊道空间布局、产业体系、品牌塑造、机制构建、生态保护等方面还存在短板；廊道自然生态资源和文化遗产资源基础条件良好，具有重要的生态价值、文化价值、游憩价值、经济价值和教育价值。

    （3）本书研究了长江国际黄金旅游带生态与文化遗产廊道的空间布局。以点-轴开发理论为依托，突破传统的定性研究方法，运用引力模型和社会网络分析等定量研究方法，从生态与文化遗产廊道构建视角对廊道的空间特征及布局进行了系统分析。研究表明：一是廊道在空间网络上由三个旅游聚集区和两个旅游组团构成；二是廊道在空间布局上由三个核心省（直辖市）、三级旅游廊道系统和三个旅游功能区构成；三是长江国际黄金旅游带可通过核心省（直辖市）培育、旅游廊道分级、旅游功能区打造等实现廊道旅游协同发展。

（4）本书研究了长江国际黄金旅游带生态与文化遗产廊道构建的总体思路，明确了廊道发展目标、基本原则和推进路径。研究表明，廊道发展总体目标是打造国际生态文化旅游精品廊道和世界知名旅游目的地，使其成为立体展示中国山水人文精华和国家形象的国际黄金旅游带、全面推进中国旅游业改革发展的示范引领带、助力支撑长江经济带发展建设的旅游经济集聚带。廊道构建应当遵循四个基本原则：一是坚持生态优先、绿色发展；二是坚持文化赋能，内涵发展；三是坚持通道支撑，融合发展；四是坚持创新驱动，协调发展。廊道构建应当注重从基础层面、外延层面、规划层面、交通层面和管理层面统筹推进。

（5）本书研究了长江国际黄金旅游带生态与文化遗产廊道构建的实施策略，对廊道要素系统、品牌体系、生态保护及保障机制进行了系统分析，提出了具体对策。研究指出，廊道构建要注重自然生态系统和文化遗产系统两大要素系统建设；明确廊道旅游品牌塑造与营销的目标，系统构建廊道旅游品牌体系，加强廊道旅游品牌整合营销；加强廊道重点旅游资源保护，建立廊道跨区域生态环境保护机制和廊道绿色旅游发展机制；注重从协调机制、协同机制、开发机制、政策保障机制、合作机制等方面构建廊道旅游发展保障机制。

（6）本书对长江三峡旅游廊道进行了案例研究。以长江三峡旅游廊道为研究对象，剖析了廊道的资源赋存和价值功能，明确了廊道构建的现实问题和影响因素，对廊道空间布局进行了实证研究，进而提出了廊道构建的路径和机制保障。研究表明，长江三峡旅游廊道以长江黄金水道为主轴，由6个一级旅游中心节点、三级旅游廊道系统和4个旅游功能区构成，空间布局呈"一轴六心三廊四区"。本书的研究有助于长江三峡旅游廊道资源保护与开发、旅游功能区协同发展以及大三峡旅游品牌打造，对于形成布局合理、功能完善、特色鲜明的旅游目的地形象具有良好参考价值。

13.2　研究不足与展望

13.2.1　研究不足

（1）廊道研究基础资料收集不足。由于长江国际黄金旅游带生态与文化遗产廊道区域面积较广，自然资源和人文资源十分丰富，对廊道沿线资源的深入调查和系统梳理等基础性研究工作仍需进一步加强。

（2）相关学科知识应用程度不足。长江国际黄金旅游带生态与文化遗产廊道的研究是个复杂的课题，涉及旅游规划学、经济学、生态景观学等多种学科的交叉融合。由于所处学科的局限性，相关学科知识应用还有所欠缺。

（3）廊道系统研究深度不够。长江国际黄金旅游带生态与文化遗产廊道是一个集文化遗产保护、生态景观保护、旅游开发利用等于一体的复合型系统。本书主要提出了廊道构建的总体思路和实施路径，但并未深入剖析廊道构建的影响因素和评估体系等，系统研究的深度还需加强。

13.2.2　研究展望

长江国际黄金旅游带生态与文化遗产廊道的研究是一个持续开展的过程，后续研究拟从如下两个方面寻求突破：

（1）进一步加强理论研究。在后续研究中，注重理论研究的深度和广度，深入研究长江国际黄金旅游带生态与文化遗产廊道资源分布特征，更加系统地进行廊道空间布局优化、评估体系建构等领域研究，为廊道沿线 11 个省（直辖市）旅游一体化发展提供理论指导。

（2）进一步加强实证研究。在后续研究中，加强长江国际黄金旅游带生态与文化遗产廊道影响因素的定量研究；充分利用智慧旅游大数据，定量分析影响廊道旅游发展的关键问题及原因，以更翔实的数据进行实证分析，为廊道旅游可持续发展提供参考和借鉴。

参考文献

一、外文文献

(一) 著作类

［1］DEBORAH WILLIAMS. The eire canal: exploring New York's great canals ［M］. Vermont: The Countryman Press, 2009.

［2］ERFURT-COOPER P, PRIDEAUX B, COOPER M. European waterways as a source of leisure and recreation ［M］. warwickshire: River Tourism, 2009.

［3］J. TUXILL, P. HUFFMAN, D. LAVEN. Shared legacies in Cane River National Heritage Area: linking people, traditions, and culture ［M］. Woodstock, VT: US-NPS Conservation Study Institute, 2008.

［4］SANDHOLTZ, WAYNE. Prohibiting plunder: how norms change ［M］. Oxford, London: Oxford University Press, 2007.

［5］ONO W. A case study of a practical method of defining the setting for a cultural route ［M］. Xi'an: World Publishing Corporation, 2005.

［6］D J. STYNES, Y. Sun. Economic impacts of National Heritage Area visitor spending ［M］. Lansing: Michigan State University, 2004.

［7］CHARLES A. FLINK, ROBERT M. Searns greenways ［M］. Washington: Island Press, 1993.

［8］FLINK C A, ROBERT S. Greenways ［M］. Washington: Island press: 1993.

(二) 期刊类

［1］KATRINKA EBBE. Infrastructure and heritage conservation: opportunities for urban revitalization and economic development ［J］. Urban Development Unit, 2019 (2): 1-4.

［2］KEITH S J, LARSON L R, SHAFER C S, et al. Greenway use and preferences in diverse urban communities: implications for trail design and management [J]. Landscape & Urban Planning, 2018 (4): 47-59.

[3] HARRIS B, LARSON L, OGLETREE S. Different views from the 606: examining the impacts of an urban greenway on crime in Chicago [J]. Environment & Behavior, 2017, 50 (4): 1-30.

[4] PATRICK H, JEFFREY C S, FLORIAN J Z, et al. Exploratory social network analysis of stakeholder organizations along the Illinois and Michigan Canal National Heritage Corridors [J]. Journal of Park and Recreation Administration, 2017, 35 (4): 37-48.

[5] GINTING N. How self-efficacy enhance heritage tourism in medan historical corridor, Indonesia [J]. Procedia-Social and Behavioral Sciences, 2016, 234 (10): 193-220.

[6] LOREN M M, MATA O R, RUIZ R, et al. An interdisciplinary methodology for the characterization and visualization of the heritage of roadway corridors [J]. Geographical Review, 2016, 106 (4): 489-515.

[7] HASHEMI H, ABDELGHANY K, HASSAN A. Real-time traffic network state estimation and prediction with decision support capabilities: application to integrated corridor management [J]. Transportation Research Part C: Emerging Technologies, 2016, 73 (10): 128-146.

[8] BYRNE D. Heritage corridors: transnational flows and the built environment of migration [J]. Journal of Ethnic & Migration Studies, 2016, 42 (14): 1-19.

[9] BOLEY B B, GAITHER C J. Exploring empowerment within the Gullah Geechee cultural heritage corridor: implications for heritage tourism development in the Lowcountry [J]. Journal of Heritage Tourism, 2016, 11 (2): 155-176.

[10] BROOKE THURAU, ERIN SEEKAMP, ANDREW D Carver, et al. Should cruise ports market ecotourism? a comparative analysis of passenger spending expectations within the panama canal watershed [J]. International Journal of Tourism Research, 2015, 17 (1): 45-53.

[11] BLUMENTRATH C, TVEIT M S. Visual characteristics of roads: a literature review of people's perception and Norwegian design practice [J]. Transportation Research Part A: Policy and Practice, 2014, 59 (1): 58-71.

[12] KANG C D, CERVERO R. From elevated freeway to urban greenway: land value impacts of the CGC project in Seoul, Korea [J]. Urban Studies, 2014, 46 (13): 2771-2794.

［13］ FREDERICK J C. Local and public heritage at a World Heritage Site ［J］. Annals of Tourism Research, 2014, 44（5）: 143-155.

［14］ DEENIHAN G, CAULFIELD B, O'DWYER D. Measuring the success of the Great Western Greenway in Ireland ［J］. Tourism Management Perspectives, 2013（7）: 73-82.

［15］ BRUIN J, BERG V, VELDPAUS L. Uncovering mono-functional developments in a seventeenth-century canal-zone block in the Canal District of Amsterdam World Heritage ［J］. Built Heritage 2013 Monitoring Conservation and Management, 2013（5）: 27-35.

［16］ HOLLY M DONOHOE. Sustainable heritage tourism marketing and Canada's Rideau Canal World Heritage Site ［J］. Journal of Sustainable Tourism, 2012, 20（1）: 121-142.

［17］ SLOCUM S L, CLIFTON J M. Understanding community capacity through canal heritage development: sink or swim ［J］. International Journal of Tourism Policy, 2012, 4（4）: 356-374.

［18］ WEST S T, SHORES K A. The impacts of building a greenway on proximate residents' physical activity ［J］. Journal of Physical Activity & Health, 2011, 8（8）: 1092.

［19］ WOLFF D, FITZHUGH E C. The relationships between weather-related factors and daily outdoor physical activity counts on an urban greenway ［J］. International Journal of Environmental Research & Public Health, 2011, 8（2）: 579.

［20］ Bedi C. Ecotourism in Bocas Del Toro, Panama: the perceived effects of macro-scale laws and programs on the socioeconomic and environmental development of micro-scale ecotourism operations ［J］. Dissertations & Theses-Gradworks, 2011（3）: 13-18.

［21］ PENA S B, ABREU M M, TELES R. A methodology for creating greenways through multidisciplinary sustainable landscape planning ［J］. Journal of Environmental Management, 2010, 91（5）: 970-983.

［22］ DAVIDSON M. Waterfront development ［J］. International Encylopedia of Human Geography, 2009（1）: 215-221.

［23］ GIORDANO L D C, RIEDEL P S. Multi-criteria spatial decision analysis for demarcation of greenway: a case study of the city of Rio Claro, São Paulo, Brazil ［J］. Landscape & Urban Planning, 2008, 84（3）: 301-311.

[24] CATHERINE SCHLOEGEL. Sustainable tourism [J]. Journal of Sustainable Forestry, 2007, 25 (3-4): 247-264.

[25] BLIEK D, GAUTHIER P. Mobilising urban heritage to landscapes lessons counter the com-modification of brownfield from Montréal's Lachine Canal [J]. Canadian Journal of Urban Research, 2007, 16 (2): 39-58.

[26] AUDREY GILMOREA, DAVID CARSONB, Mário ascencao. sustainable tourism marketing at a World Heritage Site [J]. Journal of Strategic Marketing, 2007, 15 (2): 253-264.

[27] THURAU B, CARVER A, MANGUN J. A market segmentation analysis of cruise ship tourists visiting the panama canal watershed: opportunities for ecotourism development [J]. Journal of Ecotourism, 2007, 6 (1): 1-18.

[28] O'KEEFE, ROGER. The protection of cultural property in armed conflict [J]. Amecus Curiae, 2007 (71): 3-7.

[29] SULLIVAN W C, LOVELL S T. Improving the visual quality of commercial development at the rural-urban fringe [J]. Landscape and Urban Planning, 2006, 77 (8): 152-166.

[30] TURNER T. Greenway planning in Britain: recent work and future plans [J]. Landscape & Urban Planning, 2006, 76 (1): 240-251.

[31] VU THI HONG HANH. Canal-side highway in Hochiminh City (HCMC) [J]. Vietnam - Issues of Urban Cultural Conservation and Tourism Development, 2006, 66 (3): 165-186.

[32] YEONGHYEON H, GRETZEL U, FESENMAIER D R. Multicity trip patterns: tourists to the United States [J]. Annals of Tourism Research, 2006 (4): 1057-1078.

[33] FURGALA-SELEZNIOW G, TURKOWSKI K, NOWAK A, et al. The ostroda-elblag canal in Poland: the past and future for water tourism [J]. Lake Tourism: An Integrated Approach to Lacustrine Tourism Systems, 2005 (1): 131-148.

[34] MASON A. Applied anthropology and heritage tourism planning: working for the Western Erie Canal Heritage Corridor planning commission [J]. National Association for the Practice of Anthropology Bulletin, 2005 (1): 151-169.

[35] MILLAR G, MAEER G. Economic evaluation of the Kennet and Avon Canal restoration [J]. Countryside Recreation, 2004, 12 (1): 20-24.

［36］ BEDJAOUI, B. MOHAMMED. The convention for the safeguarding of the Intangible Cultural Heritage: the legal framework and international recognized principles ［J］. Museum International, 2004 (1-2): 150-155.

［37］ KELLEY W. National scenic byways: diversity contributes to success ［J］. Transportation Research Record Journal of the Transportation Research Board, 2004 (1): 174-180.

［38］ COTTLE CURT. The south Carolina national heritage corridor taps heritage tourism market ［J］. Forum journal, 2003 (8): 50-66.

［39］ EBY D W, MOLNAR L J. Importance of scenic byways in route choice: a survey of driving tourists in the United States ［J］. Transportation Research Part A, 2002, 36 (2): 95-106.

［40］ ROB D, KEN P. The national scenic byways program: on the road to recreation ［J］. Journal of Physical Education Recreation & Dance, 2001, 72 (1): 27-31.

［41］ CASADO M A. Overview of Panama's tourism in the aftermath of the turnover of the Canal Zone ［J］. Journal of Travel Research, 2001, 40 (1): 88-93.

［42］ SIPES J, JAMES A, LINDLEY J, et al. Scenic byways: a review of processes, administration, and economic impacts ［J］. Transportation Research Record Journal of the Transportation Research Board, 1997 (1): 96-103.

［43］ STEINBACH JOSEF. River related tourism in Europe: an overview ［J］. Geographical Journal, 1995, 35 (4): 443-458.

［44］ LINEHAN J, GROSS M, FINN J. Greenway planning: developing a landscape ecological network approach ［J］. Landscape and Urban Planning, 1995, 33 (7): 179-193.

［45］ ZUBE E H. Greenways and the US nation park system ［J］. Landscape and Urban Planning, 1995, 33 (6): 17-25.

［46］ FABOS J G. The greenway movement, uses and potentials of greenways ［J］. Landscape & Urban Planning, 1995, 33 (1): 1-13.

［47］ DAWSON K J. A comprehensive conservation strategy for Georgias greenways ［J］. Landscape and Urban Planning, 1995, 33 (1): 27-43.

［48］ GOBSTER P H. Perception and use of a metropolitan greenway system for recreation ［J］. Landscape & Urban Planning, 1995, 33 (1): 401-413.

［49］ GANTZ R A. The illinois & michigan canal national heritage corridor: a guide to its history and sources by Michael P. Conzen & Kay J. Carr ［J］. Indiana Magazine of History, 1989 (4): 367-368.

二、中文文献

（一）著作类

［1］俞孔坚. 京杭大运河国家遗产与生态廊道［M］. 北京：北京大学出版社，2012.

［2］于文波，朱炜，陆伟东，等. 基于城市记忆传承的运河文化休闲空间整合［M］. 北京：北京大学出版社，2016.

［3］冬冰. 在江河湖海之间：大运河扬州段文化遗产［M］. 南京：东南大学出版社，2014.

［4］查尔斯·E. 利特尔. 美国绿道［M］. 余青，莫雯静，陈海沐，译. 北京：中国建筑工业出版社，2013.

［5］单霁翔. 大运河遗产保护［M］. 天津：天津大学出版社，2013.

［6］朱杏桃，王瑜，詹卫华，等. 城市河道游憩空间建设［M］. 南京：东南大学出版社，2013.

［7］奚雪松. 实现整体保护与可持续利用的大运河遗产廊道构建：概念、途径与设想［M］. 北京：电子工业出版社，2012.

［8］奚雪松. 大运河遗产廊道构建［M］. 北京：电子工业出版社，2012.

［9］蔡运龙，陈彦光. 地理学：科学地位与社会功能［M］. 北京：科学出版社，2012.

［10］吴必虎，俞曦. 旅游规划原理［M］. 北京：中国旅游出版社，2010.

［11］李约瑟. 中国科学技术史：第4卷［M］. 汪受琪，等译. 北京：科学技术出版社，2008.

［12］许树柏. 实用决策方法：层次分析法原理［M］. 天津：天津大学出版社，1988.

［13］江苏省扬州市广陵区湾头镇志编纂委员会. 湾头镇志［M］. 北京：方志出版社，2017.

（二）期刊类

［1］李龙，杨效忠. 旅游廊道：概念体系、发展历程与研究进展［J］. 旅游学刊，2020，35（8）：132-143.

［2］吴寒冰. 基于遗产廊道理念的游憩空间开发策略研究：以大运河常州段为例［J］. 美与时代（城市版），2020（8）：1-4.

[3] 储金龙,李瑶,李久林.基于"斑块-廊道-基质"的线性文化遗产现状特征及其保护路径:以徽州古道为例 [J].小城镇建设,2019,37(12):46-52,60.

[4] 王瑞,王镜.世界遗产文化线路旅游的网络共现关系分析:以"丝绸之路:长安-天山廊道的路网(中国段)"为例 [J].河南工程学院学报(社会科学版),2019,34(3):22-26.

[5] 把多勋,王瑞,陈芳婷.基于"一带一路"建设的中国丝绸之路国际文化旅游廊道构建研究 [J].世界经济研究,2019(9):97-104,136.

[6] 田德新.世界遗产运河文化保护传承利用的立法经验与借鉴 [J].中国名城,2019(7):4-12.

[7] 唐弘久,保继刚.我国主要入境客源地游客的时空特征及影响因素 [J].经济地理,2018,38(9):222-230.

[8] 吴志才,袁奇峰,陈淑莲.广州增城景区型绿道运营管理机制 [J].经济地理,2018,38(1):218-224.

[9] 李龙,杨效忠.大别山国家风景道视觉景观评价 [J].皖西学院学报,2018,34(5):148-151,156.

[10] 李龙,杨效忠.旅游廊道扶贫:大别山旅游扶贫模式创新研究 [J].安徽农业大学学报(社会科学版),2018,27(5):29-33;79.

[11] 朱雪梅.基于文化线路的南粤古道、古村、绿道联动发展研究 [J].城市发展研究,2018,25(2):48-54.

[12] 高晨旭,李永乐.我国遗产廊道研究综述 [J].昆明理工大学学报(社会科学版),2018,18(3):101-108.

[13] 邹统钎,晨星,刘柳杉."一带一路"旅游投资:从资源市场转向旅游枢纽 [J].旅游导刊,2018,5(9):74-80.

[14] 敖迪,李永乐.加拿大里多运河文化遗产保护管理体系研究及启示 [J].齐齐哈尔大学学报(哲学社会科学版),2018(6):36-39.

[15] 邓卫新,冯玫,陈志刚.大运河解说系统理论与实践对河北大运河语言解说的启示 [J].文化学刊,2018(4):178-182.

[16] 任唤麟.跨区域线性文化遗产类旅游资源价值评价:以长安-天山廊道路网中国段为例 [J].地理科学,2017,37(10):1560-1568.

[17] 赵珂,李享,袁南华.从美国"绿道"到欧洲绿道:城乡空间生态网络构建:以广州市增城区为例 [J].中国园林,2017,33(8):82-87.

［18］鄢方卫，杨效忠，吕陈玲. 全域旅游背景下旅游廊道的发展特征及影响研究［J］. 旅游学刊，2017，32（11）：95-104.

［19］张琪. 美国洛厄尔工业遗产价值共享机制的实践探索［J］. 国际城市规划，2017，32（5）：121-128.

［20］李方正，梁佩斯，李雄，等. 多尺度绿道网络布局特征及选线量化体系建构［J］. 城市发展研究，2017，24（7）：17-24.

［21］李和平，王卓. 基于 GIS 空间分析的抗战遗产廊道体系探究［J］. 城市发展研究，2017，24（7）：86-93.

［22］林柔伟，谢冬兴. 绿道体育与城市生态环境耦合及其路径［J］. 体育学刊，2017，24（5）：63-68.

［23］鄢方卫，杨效忠，吕陈玲. 全域旅游背景下旅游廊道的发展特征及影响研究［J］. 旅游学刊，2017，11（6）：95-104.

［24］纪光萌，由亚男. 中哈边境文化旅游产品需求测度研究：以霍尔果斯口岸为例［J］. 新疆财经大学学报，2017，2（6）：56-64.

［25］孙盼盼，余青，牟庆江. 美国风景道资金资助比较分析与启示［J］. 中国公路，2017（20）：22-25.

［26］马向明，杨庆东. 广东绿道的两个走向：南粤古驿道的活化利用对广东绿道发展的意义［J］. 南方建筑，2017（6）：44-48.

［27］王长松，马千里. 京津冀铁路遗产廊道构建研究［J］. 首都师范大学学报（社会科学版），2017（3）：71-78.

［28］范勇，赵明远，赵兰勇. 基于城乡统筹发展的乡村绿道网络构建策略研究：以宁海县胡陈乡绿道规划为例［J］. 现代城市研究，2017（1）：68-74.

［29］戴湘毅，姚辉. 国际文化线路理念演进及中国的实践［J］. 首都师范大学学报（社会科学版），2017（1）：78-87.

［30］任唤麟. 基于地理特征的跨区域线性文化遗产旅游形象策略研究［J］. 地理与地理信息科学，2017（1）：95-101.

［31］李飞，马继刚. 我国廊道遗产保护与旅游开发研究：以滇、藏、川茶马古道为例［J］. 西南民族大学学报（人文社科版），2016，37（2）：136-140.

［32］林柔伟，谢冬兴. 广东绿道体育公共服务供给关系的研究［J］. 广州体育学院学报，2016，36（2）：8-12.

［33］赵飞，龚金红，李艳丽. 乡村游憩型绿道的使用者行为与体验满意度研究［J］. 地域研究与开发，2016，35（5）：110-114.

[34] 颜敏, 赵媛. 国内外运河遗产旅游研究综述 [J]. 资源开发与市场, 2016, 32 (5)：626-630.

[35] 张定青, 冯涂强, 张捷. 大西安渭河水系遗产廊道系统构建 [J]. 中国园林, 2016, 32 (1)：52-56.

[36] 闫东升, 朱战强, 黄存忠. 广州市城市绿道旅游景观意象研究 [J]. 旅游学刊, 2016, 31 (12)：85- 95.

[37] 龚道德, 袁晓园, 张青萍. 美国运河国家遗产廊道模式运作机理剖析及其对我国大型线性文化遗产保护与发展的启示 [J]. 城市发展研究, 2016, 23 (1)：17-22.

[38] 周慧玲, 许春晓. 基于游记行程的湖南旅游流空间网络结构特征 [J]. 经济地理, 2016 (10)：201-206.

[39] 李渊, 丁燕杰, 王德. 旅游者时间约束和空间行为特征的景区旅游线路设计方法研究 [J]. 旅游学刊, 2016 (9)：50-60.

[40] 李云鹏, 吕娟, 万金红, 等. 中国大运河水利遗产现状调查及保护策略探讨 [J]. 水利学报, 2016 (9)：1177-1187.

[41] 曹婷婷, 梁保尔, 潘植强. 上海旅游景观共现效应研究：基于官方与入境游客数字足迹的比较分析 [J]. 旅游论坛, 2016 (4)：57-66.

[42] 王吉美, 李飞. 国内外线性遗产文献综述 [J]. 东南文化, 2016 (1)：31-38.

[43] 张俊丽, 张红, 刘妍. 社会网络视角下山西省旅游线路优化整合分析 [J]. 资源开发与市场, 2016 (1)：120-124.

[44] 王新文, 毕景龙. 大西安"八水"遗产廊道构建初探 [J]. 西北大学学报 (自然科学版), 2015, 45 (5)：837-841.

[45] 王元. 活态世界遗产英国运河管理规划解析：兼论对中国大运河的启示 [J]. 城市规划, 2015, 39 (6)：90-98.

[46] 龚道德, 张青萍. 美国国家遗产廊道的动态管理对中国大运河保护与管理的启示 [J]. 中国园林, 2015, 31 (3)：68-71.

[47] 詹庆明, 郭华贵. 基于 GIS 和 RS 的遗产廊道适宜性分析方法 [J]. 规划师, 2015, 31 (S1)：318-322.

[48] 胡传东, 李露苗, 罗尚焜. 基于网络游记内容分析的风景道骑行体验研究：以 318 国道川藏线为例 [J]. 旅游学刊, 2015, 30 (11)：99-110.

[49] 李方正, 李婉仪, 李雄. 基于公交刷卡大数据分析的城市绿道规划研究：以北京市为例 [J]. 城市发展研究, 2015, 22 (8)：27-32.

[50] 邱海莲, 由亚男. 旅游廊道概念界定 [J]. 旅游论坛, 2015, 8 (4): 26-30.

[51] 邱海莲, 由亚男. 旅游廊道概念界定 [J]. 旅游论坛, 2015, 4 (4): 26-30.

[52] 王雁. 齐长城遗产廊道构建初探 [J]. 理论学刊, 2015 (11): 115-121.

[53] 王益, 吴永发, 刘楠. 法国工业遗产的特点和保护利用策略 [J]. 工业建筑, 2015 (9): 191-195.

[54] 梁保尔, 潘植强. 基于旅游数字足迹的目的地关注度与共现效应研究: 以上海历史街区为例 [J]. 旅游学刊, 2015 (7): 80-90.

[55] 陈跃, 李斯尔. 大运河扬州段遗产 [J]. 江苏地方志, 2015 (5): 11-16.

[56] 朱晓青, 翁建涛, 邬轶群, 等. 城市滨水工业遗产建筑群的景观空间解析与重构: 以京杭运河杭州段为例 [J]. 浙江大学学报 (理学版), 2015, (3): 371-377.

[57] 袁姝丽. 构建藏彝走廊民族民间传统手工艺文化遗产廊道的可行性研究 [J]. 西南民族大学学报 (人文社会科学版), 2014, 35 (11): 21-25.

[58] 王敏, 王龙. 遗产廊道旅游竞合模式探析 [J]. 西南民族大学学报 (人文社会科学版), 2014, 35 (4): 137-141.

[59] 陈果. 基于遗产廊道的城市旅游发展模式初探: 以山西省潞城市为例 [J]. 特区经济, 2014 (9): 205-207.

[60] 石莉. 打造奢香古驿道文化线路 [J]. 贵州社会科学, 2014 (7): 87-90.

[61] 黄慧. 杭州运河水景旅游资源开发之探索 [J]. 中南林业科技大学学报 (社会科学版), 2014, (5): 25-28.

[62] 林泽, 李冬蕾, 郭芮, 等. 基于 "5W" 模式的博物馆解说系统现状探析 [J]. 经贸实践, 2014, (5): 58-59.

[63] 蒋枚. 广陵琴派的研究及现状调查的思考 [J]. 艺术时尚, 2014 (2): 165-166.

[64] 王建文, 谢冬兴. 基于品牌要素的绿道体育旅游品牌打造: 以广东省绿道为例 [J]. 武汉体育学院学报, 2013, 47 (8): 43-47.

[65] 陶犁, 王立国. 国外线性文化遗产发展历程及研究进展评析 [J]. 思想战线, 2013, 39 (3): 108-114.

[66] 张天洁, 李泽. 高密度城市的多目标绿道网络: 新加坡公园连接道系统 [J]. 城市规划, 2013, 37 (5): 67-73.

[67] 黄昊, 贾铁飞. 古运河旅游开发及其空间模式研究: 以京杭大运河长江三角洲区段为例 [J]. 地域研究与开发, 2013, 32 (2): 129-133.

[68] 奚雪松, 陈琳. 美国伊利运河国家遗产廊道的保护与可持续利用方法及其启示 [J]. 国际城市规划, 2013, 28 (4): 100-107.

[69] 王亚辉, 吴小伟. 申遗背景下的运河文化旅游资源评价: 以运河淮安段为例 [J]. 经济论坛, 2013 (11): 102-105.

[70] 陶犁, 王立国. 国外线性文化遗产发展历程及研究进展评析 [J]. 思想战线, 2013 (3): 108-114.

[71] 朱燈宇. 陈列语言的概念与范围研究 [J]. 东南文化, 2013 (3): 117-120.

[72] 沙迪, 金晓玲, 胡希军. 基于层次分析法的遗产廊道适宜性评价: 以湖南醴陵市为例 [J]. 湖北农业科学, 2012, 51 (7): 1399-1403.

[73] 谢冬兴, 陈三政, 尚欣. 绿道体育的开发与管理: 以珠三角区域为例 [J]. 武汉体育学院学报, 2012, 46 (2): 54-58.

[74] 陶犁. "文化廊道"及旅游开发: 一种新的线性遗产区域旅游开发思路 [J]. 思想战线, 2012, 38 (2): 99-103.

[75] 王丽萍. 遗产廊道视域中滇藏茶马古道价值认识 [J]. 云南民族大学学报 (哲学社会科学版), 2012, 29 (4): 34-38.

[76] 王立国, 陶犁, 张丽娟, 等. 文化廊道范围计算及旅游空间构建研究: 以西南丝绸之路 (云南段) 为例 [J]. 人文地理, 2012, 27 (6): 36-42.

[77] 王立国, 陶犁, 张丽娟, 等. 文化廊道范围计算及旅游空间构建研究: 以西南丝绸之路 (云南段) 为例 [J]. 人文地理, 2012, 6 (12): 36-42.

[78] 王海凤, 余青. 美国风景道营销工具包评析与启示 [J]. 旅游论坛, 2012, 5 (2): 100-105.

[79] 王丽萍. 滇藏茶马古道文化遗产廊道保护层次研究 [J]. 生态经济, 2012 (12): 136-141.

[80] 王细芳, 陶婷芳. 面向散客时代的柔性旅游供应链模型研究 [J]. 生态经济, 2012 (9): 42-48.

[81] 梁明珠, 刘志宏. 都市型绿道的感知与满意度研究: 以广州市为例 [J]. 城市问题, 2012 (3): 14-18.

[82] 张阳, 肖晶, 张可, 等. 基于景观空间格局的公路景观定量评价指标体系 [J]. 西安建筑科技大学学报, 2011, 43 (1): 101-105.

[83] 王丽萍. 文化遗产廊道构建的理论与实践: 以滇藏茶马古道为例 [J]. 贵州民族研究, 2011, 32 (5): 61-66.

[84] 赵兵兵，陈伯超. 辽宁满清文化遗产保护模式："遗产廊道"保护模式的应用 [J]. 华中建筑，2011, 29（5）：156-158.

[85] 李永乐，杜文娟. 申遗视野下运河非物质文化遗产价值及其旅游开发：以大运河江苏段为例 [J]. 中国名城，2011（10）：42-45.

[86] 唐剑波. 中国大运河与加拿大里多运河对比研究 [J]. 中国名城，2011（10）：46-50.

[87] 万婷婷，王元. 法国米迪运河遗产保护管理解析：兼论中国大运河申遗与保护管理的几点建议 [J]. 中国名城，201（7）：53-57.

[88] 张琳. 江苏省沿"运河"城市旅游资源综合开发研究 [J]. 现代营销（学苑版），2011（6）：140-141.

[89] 李如生. 中国世界遗产保护的现状、问题与对策 [J]. 城市规划，2011（5）：38-44.

[90] 童道琴. 城市滨水绿地休闲空间规划探讨 [J]. 江苏农林科技，2011（4）：33-35.

[91] 马明飞.《保护世界文化和自然遗产公约》适用的困境与出路：以自然遗产保护为视角 [J]. 法学评论，2011（3）：71-76.

[92] 姚占雷，许鑫，李丽梅，等. 网络游记中的景区共现现象分析：以华东地区首批国家 5A 级旅游景区为例 [J]. 旅游科学，2011（2）：39-46, 72.

[93] 吴隽宇. 广州市绿色廊道系统生态安全研究框架 [J]. 南方建筑，2011（1）：18-21.

[94] 奚雪松，秦建明，俞孔坚. 历史舆图与现代空间信息技术在大运河遗产判别中的运用：以大运河明清清口枢纽为例 [J]. 地域研究与开发，2010, 29（5）：123-131.

[95] 王亚南，张晓佳，卢曼青. 基于遗产廊道构建的城市绿地系统规划探索 [J]. 中国园林，2010, 26（12）：85-87.

[96] 李飞，宋金平. 廊道遗产：概念、理论源流与价值判断 [J]. 人文地理，2010, 25（2）：74-104.

[97] 王思思，李婷，董音. 北京市文化遗产空间结构分析及遗产廊道网络构建 [J]. 干旱区资源与环境，2010, 24（6）：51-56.

[98] 郭玉军，唐海清. 文化遗产国际法保护的历史回顾与展望 [J]. 武大国际法评论，2010（12）：1-27.

[99] 徐鑫，黄杉，梁影君. 杭州市京杭运河北段休闲游憩空间发展模式研究 [J]. 建筑学报，201（4）：99-101.

[100] 詹嘉，何炳钦，胡伟. 景德镇陶瓷之路和遗产廊道的保护与利用 [J]. 陶瓷学报，2009，30（4）：570-575.

[101] 李创新，马耀峰，李振亭，等. 遗产廊道型资源旅游合作开发模式研究：以"丝绸之路"跨国联合申遗为例 [J]. 资源开发与市场，2009，25（9）：841-844.

[102] 李飞，宋金平，张宁. 廊道遗产旅游资源保护与开发理论研究 [J]. 地理与地理信息科学，2009，25（6）：96-100.

[103] 奚雪松，俞孔坚，李海龙. 美国国家遗产区域管理规划评述 [J]. 国际城市规划，2009（4）：91-98.

[104] 陈怡，吕舟. 加拿大里多运河申遗研究：兼论其对中国大运河申遗的借鉴 [J]. 建筑，2009（2）：61-68.

[105] 陈怡. 加拿大里多运河申遗研究：兼论其对中国大运河申遗的借鉴 [J]. 建筑史，2009（2）：169-176.

[106] 陈岩峰，陈睿智. 旅游廊道对旅游地的影响及对策研究 [J]. 生态经济（学术版），2009（1）：23-26.

[107] 俞孔坚，李迪华，李伟. 京杭大运河的完全价值观 [J]. 地理科学进展，2008，27（2）：1-9.

[108] 杨雪松，赵逵. "川盐古道"文化线路的特征解析 [J]. 华中建筑，2008（10）：211-214，240.

[109] 汪淑敏，杨效忠. 基于区域旅游整合的旅游线路设计：以皖江一线旅游区为例 [J]. 经济问题探索，2008（4）：103-106.

[110] 张广汉. 加拿大里多运河的保护与管理 [J]. 中国名城，2008，（1）：44-45.

[111] 魏遐，白梅，鞠远江. 基于景观评价的高速公路风景道旅游规划：以福宁高速风景道为例 [J]. 经济地理，2007，27（1）：161-165.

[112] 吕龙，黄震方. 遗产廊道旅游价值评价体系构建及其应用研究：以古运河江苏段为例 [J]. 中国人口·资源与环境，2007，17（6）：95-100.

[113] 俞孔坚，朱强，李迪华. 中国大运河工业遗产廊道构建：设想及原理（上篇）[J]. 建设科技，2007（11）：28-31.

[114] 俞孔坚，朱强，李迪华. 中国大运河工业遗产廊道构建：设想及原理（下篇）[J]. 建设科技，2007（13）：39-41.

[115] 乔大山，冯兵，翟慧敏. 桂林遗产保护规划新方法初探：构建漓江遗产廊道 [J]. 旅游学刊，2007（11）：28-31.

[116] 李春波, 朱强. 基于遗产分布的运河遗产廊道宽度研究: 以天津段运河为例 [J]. 城市问题, 2007 (9): 12-15.

[117] 王肖宇, 陈伯超. 美国国家遗产廊道的保护: 以黑石河峡谷为例 [J]. 世界建筑, 2007 (7): 124-126.

[118] 朱强, 俞孔坚, 李迪华, 等. 大运河工业遗产廊道的保护层次 [J]. 城市环境设计, 2007 (5): 16-20.

[119] 吴其付. 藏彝走廊与遗产廊道构建 [J]. 贵州民族研究, 2007 (4): 48-53.

[120] 李岚. 南京明清历史园林保护利用初探 [J]. 华中建筑, 2007 (4): 75-78.

[121] 唐军. 工业化时期英国城市的河流污染及治理探析 [J]. 甘肃社会科学, 2007 (4): 139-141.

[122] 王肖宇, 陈伯超, 毛兵. 京沈清文化遗产廊道研究初探 [J]. 重庆建筑大学学报, 2007 (2): 26-30.

[123] 信丽平, 姚亦锋. 南京城市西部遗产廊道规划 [J]. 城市环境与城市生态, 2007 (2): 35-38.

[124] 余青, 樊欣, 刘志敏, 等. 国外风景道的理论与实践 [J]. 旅游学刊, 2006, 21 (5): 91-95.

[125] 李小波. 三峡文物考古成果的旅游转化途径与三峡遗产廊道的时空构建 [J]. 旅游科学, 2006, 20 (1): 12-17.

[126] 孙艳红. 旅行社旅游线路定制问题的理论分析及模型研究 [J]. 北京第二外国语学院学报, 2006 (3): 46-54.

[127] 孙葛. 对丝绸之路 (新疆段) 遗产廊道文化景观进行视觉建构意义的研究 [J]. 新疆师范大学学报 (哲学社会科学版), 2006 (2): 91-95.

[128] 曹康, 林雨庄, 焦自美. 奥姆斯特德的规划理念: 对公园设计和风景园林规划的超越 [J]. 中国园林, 2005, 21 (8): 37-41.

[129] 李伟, 俞孔坚. 世界文化遗产保护的新动向: 文化线路 [J]. 城市问题, 2005 (4): 7-12.

[130] 马晓龙. 基于游客行为的旅游线路组织研究 [J]. 地理与地理信息科学, 2005 (2): 98-101.

[131] 俞孔坚, 李伟, 李迪华, 等. 快速城市化地区遗产廊道适宜性分析方法探讨: 以台州市为例 [J]. 地理研究, 2005 (1): 69-162.

[132] 李伟, 俞孔坚, 李迪华. 遗产廊道与京杭大运河整体保护的理论框架 [J]. 城市问题, 2004 (1): 28-31, 54.

[133] 赵西君，刘科伟，王利华. 浅析运河旅游资源的结构及开发对策 [J]. 西安电子科技大学学报（社会科学版），2003，13（4）：45-49.

[134] 俞孔坚，石颖，吴利英. 北京元大都城垣遗址公园（东段）国际竞赛获奖方案介绍 [J]. 中国园林，2003（11）：15-17.

[135] 金平斌，沈红心. 京杭运河（杭州段）旅游资源及其旅游功能开发研究 [J]. 浙江大学学报（理学版），2002，29（1）：115-120.

[136] 周尚意，李淑方，张江雪. 行为地理与城市旅游线路设计：以苏州一日游线路设计为例 [J]. 旅游学刊，2002（5）：66-70.

[137] 顾风，扬州考古五十年 [J]. 东南文化，2001（增刊）：8-18.

[138] 吴必虎，李咪咪. 小兴安岭风景道旅游景观评价 [J]. 地理学报，2001，56（2）：214-222.

[139] 刘滨谊，余畅. 美国绿道网络规划的发展与启示 [J]. 中国园林，2001，17（6）：77-81.

[140] 王志芳，孙鹏. 遗产廊道：一种较新的遗产保护方法 [J]. 中国园林，2001（5）：86-89.

[141] 崔崧，赵昀，金会军，等. 高速公路两翼景观评价方法初探 [J]. 辽宁林业科技，2001（2）：40-41.

[142] 张阳，董小林. 公路景观及视觉影响评价方法研究 [J]. 西安公路交通大学学报，1999，19（4）：65-67.

[143] 陈振兴. 重庆三峡库区民间艺术产品的创新营销传播 [J]. 科教导刊，2018（4）：143-144.

[144] 冯天瑜. 自然与人文双优的长江文明 [J]. 华中师范大学学报（人文社会科学版），2018（10）：57-65.

[145] 奚雪松等. 美国运河类国家遗产廊道的保护经验及其对中国的启示：以伊利运河为例 [J]. 中国大运河水利遗产保护与利用战略论坛，2013（11）：65-68.

[146] 蒋秀碧. 旅游对环境的影响及解决措施 [J]. 山东文学（下半月），2009（2）：53-55.

[147] 卢昉. "互联网+" 视域下的文化史迹 "活态化" 保护：以陕西丝绸之路美术遗产保护模式为例 [J]. 艺术研究，2020（4）：90-91.

[148] 奚雪松，陈琳. 美国伊利运河国家遗产廊道的保护与可持续利用方法及其启示 [J]. 国际城市规划，2013，28（4）：100-107.

[149] 张宁，王冰. 浅析旅游景区安全标识系统的设计与优化 [J] 现代商业，2020（16）：30-31.

［150］李龙，杨效忠.旅游廊道：概念体系、发展历程与研究进展［J］.旅游学刊，2020，35（8）：132-143.

［151］陈萍.人才柔性流动机制：产学研合作创新的必然选择［J］.当代经济，2007（10）：156-157.

［152］席建超，葛全胜.长江国际黄金旅游带对区域旅游创新发展的启示［J］.地理科学进展，2015，34（11）：1449-1457.

［153］周慧玲，许春晓.湖南旅游经济空间网络结构特征研究［J］.财经理论与实践，2015，36（6）：126-131.

［154］李东，由亚男，张文中，等.中哈边境地区旅游廊道空间布局与发展系统［J］.干旱区地理，2017，40（2）：423-433.

［155］肖刚.长江经济带城市旅游科技创新差异的时空格局演变研究［J］.世界地理研究，2020，29（4）：825-833.

［156］王忠法.扎实做好水利精准扶贫工作：在第六轮"三万"活动暨联系贫困县座谈会上的讲话［J］.湖北水利，2016（3）：78-81.

［157］刘鲲，刘娜.民俗体育文化的继承和发展：以万载傩舞为例［J］.搏击·武术科学，2014，11（12）：86-89.

［158］方创琳，王振波.新型城镇化的战略、思路与方法：长江经济带的束簇状城镇体系构想［J］.人民论坛·学术前沿，2015（18）：35-45.

［159］吴传清，黄磊.长江经济带绿色发展的难点与推进路径研究［J］.南开学报（哲学社会科学版，2017（3）：50-61.

［160］李飞，宋金平，马继刚.廊道遗产旅游品牌塑造与区域营销研究［J］.商业研究，2020（11）：140-144.

［161］陆仲轩，陈凤仪，黄予欣，等.风景园林遗产保护研究［J］.河南农业，2019（23）：31-32.

［162］周兴茂."长江三峡国际黄金旅游带"的构建与可持续发展研究［J］.重庆邮电大学学报（社会科学版），2014，26（5）：144-151.

［163］郭向阳，穆学青，明庆忠.旅游发展效率与旅游发展强度的时空耦合演变研究：以长江经济带为例［J］.云南师范大学学报（自然科学版），2017，37（6）：65-75.

［164］李龙，杨效忠.旅游廊道扶贫：大别山旅游扶贫模式创新研究［J］.安徽农业大学学报（社会科学版），2018，27（5）：29-33.

［165］张美涛.贵州融入长江经济带经贸合作路径的思考［J］.贵州社会科学，2016（8）：134-141.

[166] 田德新. 世界遗产运河文化保护传承利用的立法经验 与借鉴 [J]. 中国名城, 2019 (7): 4-12

[167] 葛全胜, 席建超. 新常态下中国区域旅游发展战略若干思考 [J]. 地理科学进展, 2015, 34 (7): 793-799.

[168] 冯君明, 李运远. 基于适宜性分析的遗产廊道保护研究: 以大同新荣区古长城为例 [J]. 风景园林, 2018, 25 (12): 93-98.

[169] 香嘉豪, 张河青, 王蕾蕾. 旅游廊道视角下南江古水道旅游开发探究 [J]. 经济论坛, 2018 (7): 84-87.

[170] 张金瑞, 柳红波. 遗产廊道视角下河西走廊旅游开发研究 [J]. 边疆经济与文化, 2017 (16): 25-27.

[171] 高晨旭, 李永乐. 我国遗产廊道研究综述 [J]. 昆明理工大学学报 (社会科学版), 2018, 18 (3): 101-108.

[172] 吴隽宇, 陈康富, 陈静文, 等. 国土空间规划视角下的江门市文化遗产廊道构建研究 [J]. 西部人居环境学刊, 2020, 35 (1): 7-16.

[173] 李军. 国外文化遗产廊道保护经验及其对四川藏羌彝走廊建设的启示 [J]. 四川戏剧, 2014 (11): 116-119.

[174] 王志芳, 孙鹏. 遗产廊道: 美国历史文化保护中一种较新的方法. 中国园林. 2001 (5): 85-88.

(三) 学位论文类

[1] 林晗芷. 京杭大运河扬州段运河遗产廊道构建及茱萸湾段设计 [D]. 北京: 北京林业大学, 2020.

[2] 沈洲. 杭州莫干山路遗产廊道构建与保护策略研究 [D]. 杭州: 浙江农林大学, 2019.

[3] 陈晓艳. 美丽公路评价体系与评价模型研究: 以宁波象山美丽公路为例 [D]. 北京: 北京交通大学, 2018.

[4] 魏斌. 辽西遗产廊道旅游资源价值评价与协调发展研究 [D]. 渤海: 渤海大学, 2018.

[5] 廖碧芯. 空间视角下南粤古驿道文化遗产廊道构建研究 [D]. 广州: 广州大学, 2018.

[6] 霍艳虹. 基于 "文化基因" 视角的京杭大运河水文化遗产保护研究 [D]. 天津: 天津大学, 2017.

[7] 尤世峰. 工业遗产廊道概念下苏北运河沿运工业遗产更新改造研究 [D]. 北京: 中央美术学院, 2017.

［8］李毓美. 区域遗产网络视角下南满铁路文化遗产廊道构建［D］. 南京：东南大学，2017.

［9］唐岳兴. 全域旅游视角下中东铁路遗产廊道空间格局构建研究［D］. 哈尔滨：哈尔滨工业大学，2017.

［10］牟庆江. 美国风景道资金资助机制及中国探索［D］. 北京：北京交通大学，2016.

［11］王婧. 遗产廊道视角下京杭运河沿线古镇的旅游发展探究［D］. 西安：西安建筑科技大学，2015.

［12］朱芋静. 扬州城市空间营造研究［D］. 武汉：武汉大学，2015.

［13］王燕燕. 南京明城墙遗产廊道保护与构建研究［D］. 南京：南京林业大学，2015.

［14］许雅婧. 博物馆陈列中文物语言运用研究［D］. 上海：复旦大学，2014.

［15］孙帅. 都市型绿道规划设计研究［D］. 北京：北京林业大学，2013.

［16］刘娅. 中国风景道评估体系构建研究［D］. 北京：北京交通大学，2012.

［17］谢莎. 风景道景观评价指标体系研究：以湖南省新化县天门风景道为例［D］. 长沙：湖南师范大学，2012.

［18］王玏. 北京河道遗产廊道构建研究［D］. 北京：北京林业大学，2012.

［19］吴娟. 扬州古运河遗产廊道构建研究［D］. 武汉：华中农业大学，2011.

［20］施然. 遗产廊道的旅游开发模式研究［D］. 厦门：厦门大学，2009.

［21］王肖宇. 基于层次分析法的京沈清文化遗产廊道构建［D］. 西安：西安建筑科技大学，2009.

［22］丁小丽. 丝绸之路宁夏固原段遗产廊道空间格局研究［D］. 西安：西安建筑科技大学，2008.

［23］朱强. 京杭大运河江南段工业遗产廊道构建［D］. 北京：北京大学，2007.

［24］林娜. 基于空间结构的长江三峡旅游廊道构建研究［D］. 重庆：重庆交通大学，2020.

［25］王艳霞. 榆林明长城旅游廊道总体发展思路及空间规划框架研究［D］. 西安：西安建筑科技大学，2018.

[26] 曾志祥.基于"人-机-环境"互动的景区标识系统研究：以麓山景区为例 [D].湘潭：湘潭大学，2009.

[27] 李仓拴.郑国渠渠首段遗产廊道构建研究 [D].西安：西安建筑科技大学，2015.

[28] 兰琳.流域的旅游气候舒适度及时空演变研究：以长江国际黄金旅游带为例 [D].武汉：华中师范大学，2016.

[29] 蔡光宇.景观与旅游的生命力研究 [D].上海：同济大学，2004.

[30] 张佳.大运河"申遗成功"之后的文化治理与规划研究 [D].杭州：浙江大学，20214

[31] 尹钶莹.中老跨境旅游合作区建设动力机制研究 [D].昆明：云南财经大学，2020.

[32] 吕娟.珠江-西江经济带旅游经济网络结构及影响因素研究 [D].南宁：广西师范大学，2019.

[33] 陈彪.长江经济带旅游化-新型城镇化-农业现代化协调发展综合评价研究 [D].湘潭：湘潭大学，2018.

[34] 潘小玲.广西北部湾滨海旅游可持续发展研究 [D].南宁：广西大学，2011.

[35] 韦宏.芜湖市江海联运发展现状与对策研究 [D].芜湖：安徽师范大学，2015.

[36] 唐岳兴.全域旅游视角下中东铁路遗产廊道空间格局构建研究 [D].哈尔滨：哈尔滨工业大学，2017.

[37] 李昂.检视与完善：对我国河长制的制度化研究 [D].重庆：西南大学，2018.

[38] 王帅.基于时序全局主成分分析法的长江经济带旅游竞争力差异研究 [D].上海：上海师范大学，2019.

[39] 张鹏飞.滇黔两省抱团协作机制研究：基于区域博弈视角 [D].贵阳：贵州大学，2016.

[40] 鲁芬."三江并流"区旅游资源保护的政策法规研究 [D].昆明：云南师范大学，2006.

[41] 麦思超.长江经济带绿色发展水平的时空演变轨迹与影响因素研究 [D].南昌：江西财经大学，2019.

[42] 董钰.基于区域协调发展的渭北西汉帝陵遗产廊道规划研究 [D].西安：西北大学，2018.

［43］梁雪松.遗产廊道区域旅游合作开发战略研究：以 丝绸之路中国段为例［D］.西安：陕西师范大学，2007.

［44］邓明艳.旅游目的地文化展示与形象管理研究：以峨眉山—乐山大佛世界文化与自然遗产地为例［D］.武汉：华中师范大学，2012.

［45］范勇.基于资源要素评价和网络结构分析的乡村绿道规划研究［D］.泰安：山东农业大学，2016.

［46］王璐艳.国家考古遗址公园绿化的原则与方法研究［D］.西安：西安建筑科技大学，2014.

［47］霍艳虹.基于"文化基因"视角的京杭大运河水文化遗产保护研究［D］.天津：天津大学，2017.

［48］薛凯.论我国的生态经济法制建设［D］.郑州：郑州大学，2016.

［49］寿姣姣.全域旅游背景下的旅游公路景观规划设计方法［D］.重庆：重庆交通大学，2019.

［50］张薇.基于共生的长江三峡旅游自主联盟构建研究［D］.重庆：重庆理工大学，2014.

［51］王孝德.三峡黄金旅游带旅游资源评价与开发模式研究［D］.重庆：西南大学，2007.

［52］张妍.黄山户外环境解说牌空间布局与主题优化研究［D］.上海：上海师范大学，2018.

［53］邱婷婷.上海休闲观光农业园旅游吸引力评价研究［D］.上海：上海交通大学，2014.

［54］唐德富.规划研究第三产业优化背景下石棉县旅游产业空间布局［D］.锦阳：西南科技大学，2020.

［55］贾垚焱.长江经济带入境旅游流集散的时空动态研究［D］.武汉：华中师范大学，2017.

［56］段斌.基于长江经济带建设的重庆经济发展对策研究［D］.成都：西南财经大学，2016.

［57］李俊.博物馆旅游的GM—TCD开发模式研究：以大渡口博物馆旅游开发为例［D］.重庆：重庆师范大学，2012.

［58］王婧.遗产廊道视角下京杭运河沿线古镇的旅游发展探究：以宿迁段皂河镇为例［D］.西安：西安建筑科技大学，2015.

［59］张胤达.基于景观生态学理论的国土风景保护体系构建研究［D］.北京：北京交通大学，2017.

［60］陈东. 重庆旅游业在西南五省区市的旅游竞争力研究［D］. 重庆：重庆工商大学，2013.

（四）会议、报纸类

［1］周默兰. 博物馆展品说明的撰写［N］. 中国文物报，2014-09-30.

［2］成金华，周默兰. 博物馆展品说明的撰写［N］. 光明日报，2018-07-25.

［3］谭继和. 神奇、神秘、神妙：巴蜀文化的特征［N］. 光明日报，2011-07-18.

［4］沈仲亮. 走出一条优质旅游之路［N］. 中国旅游报，2018-10-03.

［5］张艳国."共抓大保护、不搞大开发"思想的深刻内涵及其重大意义［N］. 光明日报，2018-06-14.

［6］施岚，邓志强. 长江与世界大河的对话［N］. 人民日报，2016-10-14.

［7］每一座伟大的城市，都在大河之畔［N］. 长江日报，2016-09-21.

［8］文旅融合，推动长江旅游带繁荣发展［N］. 中国文化报，2018-10-08.

［9］长江文明馆（武汉自然博物馆）：助力长江环境保护 推进生态文明建设［N］. 人民日报，2019-03-12.

［10］融会贯通 知行合一 创新提能［N］. 成都日报，2020-09-18.

［11］自贸区发展为旅游业改革开放提供新机遇［N］. 中国旅游报，2017-05-26.

［12］"长江之夜"发出灵秀湖北邀约［N］. 湖北日报，2019-12-06.

［13］沈仲亮. 走出一条协同发展之路［N］. 中国旅游报，2018-10-04.

［14］黄筱. 浙江自贸试验区新片区挂牌［N］. 新民晚报，2020-09-29.

［15］伊利运河博物馆：让历史告诉未来［N］. 新华日报，2018-10-10.

［16］中共中央国务院印发《交通强国建设纲要》［N］. 解放军报，2019-09-20.

［17］全域旅游做足"旅游+"文章［N］. 人民政协报，2017-03-17.

［18］三条"廊道"打造青海美景［N］. 青海日报，2016-11-03.

［19］凤凰传媒举办运河国际对比研究论坛［N］. 中国出版传媒商报，2020-09-29.

［20］旅游业将成提升人民群众品质生活的幸福产业［N］. 中国青年报，2016-12-29.

［21］擦亮长江国际黄金旅游带的金色招牌［N］. 中国文化报，2018-10-19.

［22］超强厄尔尼诺下的长江考验［N］. 湖北日报，2016-05-28.

［23］落实带薪休假纳入政府议程［N］. 大众日报，2014-08-22.

［24］丝绸之路青海道文化遗产 旅游发展初探［N］. 青海日报，2018-09-10.